# Die Amerikaner

von

**Brigitte BALSTER**
***nach einer Idee von J.-L. Chérel***

*Illustrationen von*
*Jean-Louis Goussé und Alain Tanzer*

*Deutsche Adaptation von*
*Ingeborg Grosser und Ottilie Saur-Limmer*

**B.P. 25**
**94431 Chennevières-sur-Marne Cedex**
**FRANCE**



ISBN : 2-7005-0169-1

Die amerikanischen Texte dieses Buches sind von Richard LAZZINI im Studio Altis in Chennevières-sur-Marne aufgenommen worden.

Tonaufnahme mit den Stimmen von:

Olivia BALSTER
Judith BURNETT
Amanda CASTAÑEDA
Trisch KESSLER
Yuria KIM
Mimi SETTON
Karen STRASSMAN
David APPLEFIELD
Marvin BALSTER
Christian ERICKSON
Jody JENKINS
Dana-Burns WESTBERG

0

Fotoschriftsatz:
E.T.COMPO – F 60240 Fresneaux-Montchevreuil

# EINFÜHRUNG



Wenn man von Ihnen verlangt, einen „typischen Amerikaner“ zu beschreiben, fällt Ihnen diese Aufgabe bestimmt nicht schwer… Eher groß, mit Stiefeln und einem Cowboyhut, mit einem Koffer voller Dollars, Kaugummi kauend oder Milch trinkend am Steuer seines überdimensionalen Straßenkreuzers, oder beim Biertrinken am Rande seines Luxusschwimmbads…
Wenn die Beschreibung sich dann ein wenig vertieft, tauchen eine Menge Wörter auf – *melting pot, fast-food, jogging* usw., Sie kommen ins Stocken, es kommen Ihnen Zweifel an Ihrem „Steckbrief“.

Auf die Frage „Do you speak English?“ würden Sie bescheiden antworten „A little bit“, obwohl Sie in Wirklichkeit glauben, daß Ihr Englisch mehr als ausreichend ist und daß Sie überall damit durchkommen…
Aber wenn Sie der Weg nach Kentucky oder nach Dallas führt, oder auch in die „schwarzen“ Viertel gleich welcher großen amerikanischen Stadt, würden Sie nicht schlecht staunen, wenn Sie diese Amerikaner sprechen hörten. Dabei kann es keinen Zweifel geben: sie sprechen Englisch!

Wenn dann Ihre Reise weitergeht, warten viele weitere Überraschungen auf Sie. Was würden Sie tun, wenn Sie in einem Amischdorf eine Panne hätten? Wie würden Sie sich verhalten, wenn Sie zu einem Hausball eingeladen wären? Was würden Sie auf die Frage „Will that be cash or charge?“ antworten oder auf „Can you lend me ten bucks?“? Wüßten Sie, was bei einem Baseball- oder (amerikanischen) Fußballspiel der passende Moment für Ihre Begeisterungsschreie wäre?

# EINFÜHRUNG

**„Die Amerikaner“** wollen Ihnen dabei helfen, sich in den Vereinigten Staaten in jeder Situation zurechtzufinden. Die Texte möchten Sie mit den Bewohnern dieses riesigen Landes vertraut machen, Ihnen deren Art zu leben, zu denken und sich auszudrücken nahebringen, und dies anhand von Szenen und Gesprächen aus dem täglichen Leben, mit vielen Erklärungen und Kommentaren bereichert. Lesen Sie das Buch, wie man einen Roman liest. Es ist genauso spannend…

Die Tonaufnahmen, mit Stimmen von „native-speakers“ der verschiedenen Gegenden, von denen die Rede ist, helfen Ihnen, die diversen Akzente zu erkennen und besser zu verstehen.

***Die Amerikaner:* Gebrauchsanweisung**

- Lesen Sie zuerst den englischen Text der 40 Kapitel (die Reihenfolge spielt keine Rolle) und hören Sie sich gleichzeitig die dazugehörige Tonaufnahme an, **bevor** Sie einen Blick auf die Übersetzung werfen.
- Erst dann sollten Sie die englischen und deutschen Texte vergleichen – die Übersetzung sollte nur eine gelegentliche Hilfe sein.
- Lesen Sie jetzt die Kommentare. Sie enthalten viele interessante Informationen.
- Dann, wenn Sie den Text gut verstanden haben, hören Sie von neuem die Tonaufnahme, **ohne den englischen Text mitzulesen.** Geben Sie sich Mühe, trotz des manchmal starken Akzents alles zu verstehen.
- Hören Sie zum Schluß noch einmal die Tonaufnahme und sprechen Sie mit lauter Stimme mit. (In dieser letzten Phase dürfen Sie gleichzeitig den englischen Text lesen, das hilft Ihnen, dem Rhythmus des Gesprächs zu folgen.)
- Ein letzter Rat : *Relax, and enjoy it!*

0 P.S. Die Tonaufnahmen enthalten die am Ende des Buches zusammengefaßten „Übergangstexte“.

# INHALTSANGABE



*Auf den folgenden Seiten sind die Überschriften und Untertitel der einzelnen Kapitel angegeben, sowie der Akzent der Sprecher und eine Liste der Hauptthemen, die behandelt werden.*

# INHALTSANGABE



0

# INHALTSANGABE

# 1 WASHINGTON D.C.

**District of Columbia (1)**

***Questions and Answers***

**1** *"We, the people of the United States of America, in order to form a more perfect Union, establish justice, insure domestic tranquility, provide for the common defence, promote the general welfare, and secure the blessings of liberty to ourselves and our posterity, do ordain and establish this constitution for the United States of America."* (Preamble of the Constitution, 1787) **(2)**

**2** Do you have any idea(s) why the White House is so called? Who lives there? **(3)**

**3** Who were the Founding Fathers? What did they do? **(4)**

**4** Who designed Washington, D.C., and who is the only president to have never lived in Washington? How old is the city? **(5)**

**5** What's Capitol Hill? **(6)**

**6** Who was the third president of the United States? Where can you see his bronze statue? **(7)**

**7** How is the president elected? For how long? How many terms can he serve? **(8)**

**8** Who meets at the Capitol? What are their duties? **(9)**

**9** What state lies directly across the Potomac River? What famous building was erected there, and for what purpose? **(10)**

**10** Who's buried in Arlington National Cemetery? **(11)**

**11** Lincoln's most famous speeches are written on the walls of the Lincoln Memorial surrounding his nineteen-foot statue. What were these speeches mostly about? **(12)**

**12** What party did Teddy Roosevelt belong to? What famous prize was he awarded in 1906? **(13)**

**13** When is the presidential inauguration held? **(14)**

**14** What monument is dedicated to the first president of the U.S.? **(15)**

**15** What is James Smithson known for? **(16)**

# WASHINGTON D.C.

2

**Columbia District**

***Fragen und Antworten***

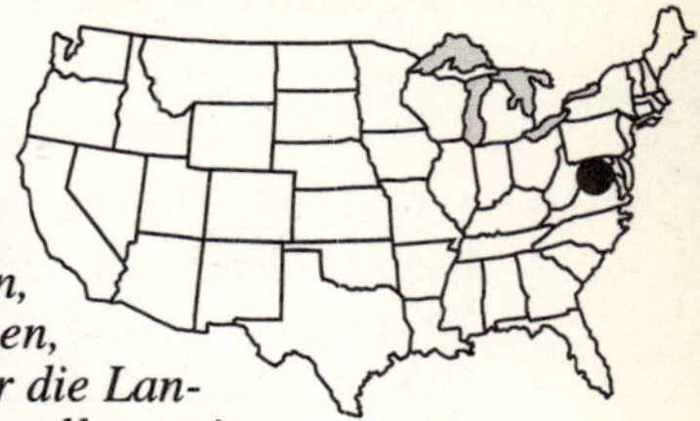

**1** *„Wir, das Volk der Vereinigten Staaten, von der Absicht geleitet, unseren Bund zu vervollkommnen, die Gerechtigkeit zu verwirklichen, die Ruhe im Innern zu sichern, für die Landesverteidigung zu sorgen, das allgemeine Wohl zu fördern und das Glück der Freiheit uns selbst und unseren Nachkommen zu bewahren, setzen und begründen diese Verfassung für die Vereinigten Staaten von Amerika."* (Präambel der Konstitution 1787)

**2** Wissen Sie wieso das „Weiße Haus" so genannt wird? Wer wohnt hier?

**3** Wer waren die „Gründerväter"? Was haben sie gemacht?

**4** Wer entwarf die Pläne von Washington, D.C., und wer war der einzige Präsident, der niemals dort gelebt hat? Wie alt ist die Stadt?

**5** Was ist das *Capitol Hill*?

**6** Wer war der dritte Präsident der Vereinigten Staaten? Wo kann man sein Bronzestandbild sehen?

**7** Wie wird der Präsident gewählt? Für wie lange? Wieviele Amtsperioden kann er abwickeln?

**8** Wer versammelt sich im Kapitol? Welche Funktionen üben sie dort aus?

**9** Welcher Staat befindet sich genau auf der anderen Seite des Potomac-Flusses? Welches berühmte Gebäude ist hier errichtet und zu welchem Zweck?

**10** Wer wird auf dem Nationalfriedhof von Arlington bestattet?

**11** Die berühmtesten Reden Lincolns sind in die Mauern seines Denkmals *(the Lincoln Memorial)*, die sein 5,70 m hohes Standbild umgeben, eingraviert.

**12** Welcher Partei gehörte Teddy Roosevelt an? Welchen berühmten Preis gewann er 1906?

**13** Wann findet die Einsetzung des Präsidenten statt?

**14** Welches Denkmal ist dem ersten Präsidenten der Vereinigten Staaten gewidmet?

**15** Aus welchem Grunde ist James Smithson bekannt?

1

**16** Interested in crime? Dial (202) 324-3447, but why? **(17)**

**1** *Columbia District:* wurde zu Ehren von Christoph Columbus so benannt. Der *Columbia District* (der die Stadt Washington umfaßt) ist nicht ein eigenes Land sondern der Sitz der Föderalregierung. Die Geschichte des *Columbia Districts* begann 1790, als der Kongreß den Platz bestimmte, an dem die Hauptstadt errichtet werden sollte: 10 000 $m^2$ entlang des Potomac. Zu dem Zeitpunkt, als die Anlage beschlossen wurde, umfaßte sie 30,75 Quadratmeilen am Potomacufer, das zu Virginia gehörte. 1846 wurde dieses Stück Land wieder an Virginia zurückgegeben.
Bis zur Ratifizierung des 23. Zusatzes 1961, durften die Einwohner dieses *Districts* an den Präsidentschaftswahlen nicht teilnehmen. Bis 1967 wurde der *Columbia District* von drei vom Präsidenten der Vereinigten Staaten nominierten Delegierten verwaltet. Am 3. November 1967 wurde eine neue Verwaltung eingesetzt, die sich aus einem vom Präsidenten der USA ernannten Bürgermeister und einem Beratungsgremium von neun Mitgliedern zusammensetzt.

**2** Vor über zweihundert Jahren (1787), innerhalb von weniger als vier Monaten verabschiedet, ist und bleibt die amerikanische Verfassung der Antriebsmotor des politischen, juristischen, wirtschaftlichen und sozialen Lebens der Vereinigten Staaten. Die Amerikaner sind stolz auf diese Verfassung, die die Grundlagen der ersten modernen Demokratie legte. Ursprünglich bestand sie aus sieben Artikeln. Sie wurde durch eine Serie von Zusätzen vervollständigt, wovon die zehn ersten, bekannt unter dem Namen *Bill of Rights* (Grundrechtskatalog), 1791 in Kraft traten.

16 Interessieren Sie sich für Verbrechen? Rufen Sie die Nummer (202) 324-3447 an, aber warum?

Dieser Grundrechtskatalog garantiert Religionsfreiheit, Redefreiheit, Pressefreiheit, Versammlungsfreiheit, Petitionsrecht, Urteilsfindung durch ein Geschworenengericht. Er erlaubt die Zugehörigkeit zu einer Bürgerwehr und das Tragen von Waffen, verbietet die Beschlagnahme der Wohnung und die willkürliche Durchsuchung... Wohlgemerkt, diese Freiheiten dürfen nicht die **Grundrechte** des Volkes beeinträchtigen.
Der amerikanische Nationalismus ist also auf eine Ideologie begründet und in drei Dokumenten wiedergegeben: die Unabhängigkeitserklärung, die Verfassung und der Grundrechtskatalog. Diese Ideologie, der jeder Amerikaner anhängt, schmiedet ein Volk, dessen Herkunft so bunt gemischt ist, fest zusammen und erklärt zum Großteil den Erfolg dieser Union aber auch den Unterschied, der zwischen Amerikanern und den anderen Völkern besteht, deren Nationalbewußtsein sich eher auf ihre Geschichte, ihre Vorfahren und den Boden gründet als auf Ideen.

**3** *The White House:* Das Weiße Haus (1600 Pennsylvania Avenue). Dort, im Weißen Haus wohnt der Präsident mit seiner Familie. Früher nannte man es *the President's Palace,* übrigens ein Palast, der aus grauen Steinen erbaut war. 1814 wurde er durch die Engländer niedergebrannt. Um die Brandstellen auf den Mauern zu verdecken, wurde es weiß übertüncht und wurde dadurch *The White House.* Das Weiße Haus besteht aus einhundertzweiunddreißig Zimmern und einunddreißig Badezimmern. Fünf dieser Räume sind für das Publikum geöffnet.

**4** Die neununddreißig Unterzeichner der Verfassung (zwölf Staaten vertretend) wurden die „Gründerväter" – *Founding Fathers* – genannt. Unter ihnen befanden sich: Benjamin Franklin, Alexander Hamilton, James Madison (der zukünftige vierte Präsident der USA) und George Washington.

**5** Der Präsident George Washington ersuchte einen französischen Architekten, Pierre L'Enfant, den *District of Columbia* zu entwerfen. Dieser versprach, eine Stadt zu schaffen, die mit den großen Hauptstädten Europas rivalisieren könnte… Er erreichte sein Ziel und die alten Viertel im Zentrum der Stadt haben den Charme europäischer Städte behalten. Einige Viertel sind leider nach und nach verarmt (86% der schwarzen Bevölkerung lebt gegenwärtig in Ghettos, die über die Stadt verstreut sind). Washington wurde 1790 zur Bundeshauptstadt erklärt, wurde aber erst 1800 der offizielle Wohnsitz des Präsidenten. George Washington war übrigens der einzige, der niemals im Weißen Haus gelebt hat, denn seine zweite Amtsperiode ging 1786 zu Ende.

**6** Pierre L'Enfant nahm Paris zum Vorbild. Um das Kapitol zum Mittelpunkt Washingtons zu machen, stellte er es auf einen Hügel (deshalb der Name *Capitol Hill*), um den sich die Stadt wie ein enormes Rad legt. Die Straßen gehen von diesem Zentrum strahlenförmig ab. Sie sind abwechselnd numeriert oder mit Buchstaben bezeichnet. Die Stadt ist in vier Quadrate aufgeteilt, und der einzige Hinweis, der es erlaubt, die Adressen eines Quadrats von dem eines anderen zu unterscheiden, ist der seiner geographischen Lage (*NW:* Nord-West, *SE:* Süd-Ost, *NE:* Nord-Ost, *SW:* Süd-West), verbunden mit der Nummer der Straße. Das Gebäude, in dem der *Supreme Court* untergebracht ist, befindet sich ebenfalls auf dem *Capitol Hill.*

**7** Thomas Jefferson (der einige Zeit als Diplomat in Paris gelebt hat), der dritte Präsident der U.S.A. (nach John Adams), war eine der großen Gestalten der amerikanischen Geschichte. Er verfaßte 1776 die Unabhängigkeits-Erklärung der Vereinigten Staaten. 1801 zum Präsidenten gewählt, tätigte er zwei Amtsperioden. Eines der wichtigsten Ereignisse seiner Verwaltung war 1803 der Kauf Louisianas von Frankreich. Die Stadt Washington ist für ihre sehr großen *memorials* (Denkmäler), die den bekanntesten Präsidenten seiner Geschichte gewidmet sind, bekannt. Das *Jefferson Memorial* ist ein Denkmal mit Kolonnaden, von einer Kuppel überragt. Im Innern befindet sich, in einem Rundbau, das fast sechs Meter hohe Bronzestandbild des Präsidenten. Auf den Wänden sind Auszüge der Unabhängigkeitserklärung eingraviert.

**8** Der Präsident der Vereinigten Staaten wird für eine Amtsperiode von vier Jahren gewählt, einmal wiederwählbar durch eine Wahl in zwei Etappen. Jeder Staat bestimmt Delegierte in der gleichen Anzahl wie er Repräsentanten im Kongreß hat, das heißt zwei (entspricht den Senatoren) plus X (entspricht der Anzahl der Vertreter im *House of Representatives,* siehe Nr. 9). Der Präsident ist der Chef der Exekutivgewalt und der Oberste Befehlshaber. Er verfügt über ein Vetorecht gegen Entscheidungen des Kongresses. Er besitzt auch das Begnadigungsrecht und das Recht, Offiziere oder Botschafter (mit Zustimmung des Senats) zu ernennen. Er muß mindestens 35 Jahre alt sein, Amerikaner von Geburt und mindestens 14 Jahre im Land gewohnt haben. Wenn ein neuer Präsident sein Amt antritt, erneuert er das gesamte Personal, das Schlüsselstellungen in der Verwaltung einnimmt.

**9** Die amerikanische Regierung ist in drei Organe eingeteilt. Wie wir bereits gesehen haben, vertritt der Präsident die Exekutive. Die Legislative wird vom Kongreß vertreten und die Justiz vom Obersten Bundesgerichtshof. Der Kongreß hat seinen Sitz im Kapitol. Der Kongreß besteht aus zwei Kammern: dem Senat und dem Repräsentantenhaus. Das *House of Representatives* wird im Verhältnis zur Bevölkerung (ca. ein Mitglied für 500 000 Einwohner) gewählt. Seine Vertreter sind für zwei Jahre gewählt.
Ein *Representative* muß 25 Jahre oder älter sein, seit mindestens sieben Jahren die amerikanische Staatsangehörigkeit besitzen und in dem Staat wohnen, den er vertritt. Wie wir bereits erwähnten, ist jeder Staat durch zwei Senatoren, die für sechs Jahre gewählt sind, vertreten. Der Senator muß 30 Jahre oder älter sein, amerikanischer Staatsbürger seit mindestens neun Jahren, und in dem Staat leben, in dem er gewählt wurde. Die Amtsperiode eines Drittels der Senatoren endet alle zwei Jahre.
Die Wahl dieser zwei Kammern und die Zahl der Vertreter pro Staat bereitete den Verfassern der Konstitution wahres Kopfzerbrechen. Das Ergebnis sollte für sie „ein Gleichgewicht für Groß und Klein“ bilden. Die zwei Kammern üben die gleiche Macht auf die Gesetzgebung aus, obwohl das *House of Representatives* das Vorrecht der Einbringung aller Finanzgesetze hat.
Jedoch wird der Senat, dem die Ratifizierung der Verträge zusteht, als die wichtigere Kammer betrachtet. Jede Kammer hat ihren Sitz in einem Gebäudeflügel des Kapitols.

**10** Das Pentagon befindet sich auf der anderen Seite des Potomac, im Staat Virginia, in Arlington. Es ist nur fünf Stockwerke hoch und fünfeckig, daher sein Name (Pentagon = Fünfeck). Es ist eins der größten Gebäude auf der Welt, in dem sich ausschließlich Büros befinden. Es beschäftigt mehr als zweiunddreißigtausend Personen. Das Pentagon ist, seit Ende des Zweiten Weltkriegs, das Hauptquartier des Verteidigungsministeriums *(Army, Navy, Air Force and Coast Guard)* der Vereinigten Staaten.

**11** Auf dem Nationalfriedhof Arlington, auf der anderen Seite der *Memorial Bridge,* und ebenfalls in Virginia gelegen, sind 178 000 Soldaten bestattet, der größte Teil von ihnen ist unbekannter Herkunft.
Die Inschrift, die das Grab des Unbekannten Soldaten trägt, lautet: „Hier ruht zu Ehren seines Ruhmes ein amerikanischer Soldat, Gott allein bekannt". Unter den Gräbern mit weißen Kreuzen befinden sich die von William H. Taft (sechsundzwanzigster Präsident), John. F. Kennedy, Robert Kennedy und Pierre L'Enfant.

**12** Abraham Lincoln (1809-1865), eine bedeutende Persönlichkeit der Vereinigten Staaten, war der sechzehnte Präsident der Union. Dank seiner Politik gegen die Sklaverei und durch die Sklavenbefreiung 1863, die jeden Sklaven zur freien Person erklärte, nahm Lincoln im Herzen der Amerikaner einen einmaligen Platz ein. Sein tragischer Tod (er wurde im Ford-Theater von John Wilkes Booth ermordet) hat dazu beigetragen, seine Beliebtheit noch zu erhöhen. Das Denkmal, das ihm gewidmet ist, ist wie ein griechischer Tempel angelegt. Ein sechs Meter hohes Standbild, das ihn sitzend darstellt, ist im Innern errichtet. Auf den Wänden sind einige seiner bekanntesten Reden eingraviert, darunter seine Eröffnungsrede von 1864 und seine Ansprache von Gettysburg (19. November 1863), die als Musterbeispiel der Redekunst betrachtet wird.

**13** Theodore (meistens Teddy genannt) Roosevelt (1858-1919) war der fünfundzwanzigste Präsident der USA und Republikaner. Theodore Roosevelt und seine Anhänger gründeten die *Progressive Party,* flexibler in ihrer Orientierung, die zu sozialen und politischen Reformen aufrief. Diese Partei wurde 1946 aufgelöst. Zwei große Parteien dominieren heute in der amerikanischen Politszene: die *Democratic Party* und die *Republican Party.* Die Demokratische Partei schlug ihre Wurzeln 1800 mit Thomas Jefferson, der sich dem Führer der Föderalistischen Partei, Alexander Hamilton, entgegenstellte. Die Demokraten beantragten damals die begrenzte Machtausübung für die Föderalregierungen. Seit den 30er Jahren und dem berühmten *New Deal* von F.D. Roosevelt, könnte man sagen, daß die Demokraten mehr links (d.h. „*liberal*") als die Republikaner (d.h. „*conservative*") sind.
Die Demokraten fordern, besonders auf dem sozialen Gebiet, höhere finanzielle Mittel vom „*high government*". Ihre Wähler sind sehr verschiedener Herkunft: religiöse oder ethnische Minderheiten, Akademiker, Rechtsanwälte aber auch manchmal Konservative aus dem Süden.
Unter den hervorragendsten Demokraten dieses Jahrhunderts befanden sich Leute wie Thomas Woodrow Wilson, Franklin Delano Roosevelt, Harry S. Truman, John Fitzgerald Kennedy, Lyndon Baines Johnson und James Earl (bekannter unter dem Namen Jimmy) Carter.
Die Republikanische Partei, obwohl aus der Partei gegen

die Sklaverei hervorgegangen, gilt als die konservativere der zwei Parteien: sie widersetzt sich sozialen Programmen, und ihre Wähler sind Geschäftsleute, Bauern und gewöhnlich das reiche Bürgertum der Großstädte. Die wichtigsten republikanischen Präsidenten unserer Epoche sind Dwight D. Eisenhower, Richard Nixon und jüngst Ronald Reagan und George Bush. Teddy Roosevelt erhielt 1906 den Friedensnobelpreis.

**14** Obwohl der Präsident immer an dem auf den ersten Montag im November folgenden Dienstag gewählt wird, tritt er sein Amt erst am 20. Januar des folgenden Jahres an *(Inauguration Day).* Dies ist ein wichtiges Ereignis in der Stadt Washington; denn alle vier Jahre legt der neue Präsident auf den Stufen des Kapitols seinen Eid ab. Eine große Parade folgt der Amtseinführung. Der Präsident und seine Familie benutzen dann die Pennsylvania Avenue (auch *Presidents' Avenue* genannt) bis zu seinem neuen Wohnsitz, dem Weißen Haus. Andere Einweihungsfestlichkeiten werden von der Gewinnerpartei organisiert, sobald das Wahlergebnis im November bekannt ist.

**15** *The Washington Monument,* die größte Mauerwerk-Konstruktion (Obelisk) in der Welt, ist dem ersten Präsidenten der Vereinigten Staaten gewidmet: George Washington. Von der Spitze dieses Bauwerks kann man den gesamten Columbia District und seine Umgebung bewundern. George Washington (1732-1799) war das Haupt der aufständischen Armeen gegen die Engländer. Die Bedrängungstaktik, die er anwendete, verhinderte das volle Engagement mit den feindlichen Truppen, die besser ausgebildet und disziplinierter waren und erlaubte ihm dadurch, den Unabhängigkeitskrieg zu gewinnen. Er hat dem allgemeinen Drängen nachgegeben und wurde der erste Präsident der Union; er diente der Nation, die stark und einig sein wollte, während zwei aufeinander folgender Amtsperioden. Sein Porträt ist auf dem 1-Dollarschein abgebildet.

**16** James Smithson war der Begründer der sehr bekannten *Smithsonian Institution.* Diese Institution besteht heute aus vierzehn Galerien und Museen, eines davon ist das *National Air and Space Museum* (das meist besuchte Museum der Welt), welches alle Gegenstände enthält, die zur Entwicklung der Weltraum- und Luftfahrttechnik beigetragen haben, angefangen vom ersten Flugzeug der Gebrüder Wright, Orville und Wilbur über den *Spirit of Saint Louis*

**IN SHORT…**

**1** The Washington Monument is the biggest memorial ever erected for a president. **2** A U.S. president can serve at most two four-year-terms. **3** A presidential election campaign in America lasts at least one year. **4** John Wilkes Booth was the infamous assassin of president Abraham Lincoln. **5** The Bill of Rights completed the original constitution, giving freedom of speech, and religion… to the American people. **6** Capitol Hill was chosen by Pierre L'Enfant to be the center of Washington.

***"There cannot be a crisis next week – my schedule is already full."***
Henry Kissinger

Lindberghs bis zur Raumkapsel Apollo 11 von John Glenn. Dazu gehören außerdem das *Hirshhorn Museum and Sculpture Garden,* welches die Malerei und die Skulpturen des neunzehnten und zwanzigsten Jahrhunderts ausstellt, sowie das *National Museum of American History,* das *National Museum of African Art* und die *National Portrait Gallery*... Der Eintritt ist kostenlos.

**17** Diese Telefonnummer ist die des Hauptquartiers des *FBI (Federal Bureau of Investigation).* Eine Dauerausstellung zeigt alle technischen Spielereien des perfekten Agenten, ein Labor, das zur Identifizierung Krimineller dient, und Erinnerungsstücke berüchtigter Verbrecher. Außerdem kann man an Vorführungen von Schießübungen teilnehmen...

**IN KÜRZE...**

**1** Das Denkmal Washingtons ist das größte Denkmal, das jemals für einen Präsidenten errichtet wurde. **2** Ein amerikanischer Präsident kann maximal zwei Amtsperioden von jeweils vier Jahren im Amt bleiben. **3** In Amerika dauert eine Wahlkampagne für die Präsidentenwahl mindestens ein Jahr. **4** John Wilkes Booth war der niederträchtige Mörder des Präsidenten Abraham Lincoln. **5** Der Grundrechtskatalog vervollständigte die ursprüngliche Verfassung, sie garantiert Redefreiheit, Religionsfreiheit... dem amerikanischen Volk. **6** *Capitol Hill* wurde von Pierre L'Enfant erwählt, das Zentrum der Stadt Washington zu werden.

***"Ask not what your country can do for you;"***
***ask what you can do for your country."***
John F. Kennedy, January 20, 1961

# NEW JERSEY

## *Newark International Airport* (1)

1 David's just landed from a long overseas flight. He's gone through Immigration, and after collecting his luggage, passes by Customs. **(2)**

2 — Excuse me ma'am, I'm kinda confused. My ticket, here, says my flight number is NW535 and my plane should be taking off at 4. I've checked the departure board and I don't seem to find it.

3 — Let me see… of course, you're in the wrong terminal! This is Terminal A. You're supposed to take a Northwest flight from Terminal B. **(3)**

4 — No wonder! Where should I go then? I'm glad I left early!

5 — It's quite easy. All you have to do is take the shuttle bus outside. Get off at the next stop. **(4)**

6 — Thank you so much. You've been a real help.

*At Terminal B*

7 — Let's see. Flight number NW535 to Milwaukee. There we are. Gate number 13, red concourse. Great! The flight's neither delayed nor cancelled. I've time to get some lunch. **(5) (6)**

8 Could you tell me where to find a locker, please? **(7)**

9 — There are no lockers, but why don't you check in your luggage right away? **(8)**

10 — Why that's a good idea! Thank you.

*At the Check-in Counter*

11 — Could you please sit me in the smoking section, by a window?

12 — Sorry sir, smoking isn't allowed anymore on domestic flights. You'll also have to select your own seat as you board. We'll be boarding in an hour; you can just sit in the lounge. Have a good trip! **(9) (10)**

# NEW JERSEY



### *Der internationale Flughafen von Newark*

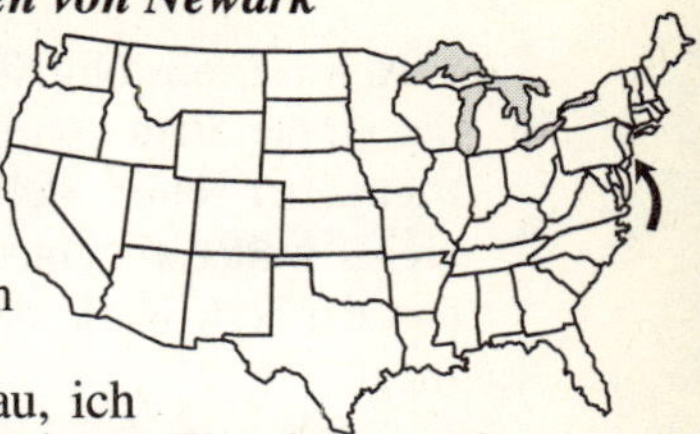

1 David landete gerade nach einem langen Transatlantikflug. Er passierte die Einwanderungsbehörde und nachdem er sein Gepäck geholt hatte, präsentierte er sich am Zoll.

2 — Entschuldigen Sie, gnädige Frau, ich bin etwas in Verlegenheit. Auf meinem Flugticket steht, daß mein Flug die Nummer NW535 hat und daß mein Flugzeug um vier Uhr abfliegen soll. Ich habe auf der Abflugtafel nachgesehen, kann ihn aber nicht finden.

3 — Lassen Sie mich sehen… natürlich, Sie sind im falschen Terminal! Hier ist der Terminal A. Ich nehme an, daß Sie einen Flug der Northwest-Gesellschaft im Terminal B nehmen.

4 — Kein Wunder! Wo muß ich dann hingehen? Ich bin froh, so früh weggegangen zu sein!

5 — Das ist sehr einfach. Sie müssen nur draußen den im Pendelverkehr eingesetzten Bus nehmen. Steigen Sie beim nächsten Halt aus.

6 — Vielen Dank. Sie haben mir wirklich geholfen.

*Im Terminal B*

7 — Wollen wir mal sehen… Flug Nummer NW535 nach Milwaukee. Hier sind wir schon. Tür 13, roter Gang. Wunderbar! Der Flug hat weder Verspätung noch ist er annulliert. Ich habe Zeit, etwas zu essen.

8 Könnten Sie mir bitte sagen, wo sich die Gepäckaufbewahrung befindet?

9 — Hier gibt es keine Gepäckaufbewahrung, aber warum geben Sie Ihr Gepäck nicht gleich zur Abfertigung?

10 — Das ist eine gute Idee! Danke.

*Am Gepäckabfertigungsschalter*

11 — Können Sie mir bitte einen Platz in der Raucherabteilung am Fenster geben?

12 — Es tut mir leid, mein Herr, auf den Inlandflügen ist das Rauchen nicht mehr erlaubt. Ihren Platz können Sie sich im Flugzeug selbst aussuchen. Sie werden in einer Stunde an Bord gehen. Sie können sich in den Wartesaal setzen. Ich wünsche Ihnen eine gute Reise!

# NEW JERSEY

1 *Newark:* obwohl Newark eine große Industriestadt ist – die größte Stadt von New Jersey überhaupt – und ein betriebsamer Hafen, stellt sie für den Großteil der Reisenden nichts weiter als einen riesigen internationalen Flughafen dar, der New York, das ungefähr 20 km entfernt liegt, anfliegt.

2 *Customs and Immigration:* Deutsche Touristen brauchen kein Visum mehr für die Einreise. Nur wer länger als drei Monate arbeiten, studieren oder reisen will, muß ein solches beantragen. Doch die Vorschriften ändern sich, und es ist empfehlenswert, sich unabhängig vom Zweck und der Dauer Ihres Aufenthalts, bei Ihrem zuständigen Konsulat zu informieren, wenn Sie vorhaben, in die Vereinigten Staaten zu reisen. Vor Ihrer Ankunft händigt man Ihnen im Flugzeug eine Zollerklärung aus, und es ist ratsam, sie sofort auszufüllen. So können Sie vermeiden, sich ein zweites Mal in der Schlange anzustellen, die sie schon das erste Mal zu lang fanden. In New York zwingt man Sie tatsächlich, noch einmal durch den Zoll zu gehen, wenn Sie Ihre Papiere nicht ausgefüllt haben… und rechnen Sie nicht mit dem Wohlwollen der Zöllner oder der anderen Reisenden… Auf diesem Formular müssen Sie alles deklarieren, was Sie mit sich führen. Einem Erwachsenen ist es erlaubt, einen Liter Alkohol und eine Stange Zigaretten einzuführen. Vorsicht: Pflanzen, Blumen, Obst, Gemüse und Nahrungsmittel sind streng verboten. Außerdem wird man Sie darum bitten, Ihre Adresse in den USA aufzuschreiben, was etwas schwierig sein wird, wenn Sie vorhaben, quer durch das Land zu reisen. In diesem Fall ist es am besten, die Adresse des Ortes anzugeben, wo Sie die erste Nacht schlafen werden.

Dann, nachdem Sie am Einwanderungsschalter gewartet haben, holen Sie Ihr Gepäck ab, um durch den Zoll zu gehen, wo Sie noch einmal Schlange stehen müssen. Egal, wo Sie hinwollen: bei Ihrer ersten Landung in den Vereinigten Staaten müssen Sie mit Ihrem Gepäck durch den Zoll. Es ist deshalb wichtig, besonders in der Hauptreisezeit, genug Zeit für all diese Formalitäten einzuplanen.
Im allgemeinen sind die amerikanischen Zöllner sehr viel strenger als ihre europäischen Kollegen. Fast immer wird man Sie auffordern, Ihre Koffer für eine genaue Durchsuchung zu öffnen. Nachdem Sie den Zoll passiert haben, wird ein Schwarm von Gepäckträgern Ihnen seine Dienste anbieten: vergewissern Sie sich, daß sie Ihr Endziel genau verstanden haben! Es gibt Schalter, die *baggage-transfer desk,* die Ihr Gepäck von einer Fluggesellschaft zur anderen befördern. Es kommt oft vor, daß die Koffer fehlgeleitet werden, aber am Ende findet man sie (fast) immer wieder!

**3** *Terminal:* Die amerikanischen Flughäfen sind für europäische Touristen sehr beeindruckend. Aus praktischen Gründen sind sie oft in mehrere Abfertigungsgebäude, die eine oder mehrere Fluggesellschaften gruppieren, aufgeteilt. Die internationale Abteilung ist oft kleiner als die für die Inlandflüge reservierte.
Die riesigen Entfernungen zwischen den großen Städten Amerikas (mehr als fünfttausend Kilometer zwischen San Franzisko und New York) haben die Entwicklung des Flugverkehrs günstig beeinflußt. Die Konkurrenz unter den Fluggesellschaften ist unerbittlich, dies ist zum großen Vorteil der Fluggäste, die dadurch weniger bezahlen. Einige Städte an der Ostküste sind durch einen Flug-Pendelverkehr verbunden (Boston, New York, Washington), für

den Sie keinerlei Reservierung benötigen.
Es gibt wenig zollfreie Geschäfte. Ihre Einkäufe werden Ihnen, während Sie an Bord gehen, übergeben.

**4** Um von einem Abfertigungsgebäude zum anderen zu gelangen, müssen Sie einen *shuttle bus* (Bus im Pendelverkehr) benutzen. Die Fahrer sind tüchtig aber nicht immer sehr liebenswürdig. Wenn die Höchstzahl der mitfahrenden Passagiere erreicht ist, zögern sie nicht, die Türen zu schließen, selbst wenn es Ihnen gerade gelungen ist, Ihre drei Kinder glücklich in dem Bus unterzubringen und Sie noch draußen stehen (selbsterlebte Erfahrung!). Versichern Sie sich deshalb, wenn Sie mit Ihrer Familie reisen, daß immer genug Platz für alle ist! Selbst wenn dies nicht der Fall ist, brauchen Sie sich aber nicht zu beunruhigen: ein anderer Pendelbus folgt sofort. Diese Dienstleistung ist kostenlos in Newark.

**5** *Gate 13, red concourse:* einige große, internationale Flughäfen, wie der von Chicago *„O'Hare International"* bestehen aus einem einzigen, riesigen Gebäude, das in mehrere Abfertigungshallen aufgeteilt ist, die durch lange Gänge mit Laufbändern und Rolltreppen verbunden sind. Große Wartehallen, die am „Weg" liegen, nehmen Sie auf. Dank der Mini-Fernsehgeräte (gegen Gebühr), die an den Sitzen festgemacht sind, können Sie fernsehen, ohne Ihren Nachbarn zu stören. Die Amerikaner sind große Konsumenten von Fruchtsäften, Eis, Snacks und anderen Naschereien; deshalb findet man zahlreiche Automaten und Ministände, die alle diese Getränke und Nahrungsmittel anbieten.

**6** *Delayed:* verspätet. *Cancelled:* annulliert. Aufgrund der

Unregelmäßigkeiten im Flugverkehr ist die Verkehrsdichte auf den Flughäfen viel intensiver als die Architekten zunächst vorgesehen hatten. Besonders zur Hauptreisezeit haben die Flüge regelmäßig und lange Verspätungen oder werden einfach annulliert. Die Bodenstewardessen sind im allgemeinen sehr freundlich und tun alles, was in ihren Kräften steht, um Ihnen diese Unannehmlichkeiten zu erleichtern, indem sie versuchen, sofort einen Flug bei einer anderen Fluggesellschaft zu finden oder die Passagiere für die Nacht kostenlos in einem nahegelegenen Hotel unterzubringen.

**7** *Lockers:* Gepäckaufbewahrung. Überall in den Vereinigten Staaten sind die *Lockers* vorhanden… außer auf dem Flughafen von Newark! Aber wenn Sie Ihr Gepäck unbedingt zur Aufbewahrung geben wollen, dann wenden Sie sich an den „Alamo Courier Service“ in der Nähe der Abfertigungshalle Nord. Suchen Sie die graue Tür; klopfen Sie dreimal und flüstern sie *There's no place like Newark,* der Erfolg dieses „Sesam, öffne dich“ ist garantiert!

**8** Die Bestimmungen für die Mitnahme von Gepäck sind die gleichen für Inlands- oder für Auslandsflüge nach oder von den Vereinigten Staaten: jeder Passagier kann zwei Gepäckstücke aufgeben, wenn sie die erlaubten Größen haben, das heißt, die Länge mal Breite mal Höhe dürfen für das erste Gepäckstück nicht 1,65 m überschreiten und 1,40 m für das zweite. Das Gewicht spielt dabei keine Rolle. Für die Gepäckwagen müssen Sie bezahlen, was reichlich unsinnig auf einem internationalen Flughafen ist, wo die meisten Reisenden Ausländer sind und noch keine Münzen besitzen.

**9** *Have a good trip! Have a good day!* Die Amerikaner sind im allgemeinen recht freundlich; es ist ziemlich erstaunlich für einen Deutschen, den ganzen Tag sagen zu hören: Einen schönen Tag, eine gute Reise oder unterhalten Sie sich gut… aber es ist angenehm!

**10** Einige hilfreiche Ausdrücke:
*I'm here on vacation, on business:* Ich bin hier im Urlaub, auf Geschäftsreise.

**IN SHORT…**

**1** The immigration officer will stamp on the immigration form how long you are entitled to stay in the USA. **2** I'm just passing through; my final destination is Los Angeles. **3** You're not allowed to take any fruit, plants or fresh vegetables into the USA. **4** It's not allowed to smoke on domestic flights anymore. **5** Your purchase will be handed to you as you board the plane. **6** Because my first flight was delayed, I missed my connection.

The American newspaper publisher Joseph Pulitzer thought of erecting an advertising sign in New Jersey, big enough to be visible on Mars.
He only abandoned his plan when a friend asked: *"What language would you print it in?"*.

*I've nothing to declare:* Ich habe nichts zu deklarieren.
*A stopover:* Eine Zwischenlandung.
*A round trip ticket, a return ticket:* Einen Hin- und Rückflug.
*A one-way ticket:* Einen Hinflug.
*Connecting flight:* Anschlußflug.
*Boarding pass:* Bordkarte.
*Take off:* Starten.
*Landing:* Landung.

**IN KÜRZE...**

**1** Der Einwanderungsbeamte druckt auf Ihrem Einwanderungsformular die erlaubte Aufenthaltsdauer in den Vereinigten Staaten auf. **2** Ich bin hier nur im Transit; meine Endstation ist Los Angeles. **3** Es ist verboten, Obst, Pflanzen oder Gemüse in die U.S.A. mitzubringen. **4** Es ist nicht mehr erlaubt, auf Inlandsflügen zu rauchen. **5** Ihre Einkäufe werden Ihnen während des Eincheckens ausgehändigt. **6** Wegen der Verspätung meines ersten Flugs, verpaßte ich den Anschluß.

# NEW YORK CITY

**"The Big Apple" (1)**

## *Manhattan* (2)

**1** Manhattan was and remains the center of attraction for visitors, and the hub of the city government. Manhattan is as diversified as New York itself. Even though the "Forgotten Four" might resent it, haughty Manhattan has developed from Battery Park up to Upper West Side into the most visited area in the world.

**2** It's around the most historical part, Battery Park, that the financial district has grown. The New York Stock Exchange on Wall Street is surrounded by sky-scrapers, the tallest being the twin towers of the World Trade Center. **(3)**

**3** New York's population is a mixture of different ethnic and cultural groups. There are more Italians than in Rome, more Irish than in Dublin, more Jews than in Jerusalem, and Chinatown has the second largest Chinese community in the United States, after San Francisco. **(4)**

**4** Greenwich Village is one of the oldest sections of New York. Many writers and artists have lived in this attractive area, in which many low brownstone buildings are found. Lately, high rent has turned this artistic spot into a classier one, but its many cafés, theaters and clubs still draw a colorful crowd. **(5)**

**5** Some of Manhattan's thoroughfares have developed specialized industries such as the garment district in the West 30s, jewelry in the West 40s, designer clothing stores on Fifth Avenue, the theater district on and off Broadway, both uptown and downtown. **(6)**

**6** Even if safety doesn't characterize New York, the city is far from being what most screen productions tend to show: muggings, rapings, subway and street crimes… **(7)**

## „The Big Apple“

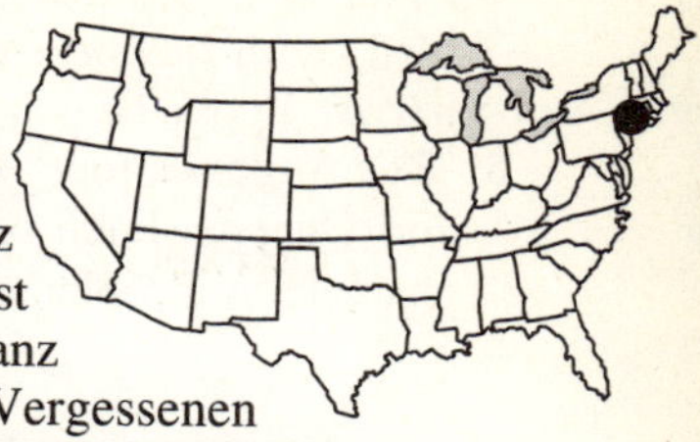

### *Manhattan*

1 Das Hauptinteresse der Besucher gilt nach wie vor Manhattan, Sitz der Stadtverwaltung. Manhattan ist ebenso abwechslungsreich wie ganz New York. Auch wenn es die „Vergessenen Vier“ ärgert, das hochmütige Manhattan ist, vom Battery Park bis zur Upper West Side, der meist besuchte Ort der Welt geworden.

2 Um den historischsten Teil, Battery Park herum, hat sich der Finanzbezirk entwickelt. Die New Yorker Börse in der Wall Street ist von Wolkenkratzern umgeben, wobei die Doppeltürme des World Trade Center die höchsten sind.

3 Die Bevölkerung New Yorks ist ein Gemisch aus ethnischen und kulturellen Gruppen. Es gibt mehr Italiener als in Rom, mehr Irländer als in Dublin, mehr Juden als in Jerusalem, und Chinatown ist, nach San Franzisko, die zweitgrößte chinesische Gemeinschaft der Vereinigten Staaten.

4 Greenwich Village ist einer der ältesten Teile New Yorks. Viele Schriftsteller und Künstler haben in diesem reizenden Viertel gelebt, wo sich viele kleine Gebäude aus braunem Sandstein befinden. Die seit einiger Zeit praktizierte Mieterhöhung hat dieses Künstlerviertel in ein feineres Viertel verwandelt, aber seine zahlreichen Cafés, Theater und Clubs ziehen immer noch eine buntgemischte Menschenmenge an.

5 Einige Straßen Manhattans haben sich spezialisiert: Bekleidungsindustrie in der „West 30s“, Schmuck in der „West 40s“, die Geschäfte der großen Modeschöpfer in der Fünften Avenue, Theater auf und um der Broadway herum.

6 Selbst wenn die Sicherheit nicht gerade typisch für New York ist, so ist es doch weit von dem entfernt, was die Filme meistens zeigen: Überfälle, Vergewaltigungen, Verbrechen in der U-Bahn und auf den Straßen.

7 "You gotta see that girl, first I saw her she looked like a bird, with her pretty dress. Her singing's soothing my nerves, I gotta be crazy". **(8)**

8 "The forgotten four" are the Bronx, Staten Island, Brooklyn and Queens. Each one of these burroughs owes its own character to its inhabitants and its history. **(9)**

**1** Der Beiname, *The Big Apple,* für New York kommt von einer 1971, vom Fremdenverkehrsverein der Stadt gestarteten Werbekampagne.
Obwohl New York nicht die Bundeshauptstadt ist, besitzt es doch ohne Zweifel alle „Symptome". Für die New Yorker liegt es auf der Hand, daß die „City" das Zentrum der Welt ist, diese Egozentrik wird durch die Hauptrolle, die New York in den Vereinigten Staaten spielt, vollauf gerechtfertigt.
New York ist Empfangshafen der Einwanderer und auch Hauptsitz der Vereinten Nationen (UNO). Die Stadt New York spiegelt auf gar keinen Fall das innere Amerika wider, aber durch die Mannigfaltigkeit seiner Bevölkerung und die komplizierten Beziehungen, die zwischen den verschiedenen Kulturgemeinschaften bestehen, bleibt es eine „amerikanische" Stadt.
Es gilt seit jeher: entweder New York bezaubert oder verärgert die Besucher; es läßt niemanden gleichgültig. Der Rhythmus seiner Schnellebigkeit brachte ihm die Bezeichnung *„city that never sleeps"* (Stadt, die niemals schläft) ein. Denn die emsige Geschäftswelt macht am Abend einer Menschenmenge Platz, die ihre Neugier in den Aufführungen am Broadway, in der New York City Opera, in der Metropolitan Opera Company befriedigt…

7 „Sie sollten dieses Mädchen sehen; als ich es das erste Mal sah, sah es in seinem hübschen Kleid einem Vogel ähnlich. Ihre Lieder beruhigen mich, ich muß wohl verrückt sein…“.

8 Die „Vergessenen Vier“ sind The Bronx, Staten Island, Brooklyn und Queens. Jedes dieser Viertel verdankt seinen Charakter den Einwohnern und seiner Geschichte.

oder ganz einfach in den unzähligen Kinos (tatsächlich hängt die Beliebtheit eines Films im übrigen Land davon ab, wie ihn das New Yorker Publikum aufgenommen hat).

Die Rolle New Yorks in der Geschäftswelt, besonders in der Welt der Finanzen, brachte ein „Syndrom der Raserei“ hervor. Selbst ein einfacher Angestellter auf einem gewöhnlichen Geschäftsbesuch muß sich fragen, ob ihm wohl Zeit bleibt, sich zwischen zwei Terminen zu rasieren… In der Hoffnung, die Erfolgsleiter schnell hochzuklettern und von der Aussicht auf ein hohes Gehalt angelockt, versuchen viele junge Leute, die gerade frisch von der Universität kommen, ihr Glück in dieser mitleidslosen Welt, in der die Arbeitswoche oft achtzig Stunden zählt… Nur die Widerstandsfähigsten überstehen das… Das so heiß begehrte Anfangsgehalt ist oft ein trügerisches Lockmittel, denn das Leben in New York ist furchtbar teuer und die Steuern sind hoch.

Wie jede große Metropole ist New York in mehrere Viertel, in denen krasse Gegensätze herrschen, aufgeteilt. Der größte Reichtum begegnet schamlos der extremsten Armut. Die fünf großen Viertel sind Manhattan (20% der New Yorker Bevölkerung), Brooklyn, The Bronx, Queens und Staten Island.

**2** Der Name Manhattan kommt aus der Indianersprache Algonquin „Man-a-hatta", was „himmlische Erde" bedeutet. Manhattan ist eine Insel, die im Osten vom East River, im Westen vom Hudson River und im Norden vom Harlem River umgeben ist. Sie ist etwa einundzwanzig Kilometer lang und vier Kilometer breit.
Die Insel Manhattan besteht aus Stadtvierteln (oder Distrikten), die so verschieden von einander sind, daß es schwierig ist, sich vorzustellen, daß irgendeine Verbindung zwischen ihnen besteht. An der Südspitze der Insel liegt Battery Park, der historische Teil New Yorks. Gegenüber von Battery Park befinden sich Liberty Island und Ellis Island. Die Freiheitsstatue erhebt sich im New Yorker Hafen auf Liberty Island. Sie wurde errichtet, um die Freundschaft zwischen Frankreich und den Vereinigten Staaten feierlich zu besiegeln. Sie wurde von dem Elsässer Bildhauer Frédéric Auguste Bartholdi entworfen. Das Gerüst, das sie mit ihrem Sockel verbindet, wurde von Gustave Eiffel entworfen. Die Statue wurde den Amerikanern geschenkt und 1886 eingeweiht; restauriert wurde sie am Ende der siebziger Jahre. Man gelangt mit einer Fähre hin. Wenn diese Statue das Ideal der Amerika-Einwanderer darstellt, so erinnert Ellis Island „die Schmutzige" an die bittersüße Realität des Aufenthalts von zwölf Millionen Europäern, die hier ihre ersten amerikanischen „Erfahrungen" machten, indem sie wie Tiere lebten und auf eine ungewisse Legalisierung ihrer Einreise warteten.

**3** Genau im Norden des Battery Parks stellt das Finanzviertel in eingen Straßen seine Wolkenkratzer zur Schau. Man hat den Eindruck, daß sich die Spitzen der Wolkenkratzer gegen den Himmel bewegen und von den Wolken

gewiegt werden – das aufsteigende Schwindelgefühl kann sehr berauschend sein... Die Menge, der Lärm, der Verkehr auf den Straßen und Gehsteigen vermittelt einen Rausch von Leben und Bewegung und versetzt einen gleichzeitig außer Atem und in einen schwärmerischen Zustand.
Wall Street durchquert Manhattan von Ost nach West. Der Name kommt von der Mauer, die von holländischen Einwanderern zum Schutz vor Indianer-Angriffen gebaut worden war. Früher war das Finanzzentrum praktisch der Sitz aller Banken und Maklerbüros. Heute hat die Enge des Bezirks, zu dem die Zufahrt schwierig geworden ist, einen Teil von ihnen dazu verleitet, in den Norden umzuziehen. Doch sind viele Firmen geblieben, besonders die juristischen Gesellschaften und die, deren Tätigkeiten eng mit der *New York Stock Exchange* (Börse) verbunden sind. Obwohl die Einwohnerzahl sich seit 1978 verdreifacht hat, ist die Bevölkerungsdichte dieses Viertels die geringste von ganz New York. Am Abend und am Wochenende ist es völlig ausgestorben. Die *New York Stock Exchange* ist der wichtigste Finanzmarkt des Landes, mit mehr als tausend Titeln.
Das World Trade Center besteht aus zwei völlig gleichen Türmen, die höchsten von New York, die zweithöchsten der Vereinigten Staaten nach dem Sears Tower von Chicago. Jeder Turm besteht aus hundertzehn Stockwerken. Fünfzigtausend Menschen arbeiten in den zwei Gebäuden.

**4** Die Einwanderungswellen haben die Stadt New York auf eine ihr eigene, ganz spezielle Weise geformt. Jede Einwanderergruppe hat sich in einem bestimmten Viertel niedergelassen und hat sehr oft ihre Bräuche, ihre Gewohnheiten, in bestimmten Fällen sogar ihre Sprache (oder zumindest den typischen Akzent der Gegend, aus der sie kamen, auch wenn sie in den Vereinigten Staaten geboren waren!) und ihre Küche beibehalten…

Die südöstliche Seite von Manhattan (Lower East Side), früher ausschließlich jüdisch, ist jetzt ein Gemisch von spanischen und jüdischen Gruppen. Es ist auch das Viertel der Konfektion und des Altwarenhandels, der elektronischen Erzeugnisse und elektrischen Haushaltsgeräte. Schwarzgekleidete Männer mit langen Bärten, die der chassidischen Gemeinschaft angehören, betreiben ihre Geschäfte in der Hauptstraße – Delancey Street. Längs dieses Viertels erstreckt sich im Westen „Little Italy", voll von kleinen Lokalen mit transalpinen Spezialitäten. Canal Street trennt Little Italy von Chinatown. Das ganze Jahr über wimmeln die Gäßchen von Chinatown von chinesischen Bewohnern und Fremden. Die Dächer in Pagodenform, die Verkaufsstände, die heißen Tee anbieten, die Restaurants, wo man nur mit Stäbchen ißt, die Verkäufer von Feuerwerkskörpern und farbigen Papierdrachen… das ist Chinatown!

In Harlem, im Norden von Manhattan, wohnt die schwarze Bevölkerung von New York. Harlem hatte nicht immer den Ruf, den es jetzt hat. Am Anfang des Jahrhunderts war Harlem das Viertel, wo alle Schwarzen aus dem Süden, die Opfer der Ungerechtigkeit wurden, hinflüchteten. Es war in Harlem, wo wichtige musikalische Bewegungen ihren Ausgang nahmen. Andererseits entspricht das Harlem von heute nicht unbedingt der Stereotype, die es nur als Ghetto einer armen, schwarzen Bevölkerung hinstellt. Natürlich gibt es eine ganze Reihe von „einfachen Vierteln" mit düsteren Sackgassen, wo die Armut offen zutageliegt; aber es gibt auch ein „bürgerliches" Viertel und ein „feines" Vier-

tel in Sugar Hill.
Im Nordosten des Central Parks, im Spanischen Harlem, haben sich die Einwanderer aus Mittel- und Südamerika angesiedelt. Die Nähe dieser zwei Harlems hat oft Konflikte geschaffen, und viele feindliche Banden standen sich in den Gassen gegenüber. Bestimmte Gegenden sind sehr unsicher; Touristen wird abgeraten, sich dorthin zu wagen, es sei denn, sie sind von erfahrenen Leuten begleitet.

**5** Greenwich, mit Schwabing vergleichbar, zieht viele Künstler an. Das „Village" (Dorf) umgibt den Washington Square, Treffpunkt der Studenten der New Yorker Universität, einige ihrer Gebäude befinden sich im Zentrum von Greenwich. Die bekannten *„Village People"* (Bewohner des Village) sind stolz auf ihr unangepaßtes, unkonventionelles Verhalten. Man trifft die Gemeinschaft der „gays" (Homosexuelle), der Hippies, der Punks, der intellektuellen Nonkonformisten, der Vagabunden... So unterschiedliche Personen wie Mark Twain, Eugene O'Neil oder John Dos Passos haben dort gewohnt.
Soho, im Süden von Greenwich Village, wird von den Künstlern der „nouvelle vague" bewohnt. Die Architektur von Soho (south Houston) unterscheidet sich durch seine schmiedeeisernen Fassaden. Alte Industriegebäude wurden von den Künstlern zu „Lofts" umfunktioniert und sind hauptsächlich als Gemälde- oder Bildhauergalerien, Avantgardetheater oder als Boutiquen bekannter Modeschöpfer eingerichtet.

**6** Die *Fifth Avenue* mit ihren Luxusgeschäften und prachtvollen Wohnungen, ist das feinste Viertel von New York. Die horrenden Preise in dieser Straße, ob es sich um den

Kauf einer Wohnung oder eines einfachen Kleidungsstücks handelt, machen New York zur teuersten Stadt der Welt. Die Fünfte Avenue liegt in der Upper East Side, wo die Magnaten dieser Welt in den prachtvollsten Hotels, wie dem *Savoy* oder dem *Plaza,* ihre Suiten mieten.
Die „Fünfte“ verläuft am Central Park (870 Morgen). Die New Yorker kommen hierher, ùm zu joggen oder sich zu erholen, und die Touristen können hier eine angenehme Fahrt mit der Kutsche machen. Die Nordseite des Parks ist nicht so gepflegt – dies ist eine besonders gefährliche Gegend. In der Nacht ist der Park verlassen und wird zu einem gefährlichen Ort. Im Park befinden sich mehrere Seen, Teiche, ein Baseballfeld und Tennisplätze, Springbrunnen, ein Sendesaal und zwei Zoos... Er beherbergt auch das schönste New Yorker Museum: das *Metropolitan Museum of Art.* Im Sommer finden hier viele kostenlose Konzerte statt.
Auf der Madison Avenue, parallel zur Fünften Avenue, haben die berühmtesten Werbeagenturen des Landes Quartier bezogen. Broadway und Times Square bilden das Theaterviertel, das Zentrum des New Yorker Nachtlebens. Das Theaterviertel leidet unter den überhöhten Produktionskosten der Aufführungen: alte Theatersäle wurden zu Kinosälen umgebaut oder der Verwahrlosung überlassen. Die besten Vorstellungen *„off-Broadway“* werden im Greenwich Village und in einem Viertel, das *Theater Row* genannt wird, gezeigt. Die weniger kommerziellen Theater (die sich überall befinden) sind *„off-off-Broadway“*.

**7** Wie alle großen Städte hat New York eine sehr hohe Kriminalität. Sie ist wahrscheinlich sogar eine der gefährlichsten Städte der Welt. Jedoch ist diese Kriminalität auf einige bestimmte heiße Viertel konzentriert und betrifft die Touristen nicht. Wenn Ihnen geraten wird, am Abend bestimmte Viertel zu meiden, so sind die Verhaltensmaßregeln nicht anders als die in den großen europäischen Städten: halten Sie sich nicht zu lange an einsamen Plätzen auf, vermeiden Sie, allein spazierenzugehen oder Kontakt zu zweifelhaften Personen aufzunehmen… Es ist ratsam, in der Nacht mit dem Taxi zu fahren (nicht mit der Untergrundbahn), in gut erleuchteten Straßen zu gehen, den Central Park, die West Side Docks, Harlem oder andere Gefahrenzonen zu meiden.

**8** *"Ya goda see dat goyle, foyst ah saw her she looked like a boyd, wit her predy dress. Her singing soothing my noyves, I goda be craysy."* Es ist selbstverständlich schwierig, einen Akzent durch Aufschreiben wiederzugeben. Jedoch entspricht das hier Aufgeschriebene ungefähr dem, was sie hören würden, wenn diese zwei Sätze von einem New Yorker (besonders aus den einfachen Vierteln) gesprochen würden. Besonders die Leute aus *The Bronx* haben einen sehr stark ausgeprägten Akzent: der Laut *th* wird hart wie ein *t,* die Vokale sind oft verdoppelt wie in *goyle (girl)* oder *boyd (bird),* die *r* werden weggelassen wenn sie vor einem Konsonanten stehen. Der New Yorker Akzent wird oft zum Gespött der Amerikaner, die aus anderen Gegenden kommen.

**9** *The Bronx* ist ohne Zweifel das elendste Viertel von New York. Im Süden sind die Häuser der Verwahrlosung überlassen, sie sind zum bevorzugten Wohnsitz von Hausbesetzern, kleinen Gangstern und Drogenabhängigen geworden. Im Gegensatz zu diesem Stadtteil prunkt der Nor-

den mit seinen reichen Wohnsitzen von Riverdale und Westchester. Der *Bronx-Zoo* ist der größte Zoo der Vereinigten Staaten.
*Staten Island:* man sagt, das schönste an Staten Island ist das Übersetzen mit der Fähre, die man vom Battery Park aus nimmt, um hinzugelangen.
*Brooklyn* wurde 1600 von einer holländischen Kolonie gegründet. 1898 wurde es der Stadt New York angegliedert. Dies ist der einzige Bezirk der *„forgotten four"*, der eine gewisse Selbständigkeit behalten hat. Brooklyn ist auch ein Mosaik verschiedener Kulturen: um die Atlantic Avenue haben sich die Mohammedaner niedergelassen, mehr im Norden, in Williamsburg die chassidischen Juden und Brighton Beach ist die neue „Heimat" der russischen

**IN SHORT...**

**1** A city where everyone mutinies but no one deserts (H. Hershfield). **2** There's no room for amateurs, even in brossing the street (G. Segal). **3** A car is useless in New York, essential everywhere else (McLaughlin). **4** New York, the nation's thyroid gland (C. Morley). **5** Well, little old Noisyville-on-the-subway is good enough for me (O. Henry). **6** Losing is a great American sin (J. Tunis).

Edgar Allan Poe, the famous American writer
was expelled from West Point in 1831
because he appeared naked at a public parade
He only wore ***"white belts and gloves, underarms"***
taking literally the parade dress instructions...

Einwanderer…
*Coney Island* war der erste Vergnügungspark der Küste und der Vereinigten Staaten. Dieser Ort ist leider ein Schlupfwinkel von Ganoven geworden.
Durch die hemmungslose Preissteigerung in Manhattan sind die jungen leitenden Angestellten unter anderem nach Brooklyn und Hoboken (New Jersey) umgezogen, aber es scheint, daß auch dort die Preiserhöhungen große Verwirrung stiften und heute rivalisiert Brooklyn Heights mit Manhattan.
*Queens* ist das Viertel der Mittelklasse aller ethnischen Gruppen. Die „echten" Künstler von Greenwich, nachdem dies seine Inflation erlebt hat, haben sich in Queens wiedergefunden.

**N KÜRZE…**

Eine Stadt, in der jeder meutert aber keiner wegzieht. **2** Es gibt kei-
ıen Platz für Amateure, nicht mal beim Überqueren der Straßen. **3** Ein
\uto ist unnütz in New York, sonst überall unbedingt notwendig.
· New York, die Schilddrüse der Nation. **5** Gut, die alte, kleine, laute
;tadt-über-der-Metro ist gut genug für mich. **6** Zu verlieren, ist die
,roße amerikanische Sünde.

***'A car is useless in New York, essential everywhere else.***
***'he same with good manners."***
/lignon MacLaughlin

***'o Europe she was America, to America she was the gateway***
***·f the earth. But to tell the story of New York would be to***
***vrite a social history of the world.***
I.G. Wells

# MINNESOTA

## *Land of Ten Thousand Lakes* (1)

**1** — Boy, Norbert, the house feels real warm after you fixe the basement storm windows. Thanks.

**2** — You bet. Don't mention it.

**3** — I feel bad. You must've worked three good hours ou there in the snow. It's freezing out there. How much do owe you?

**4** — Owe me? You must be kidding! Not a dime!

**5** — I just can't accept it like that. The least I can do is giv you this.

**6** — Look, Franky, I had nothing to do. It kept me busy, s forget it. Let's talk about something else. How's Billy? Ha he found a job yet?

**7** — He is pretty depressed. Getting an unemployment chec gets to him. **(2)**

**8** — I know what you mean. It makes a guy nervous. What' he looking for exactly? Isn't he some kind of an engineer?

**9** — Yeah, electronics. But he wants to start somethin' com pletely different. Was talkin' about movin' up north, nea Bigfork, to be a huntin' and fishin' guide.

**10** — You mean living in the middle of nowhere… That's ra ther risky. What got into his mind?

**11** — You know he owns a cabin by the lake. He says he' give it a try. He was always fond of the wilderness; prett lonely guy anyway. He'd do anythin' not to be on welfare **(3)**

**12** — You can't blame him for that… When does he plan o startin'?

# MINNESOTA

34

## *Das Land der tausend Seen*

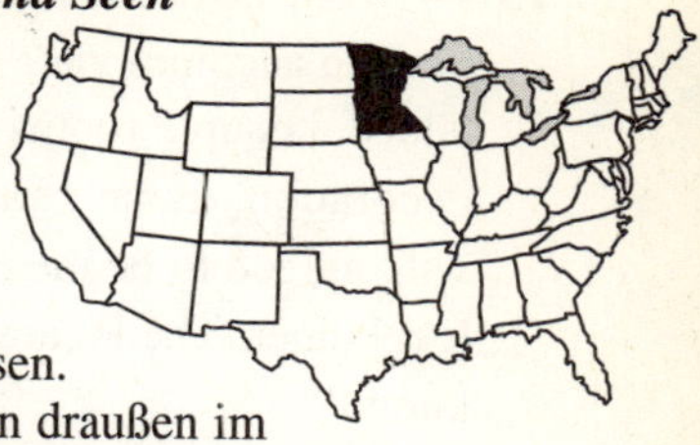

1 — Gut, Norbert, das Haus ist wirklich viel wärmer seitdem du die Doppelfenster im Kellergeschoß repariert hast. Danke.

2 — Bitte sehr. Halb so schlimm!

3 — Ich habe ein schlechtes Gewissen. Du hast bestimmt gute drei Stunden draußen im Schnee gearbeitet. Es ist eine Hundekälte. Wieviel bin ich dir schuldig?

4 — Du bist mir etwas schuldig? Das ist wohl ein Scherz! Keinen Pfennig!

5 — Das kann ich nicht annehmen. Das einzige, was ich machen kann, ist, dir wenigstens dies zu geben.

6 — Hör zu, Franky, ich hatte nichts zu tun. Das hat mich beschäftigt, also, laß das jetzt. Sprechen wir von was anderem. Wie geht es Billy? Hat er schon Arbeit gefunden?

7 — Er ist ziemlich niedergeschlagen. Arbeitslosenunterstützung zu beziehen, hebt seine Stimmung nicht.

8 — Ich verstehe, was Du sagen willst. Das kann einen (Kerl) nervös machen. Was sucht er denn genau? Ist er nicht so etwas wie Ingenieur?

9 — Ja, in der Elektronik. Aber er will etwas ganz Anderes machen. Er sagte, daß er in den Norden, in die Nähe von Bigfork, umziehen und Jagd- und Fischereiaufseher werden wollte.

10 — Du willst damit sagen, daß er in einem gottverlassenen Nest wohnen will... Das ist ein Risiko. Was ist ihm denn da eingefallen?

11 — Du weißt, daß er ein Haus am See hat. Er sagt, daß er es versuchen will. Er hat immer schon die Natur geliebt (im Naturzustand); auf jeden Fall ist er eher ein Einzelgänger. Er würde alles in Bewegung setzen, um nicht von Sozialhilfe leben zu müssen.

12 — Du kannst ihn deshalb nicht tadeln... Wann gedenkt er anzufangen?

13 — Well, he's already up there, fixin' his cabin. See, he'd have to accommodate his future clients; so, last summer, he added a couple rooms and now he's workin' on the interior decoration, as he calls it. Actually it looks real nice. His wife agreed to be the cook. Right now she's got a job at the local diner, The Picaroon Saloon. As she puts it: "you never know!".

14 — She doesn't mind living out there? I just can't imagine asking Mary to do this for me!

15 — The only thing, she says, is the driving. She's got to drive twenty miles to Bigfork every day. They got a four-wheel drive pick-up, but still, you know how bad it can get…
Life is really something else over there. They were telling me the other day they had to carry a gun to bring their garbage bags down the driveway.

16 — Why is that? Any thieves on the run?

17 — Oh no! You know how dogs around here can tip over your garbage cans… well, they don't have dog problems but bear problems!

18 — So much for good old nature. It's getting late. I better hit the road or my problem will be my wife!

**1** Die Sioux-Indianer von Dakota, die schon lange vor den weißen Forschungsreisenden hier waren, nannten die Gegend „Minisota", ein Wort das „die Erde des Himmels mit Wasser gefärbt" bedeutet.
Das Wasser bildet einen Großteil der aktuellen Grenzen des Staates, entweder in Form von Seen (im Norden) oder in Form von Flüssen (im Osten, Südosten und im Nordwesten).

13 — Nun, er ist schon dort; er repariert sein Haus. Weißt du, er muß seine zukünftigen Kunden beherbergen, also hat er letzten Sommer zwei Zimmer angebaut und nun macht er, wie er sagt, die Innendekoration. Es ist wirklich schön. Seine Frau ist damit einverstanden, das Kochen zu übernehmen. Momentan arbeitet sie in einem Lokal in der Gegend, dem Picaroon Saloon. Wie sie sagt: „Man kann nie wissen!"

14 — Macht ihr das nichts aus, dort zu leben? Ich kann mir wirklich nicht vorstellen, Marie zu bitten, so etwas für mich zu tun!

15 — Das einzige Unangenehme, sagt sie, sind all diese Fahrten mit dem Auto. Jeden Tag muß sie zwanzig Meilen (32,18 km) fahren bis nach Bigfork. Sie haben einen Geländewagen aber trotzdem, du weißt wie anstrengend es sein kann...

Das Leben ist wirklich sehr viel anders dort oben. Er erzählte mir kürzlich, daß er sich mit einem Gewehr bewaffnen muß, wenn er seine Abfallsäcke ans Ende seiner Allee bringt.

16 — Warum das? Gibt es dort Diebe auf der Flucht?

17 — Oh nein! Du weißt wie hier in unserer Gegend die Hunde die Abfalleimer umwerfen können... also dort haben sie kein Problem mit Hunden sondern mit Bären!

18 — Das ist die schöne, alte Natur. Es ist spät. Ich muß jetzt gehen oder mein Problem wird meine Frau sein!

Vor Tausenden von Jahren war dieser Staat mit Gletschern bedeckt; durch das Schmelzen haben sie eine der schönsten Landschaften der Vereinigten Staaten geformt. Seine Tausende von Seen gaben Minnesota mehr Küste als Kalifornien und Oregon zusammen. In Minnesota gibt es 12 034 Seen mit mindestens fünf Hektar Fläche. Der Mississippi entspringt im *Itasca State Park,* im nördlichen Zentrum

von Minnesota.
Minnesota besteht aus drei Regionen: das Flachland und die Prärie im Westen, die Wälder mit Nadelbäumen im Norden und die Hartholzwälder (Eiche, Ahorn...) im Osten.
In den zahlreichen Flüssen (über 40 000 Kilometer Wasserläufe) leben Hechte, Barsche, Forellen und andere Fischarten.
Hier ist auch das bevorzugte Gebiet der Wildliebhaber und der Jäger (die Jagdzeiten sind genau geregelt): Elche, Hirsche, Braunbären, Wölfe, Füchse, Opossums, Fischotter und Eichhörnchen vermehren sich rasch in ihrer natürlichen Umgebung. Die Pflanzenwelt mit mehr als zehn verschiedenen Baumarten sowie auch die Tierwelt, gedeihen ganz besonders in den für sie reservierten Nationalparks von mehreren tausend Hektar, die besonders im Norden ein Drittel des Staates ausmachen.
Mit einer Fläche von 206 000 km² hat der Staat nur 4,5 Millionen Einwohner, wovon die Hälfte in dem Ballungsgebiet der Doppelstädte Minneapolis-Saint Paul lebt. Wie alle Amerikaner, die süchtig nach Statistiken sind, sind die Einwohner von Minnesota stolz auf die Resultate, die ihre Städte und ihr Staat regelmäßig in den nationalen Meinungsumfragen erzielen. Hier einige Beispiele:

• Die Lebenserwartung beträgt 76,2 Jahre und steht somit an zweiter Stelle nach Hawaii.

• Resultate der Universitätsexamen: zweiter Platz auf nationaler Ebene.

• Landwirtschaftliche Erzeugnisse: eine der höchsten der Nation.

• Der Ballungsraum Minneapolis-Saint Paul wurde 1989 von der Zeitschrift „Savvy Magazine" als der beste Platz bezeichnet, an dem man eine Familie gründen und Kinder großziehen kann.

• Die Zeitschrift „Money" fand heraus, daß gerade dieses Wohngebiet zu den zehn besten gehört.

• Rand MacNally erklärte es, bei ähnlichen Umfragen, zum drittbesten Wohngebiet.

• Die *Twin Cities* (Minneapolis-Saint Paul) bilden, nach New York, das zweitgrößte Kunstzentrum der Vereinigten Staaten.

• Arthur Frommer (Autor des Buches *„Europe on 5 Dollars a day"* schloß Minnesota in die Liste der *top 10 vacation spots* ein.

• Duluth: bedeutendster Binnenhafen der Welt.

Diese Liste könnte noch weiter verlängert werden... Obwohl es den meisten Deutschen (und ganz allgemein den Europäern) ziemlich unbekannt ist, hat Minnesota dennoch geographische, kulturelle und wirtschaftliche Trümpfe aufzuweisen.

Seine wirtschaftliche Stärke ist sehr bedeutend und vielfältig. Hier in diesem Staat haben sich „High Technology" Gesellschaften wie Control Data, Honeywell und 3M *(Minnesota Mining and Manufacturing),* sowie Nahrungsmittelindustrien wie General Mills, Philsbury und Cargill angesiedelt. Die Holz- und Eisenindustrie (Eisen des Gebiets um Duluth) sind auch sehr produktiv.

Die Einwohner von Minnesota stammen hauptsächlich aus Deutschland und Schweden und haben den Ruf von ehrlichen und ordentlichen Arbeitern. Politisch neigen sie zum Liberalismus und zwei ihrer Landsleute waren Vizepräsidenten der Vereinigten Staaten der demokratischen Partei: Hubert H. Humphrey (1965-69 unter Johnson) und Walter F. Mondale (1977-81 unter Carter).

Die Minnesotaer, sowie die Einwohner der umliegenden Staaten (Wisconsin, Nord-Dakota, Süd-Dakota, Iowa...), fallen durch ihre scheinbare Kühle auf, hinter der sich in Wirklichkeit aber ein edles und herzliches Wesen verbirgt. Hier gibt es keine Abküsserei und keinen Händedruck, weder übertriebene Gefühlsäußerungen noch unnötige Worte, weder falsche Komplimente noch überflüssige Begeisterung. Wenn Sie einen Minnesotaer zum Essen einladen, dann müssen Sie beharrlich sein, er wird selten Ihre erste Einladung annehmen.
Es ist gut zu wissen, daß *„it's not too bad"* oder *„it could be worse"* Ausdrücke der Begeisterung oder ein Kompliment sind.
Wenn Sie aber in einem Gespräch durch eine einfache Bemerkung einen Minnesotaer wissen lassen, daß Sie ein Problem haben, dann wird er es sich zur Aufgabe machen, Ihnen zu helfen.
Wenn Sie nicht wissen, wo Sie in der Nacht schlafen sollen, so beherbergt er sie kostenlos, ohne irgendwelche Hintergedanken... und wenn Sie wollen, für das ganze Jahr! Sein Haus ist auch das Ihre! Bitte keine übermäßigen Dankesbezeigungen, ein einfaches *thanks,* das sich aus Ihren Augen herauslesen läßt, genügt.
Minnesota ist, nach Alaska, das kälteste Land der Vereinigten Staaten. Dennoch beklagt sich deswegen kein einziger Einwohner. An den strengen Winter gewöhnt, profitieren sie andererseits reichlich von den Vorteilen, die der Schnee ihnen bietet: Skifahren, Schlittschuhlaufen, Hokkey, Bobsleigh, Fischen...

**2** Die Arbeitslosenunterstützung wird gemeinsam vom Staat und den Föderalstaaten verwaltet. Der Großteil der

Staaten hat 1938-39 begonnen, diese Unterstützung zu zahlen. Wer bekommt sie und wie?
Die Gesetze sind von einem Staat zum anderen unterschiedlich. Im allgemeinen muß man eine Woche warten, nachdem man einen Antrag auf Arbeitslosenunterstützung gestellt hat. Der Antragsteller muß sich in „arbeitsfähigem Zustand" befinden und darf weder seine Arbeitsstelle ohne triftigen Grund verlassen haben, noch wegen schlechter Führung entlassen worden sein; er darf nicht in einen Streitfall zwischen der Gewerkschaft und dem Arbeitgeber verwickelt sein, aber er muß besonders die feste Absicht haben zu arbeiten. Die Arbeitslosenunterstützung kann ihm verweigert (oder zurückgefordert) werden, wenn er ohne wichtigen Grund ein neues Arbeitsangebot ausschlägt, das seiner Qualifikation und seiner Erfahrung entspricht, es sei denn, der Lohn, die Arbeitszeit oder die Arbeitsbedingungen wären nachteiliger als die für vergleichbare Arbeit in der gleichen Gemeinde sonst üblichen.
Die Arbeitslosen müssen zum Arbeitsamt gehen und sich einschreiben. Wenn der Arbeitslose den Staat wechselt, bekommt er seine Unterstützung trotzdem weiter: der neue Staat tritt als Vermittler für den ersten Staat auf, der die Unterstützung weiterbezahlt.

**3** *Social Welfare:* Sozialhilfe. *To be on welfare:* Sozialhilfe erhalten. *Welfare* bedeutet Hilfe. Verwechseln Sie nicht *Welfare* und *Social Security.* Die amerikanische *Social Secutiry* ist, im Vergleich zu unserer Krankenversicherung in Deutschland, in ihren Hilfeleistungen sehr begrenzt. Ihre Leistungen betreffen hauptsächlich einen Teil der Rente und der Arbeitslosenunterstützung, ohne irgendeine Krankenversicherung. Im Gegensatz dazu umfaßt die

*Welfare* soziale Hilfsprogramme, die dazu bestimmt sind, den Ärmsten zu helfen.
Hierbei handelt es sich um ein recht kompliziertes System. Es ist von Staat zu Staat dadurch verschieden, daß es nur zur Hälfte von der Föderalregierung finanziert wird, die andere Hälfte liegt im Ermessen des Landes oder des *County.* Daraus ergeben sich sehr große Ungleichheiten von Staat zu Staat. Die Nordstaaten sind im allgemeinen „großzügiger" als die im Süden. Diese Ungleichheit erzeugt seit einiger Zeit Spannungen zwischen den Staaten, da die Nordstaaten, wegen ihrer besseren Sozialdienste, einen Zustrom mittelloser Menschen aus dem Süden ertragen müssen. Diese Menschen leiden oft unter ihrer erzwungenen „Entwurzelung", sie passen sich schlecht den klimatischen Bedingungen an und werden von den Einheimischen sehr kühl aufgenommen.
Daraus ergeben sich Forderungen nach einer „Nationalen Sozialisierung", die vor wenigen Jahren noch undenkbar gewesen wären. Diese soll allen Staaten zu den gleichen Vergünstigungen verhelfen und der Föderalregierung mehr

**IN SHORT…**

**1** Minnesotans are almost always ready to help a stranger, whether it is for a push out of a snowdrift or to share their home for a year or two. **2** Bob Dylan, world famous rock musician and singer, was born and raised in Minnesota. **3** About fifty theaters, scores of galleries and museums, and more than ten dance companies make their home in the Twin Cities. **4** The state bird is the loon. Loons are good divers and few fish can match their swimming ability. **5** Indians, from as far away as one thousand miles, came to sacred quarries in Southwestern Minnesota to carve soft, red pipestone into peace pipes. **6** In 1654, the French were the first white explorers to arrive in Minnesota. These hardy men were known as *voyageurs.*

Verpflichtungen auferlegen, in allen sozialen Angelegenheiten und den sozialen Einrichtungen gegenüber.
Diese neue Ideologie wird bisher nur von einer noch kleinen Minderheit vertreten. Man darf jedoch hoffen, daß sie in einem Amerika, in dem die konservative Richtung hauptsächlich das freie Unternehmertum und die Steuersenkungen fördert, zu einem gewissen Ausgleich beitragen wird.
Die *Welfare* ist in verschiedenen Dienststellen aufgeteilt; die zwei bedeutendsten sind: AFDC *(Aid to Families With Dependent Children)* und GA *(General Assistance).*
Der Zweck dieser zwei Dienststellen ist es, jedem, der in Not geraten ist (und einen Antrag stellt) finanziell zu helfen, ihm eine Unterkunft zu verschaffen (in sehr dramatischen Fällen) und *food stamps:* Essensmarken zu verteilen (finanziert von der Föderalregierung). Die Höhe der finanziellen Hilfe und die Bedingungen, die erfüllt werden müssen um Hilfe zu erhalten, liegen im Ermessen jedes Staates: während der Staat Mississippi einer Familie mit zwei Kindern 90 Dollars bewilligt, bietet der Staat Minnesota dreimal soviel…

**IN KÜRZE…**

**1** Die Minnesotaer sind fast immer bereit, einem Fremden zu helfen, ihn aus einer Schneeverwehung zu befreien oder ihr Haus mit ihm für ein oder zwei Jahre zu teilen. **2** Bob Dylan, der bekannte Rocksänger und Musiker, ist in Minnesota geboren und aufgewachsen. **3** In den Twin Cities gibt es ungefähr fünfzig Theater, zahlreiche Museen und Galerien und mehr als zehn Ballett-Truppen. **4** Der Vogel des Staates ist der Seetaucher. Die Seetaucher sind gute Taucher und wenige Fische erreichen ihre Geschicklichkeit im Schwimmen. **5** Die Indianer, die manchmal mehr als tausendsechshundert Kilometer reisten, kamen in die heiligen Steinbrüche im Südosten von Minnesota, wo sie Friedenspfeifen in den weichen, roten Stein meißelten. **6** Die Franzosen waren 1654 die ersten weißen Forscher, die Minnesota erreichten. Diese wagemutigen Männer wurden die „Reisenden“ genannt.

**ANECDOTE**

Two brothers had not seen each other for sixty-four years. They were twenty-two and twenty-three years old at the time they had last seen each other. One day they happened to be eating dinner in the same restaurant, in adjacent booths. The waitress took Joe's order and when she asked for Rick's order he turned around in the booth, jerked his thumb toward Joe and said, "I'll have what he ordered". That was when each realized that he was looking at his long-lost brother. Rick said to the waitress:

— It's my brother – I haven't seen him for over sixty years. Can I move my silverware over to his booth?

This is how they greeted each other:

— Well.

— Yup.

And that's all they said, according to the waitress, until Rick said:

— Why don't you pass me the ketchup then, Joe?

When they had finished their cheeseburgers, Joe said to Rick:

— Should we just split the check down the middle then?

Rick answered:

— Fair enough, even though you had iced tea.

45 **DRIVING**

***Driving the American Way***

**1** Besides regular commuters, who usually use the car-pool system, many people – mostly suburbanites – drive their cars daily from one place to another. **(1) (2) (3)**

**2** Young Americans quickly learn that owning a car is as necessary as going to school. **(4)**

**3** Providing one knows how to read (road signs do not use symbols, but words or abbreviated words), or one is aware of the few driving or parking rules, **(5) (6)**

**4** it's quite easy to drive in the United States, since the cars mostly have automatic transmissions and Americans (with some exceptions in the big cities) are careful, law-abiding and sensible drivers. **(7)**

**5** Cars have become so important that running errands can be done without setting foot on the ground, thanks to the well-established drive-in method. **(8)**

**6** "I drove the children to school… then it was on to the bank where I pulled in to within inches of the window, slid my check under a bag in the drawer… **(9)**

**7** I next pulled into the cleaners… At the film service drive-in I barely had to slow down the car. At the service station I sat numbly while he checked my oil, water… **(10)**

**8** Then it was lunchtime, and into a drive-in restaurant for a quick bite… There was a post office that had to be driven through… **(11)**

**9** As dusk was approaching, we headed for a drive-in movie… It was a drive-in church!". (Erma Bombeck: *"The Grass Is Always Greener Over The Septic Tank."*) **(12) (13)**

# DRIVING

***Autofahren auf amerikanische Weise***

**1** Von den üblichen Fahrern abgesehen, die in Fahrgemeinschaften zur Arbeit fahren, benutzen viele Leute – hauptsächlich die Vorstadtbewohner – ihr Auto täglich, um sich fortzubewegen.

**2** Die jungen Amerikaner lernen sehr früh, daß es genauso wichtig ist, ein Auto zu besitzen, als zur Schule zu gehen.

**3** Vorrausgesetzt daß man lesen kann (auf den Straßenschildern sind keine Zeichen sondern Worte und Abkürzungen angegeben), oder daß man einige Regeln, die das Fahren und Anhalten betreffen, kennt,

**4** ist es einfach, in den Vereinigten Staaten zu fahren, denn die Autos sind hauptsächlich automatisch und die Amerikaner (von einigen Ausnahmen in den großen Städten abgesehen) vorsichtige, vernünftige und die Vorschriften achtende Fahrer.

**5** Die Autos sind so wichtig geworden, daß man einkaufen kann, ohne auszusteigen, dank eines gut eingeführten Systems, des *Drive-in.*

**6** „Ich fuhr die Kinder zur Schule… dann ging's zur Bank, wo ich das Auto einige Zentimeter vom Schalter entfernt anhielt und meinen Scheck in einen Behälter unter dem Schalter gleiten ließ…

**7** Dann parkte ich in der Reinigung… Beim Fotogeschäft brauchte ich kaum anzuhalten. In der Werkstatt blieb ich ruhig im Auto sitzen, während man Öl und Wasser überprüfte…

**8** Dann war es Mittag und ich aß schnell etwas in einem „Drive-in-Restaurant". Ich mußte auch noch an der Post vorbeifahren…

**9** Als die Nacht hereinbrach, fuhren wir in Richtung Freiluftkino… Es war eine Freiluftkirche…!".

**1** *To commute:* Täglich einen langen Weg zwischen dem Wohnort und dem Arbeitsplatz zurücklegen. *Commuter:* Die Person, die diesen Weg zurücklegt. *Commuting* ist in den Vereinigten Staaten, wo die Entfernungen groß sind, üblich. Seit den Nachkriegsjahren zog die amerikanische Bevölkerung immer mehr in die Vororte der großen Städte, um sich dort einen der amerikanischen Träume zu erfüllen: ein eigenes Haus zu besitzen. Mit der Bevölkerungszunahme wurden die Grenzen der nahen Vorstädte schnell überschritten und es ist gar nicht selten, hundert Kilometer von einem Stadtzentrum entfernt zu wohnen und trotzdem den Eindruck zu haben, das Zentrum niemals verlassen zu haben.

**2** Die öffentlichen Verkehrsmittel sind oft unzureichend, außerdem ist es zur Gewohnheit geworden, bis zu seinem Arbeitsplatz zu fahren. Die Autofahrer gruppieren sich oft zu einem *car pool:* Drei oder vier aus der gleichen Nachbarschaft schließen sich zu einer Gruppe zusammen, wo jeder einmal reihum mit seinem Auto fährt. So sparen sie nicht nur Benzin sondern sie können auch schnellere und weniger verstopfte Strecken benutzen. Bestimmte Straßen sind zu Stoßzeiten nur für Autos mit mindestens drei Insassen zugänglich. Sie sind mit Schildern mit der Aufschrift *CAR POOL ONLY* versehen.

**3** Die amerikanischen Vororte sind riesige Schlafstädte, wo es keine Geschäfte gibt. Für Hausfrauen ist es deshalb notwendig, ein Auto zu haben, um die diversen Einkäufe im nächsten Supermarkt machen zu können.

**4** Je nach Staat, können die jungen Amerikaner ihren Führerschein ab sechzehn machen und in manchen Staaten und in Ausnahmefällen (Bauernkinder) sogar ab vierzehn. In bestimmten Fällen müssen sie von einem Erwachsenen begleitet sein und dürfen nicht in der Nacht fahren. Das Auto ist für alle diese jungen Leute ein Zeichen der Unabhängigkeit; oft arbeiten sie nach der Schule, um sich eines Tages ein Auto leisten zu können. Im allgemeinen sind die Autos etwas billiger als in Deutschland (in manchen Staaten beträgt die Umsatzsteuer nur 4%) und der Gebrauchtwagenmarkt niedriger, die Versicherungen billiger (in manchen Staaten sind sie nicht einmal Pflicht) und auch das Benzin ist billiger als bei uns.

**5** Die Verkehrszeichen unterscheiden sich von den unsrigen. Hier einige Beispiele der Aufschriften: *U TURN:* Kehrtwendung; *NO ENTRY:* Einbahnstraße; *GO BACK - WRONG WAY:* Einbahnstraße; *YIELD:* Vorfahrt lassen; *PED XING (pedestrian crossing):* Fußgängerübergang.
Die Ampeln befinden sich auf der anderen Seite der Kreuzung. In vielen Staaten ist es möglich, bei Rot rechts abzubiegen, natürlich nur unter der Bedingung, daß kein Verkehrsschild es verbietet und daß man den von links Kommenden die Vorfahrt läßt.
Die Schulkinder fahren mit dem Schulbus zur Schule. Die Busse sind gelb oder orange. Wenn sie anhalten, um ihre jungen Fahrgäste aussteigen zu lassen, schalten sich rote Blinklichter ein und manchmal entfaltet sich ein *STOP*-Schild auf der hinteren, linken Seite. Es ist dann verboten, sie zu überholen oder weiterzufahren, auch wenn man auf der anderen Straßenseite ist: der Verkehr in beide Richtungen muß anhalten.

**6** Es ist verboten, vor einem der kleinen roten Feuerhydranten am Rand des Bürgersteigs oder auf der Fahrtrichtung entgegengesetzten Seite zu parken. *Parallel park:* Parklücke; *to double park:* in zwei Reihen parken.

**7** Die Amerikaner sind disziplinierte und höfliche Autofahrer, außer in den großen Städten. Selten benützen sie ihre Hupe *(horn)* und dem Vorfahrtsberechtigten lassen sie auch die Vorfahrt. Eine wachsame Polizei, eine Geschwindigkeitsbegrenzung auf 55-65 *mph* (ungefähr 90-100 km/h), bequeme aber nicht sehr spritzige Autos erlauben eine angenehme und „zivilisierte" Fahrweise.
Auf dem Autodach der Polizeiautos sind zwei Blinklichter angebracht, die sofort aufleuchten, wenn ein Fahrer eine strafbare Handlung begeht. Das Polizeiauto plaziert sich genau hinter den ungehorsamen Fahrer, der sofort auf der Seite anhalten muß. Er steigt nicht aus dem Auto aus sondern wartet bis der Polizist an seine Tür kommt. In manchen Staaten muß der Strafzettel sofort bezahlt werden.

**8** *Drive-in:* öffentliche Einrichtungen (Bank, Restaurant, Geschäft…) wo es unnötig ist, das Auto zu verlassen.

**9** *Drive-in bank:* Alle Bankgeschäfte können vom Auto aus erledigt werden. Mit den Bankangestellten ist man durch Mikrofone und eine Art Rohrpost verbunden.

**10** *Drive-in cleaner, drive-in film service:* viele kleine Geschäfte bieten einen *drive-in* Service an. Hier, bei der Reinigung oder dem Fotogeschäft gibt man oder holt man Kleidung ab oder gibt einen Film zum Entwickeln.

**11** *Drive-in restaurant:* Es gibt zwei Arten davon: in dem einen Restaurant bedienen Sie sich an einem Fenster *(window),* bei dem anderen bedient Sie eine Serviererin *(carhop),* die das Tablett *(tray)* am Fenster Ihres Autos einhängt.

**12** *Drive-in-theater:* Unabhängig von den klimatischen Verhältnissen sind die Freiluftkinos bei den jungen Amerikanern sehr beliebt. Sie fahren auf einen sehr großen Parkplatz. Sie parken neben einem „Hörpfosten" und befestigen die Hörer am Fenster Ihres Autos, und das ist alles! Sie sind im Kino und doch von einer gewissen Intimität umgeben wie bei sich zu Hause. *Drive-in-churches:* es gibt sie auch! Und sie funktionieren genauso wie die *drive-in-theaters!*

**13** Erma Bombeck: Leitartiklerin und Schriftstellerin; sie ist bekannt für ihren Humor, mit dem sie das Alltagsleben einer amerikanischen Hausfrau beschreibt.

## IN SHORT…

**1** Since we don't have much time, let's go to the drive-in restaurant across the street. **2** To take your driving test, you have to bring your own car! **3** He got a speeding ticket because he was driving more than eighty miles an hour. **4** Joan's car was towed away; it was parked in front of a fire-hydrant. **5** The shopping mall is five blocks away from our house. **6** Hurry up or you'll miss your school bus!

**Yield.** You must slow down and give right-of-way to cross traffic or pedestrians in your path. You must be prepared to stop if necessary.

**Wrong Way.** You made a wrong turn and have entered a lane of oncoming traffic. Turn around and go back as quickly and safely as possible.

**Maximum/Minimum Speed Limits.** These are the maximum and minimum speed limits for traffic in this area. You must not drive faster or slower than these posted limits, unless driving conditions make it necessary to drive slower. Minimum limits are usually set on highways with controlled access (limited access roads with all traffic moving onto or off of the highway on entry or exit ramps).

**No Turn On Red.** You may not make a right or left turn at this intersection while the traffic signal light is red. You must wait until the signal is green.

**Begin Speed Limit.** You are coming to an area where a slower speed limit has been established. Begin slowing down to the slower speed at this point.

**1 Car Per Green Light.** Only one car can go through each green light at this meter signal on the highway access ramp.

**IN KÜRZE...**

**1** Da wir wenig Zeit haben, laßt uns ins Drive-in-Restaurant auf der anderen Straßenseite gehen. **2** Um Ihre Fahrprüfung abzulegen, müssen Sie Ihr eigenes Auto mitbringen! **3** Er bekam einen Strafzettel wegen erhöhter Geschwindigkeit, er fuhr mehr als 120 km die Stunde. **4** Joans Auto wurde abgeschleppt; sie hatte vor einem Feuerhydranten geparkt. **5** Das Einkaufszentrum ist fünf Häuserblocks von uns entfernt. **6** Beeil dich, oder du wirst deinen Schulbus verpassen!

**Dead End.** The road you are on does not meet another road.

**Blind Crossing Ahead.** Drivers do not have a clear view of trains approaching this crossing. Be very careful to watch for trains here. Look in both directions at least twice.

**Highway Route Markers.** Highway route markers tell you the road on which you are traveling. Interstate routes with even numbers indicate east-west roadways. Those with odd numbers indicate north-south routes. Interstate highways using three-digit numbers are usually city routes.

# 53 UTAH

**Salt Lake City, Utah (1)**

### *A Going-Away Party*

**1** Tod has just spent his summer vacation at his pen-pal's home in Salt Lake City. Tonight, a surprise going-away party has been set up… **(2)**

**2** — Mom, where do you think the farewell sign should be hung? The mantelpiece would be a nice place, wouldn't it?

**3** — That's just fine… Now, everything should be ready: the fruit punch is in the fridge, the food's in the basement. Did you tell everyone to come at six, right before Tod's back from his visit to the university? **(3) (4)**

**4** — Yup… I can't wait to see how he's going to react.

*6:15*

**5** — Alright, everyone, here he is… SURPRISE!

**6** — I can't believe it! You really got me there! I was wondering why you didn't want to come with me today. This is the nicest surprise I've ever had!

**7** — This calls for a toast!

**8** — Wait a minute. I'd like to say a word or two… Before I came, I was very anxious about my stay in your family. I was dreading that I'd unconsciously misbehave…

**9** — What d'you mean? We already knew each other through our letters.

**10** — Yes. But I had never experienced staying with people of a different religious background. I sort of took it for granted that Mormons, forgive me for ever thinking such a thing, were living in sin believing that polygamy was okay… **(5) (6)**

**11** I have spent the most wonderful eight weeks of my life. I will never be able to thank you enough for all you've done

## Salt Lake City, Utah

*Eine Abschiedsparty*

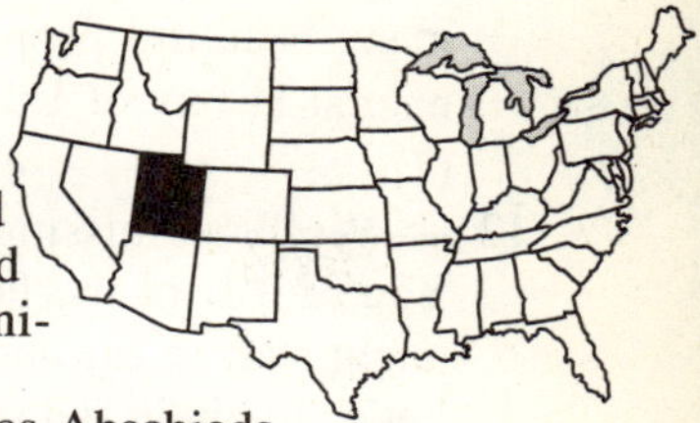

1 Tod verbrachte gerade seine Sommerferien bei seinem Brieffreund in Salt Lake City. Für heute Abend wurde eine Abschiedsparty organisiert…

2 — Mutti, wo meinst du soll ich das Abschieds-Spruchband hinhängen? Das Kaminsims wäre der richtige Platz, nicht wahr?

3 — Das ist genau richtig… Gut, es müßte alles fertig sein. Die Fruchtbowle ist im Kühlschrank. Das Essen ist im Keller… Hast du allen gesagt um sechs Uhr zu kommen, daß sie da sind, bevor Tod von seinem Besuch in der Universität zurückkommt?

4 — Hm, ich kann es kaum erwarten zu sehen, wie er reagieren wird.

*6 Uhr 15*

5 — Achtung, alle aufgepaßt, hier ist er… ÜBERRASCHUNG!

6 — Ich kann es kaum glauben! Da habt ihr mich schön reingelegt! Ich habe mich schon gewundert, warum ihr heute nicht mit mir mitgegangen seid… Das ist die schönste Überraschung, die man mir jemals gemacht hat!

7 — Laßt uns anstoßen!

8 — Warte eine Minute. Ich möchte kurz etwas sagen… Bevor ich hierher kam, machte ich mir Sorgen über meinen Aufenthalt in eurer Familie. Ich hatte Angst, mich ungewollt falsch zu verhalten…

9 — Was willst du damit sagen? Wir kennen uns doch schon durch unsere Briefe.

10 — Ja, aber ich habe niemals bei einer Familie, die einer anderen Religion angehört, gelebt. Entschuldigt, daß ich jemals so etwas gedacht habe, aber für mich lebten die Mormonen als Sünder da sie die Polygamie erlaubten…

11 Ich habe die acht wundervollsten Wochen meines Lebens verbracht. Ich kann euch niemals genug danken für alles, 6

for me. I have come upon such a warm welcoming, met so many beautiful people, had the opportunity of seeing the natural beauty of Utah… I'll be missing you all so much! **(7)**

**12** — We'll be missing you too. You've been a great guy. You're part of the family now. But let's quit all that or I might start to cry and this is supposed to be a happy time. Let's all join in and say:

**13** "And should we die before our journey's through,
Happy day! All is well! We then are free from toil and sorrow, too;
With The Just we shall dwell!" **(8) (9)**

**1** *Utah* kommt von dem indianischen Wort *„Utes“* was soviel bedeutet wie „die Menschen der Berge“. Die einmalig schöne, hügelige Landschaft von Utah sowie seine Bewohner mit ihrer (für uns) sonderbaren Religion unterscheiden Utah sehr von den anderen Staaten der Vereinigten Staaten.
Mehr als dreitausend Seen, umgeben von hohen Bergen und der Hochebene des Colorado mit seinen roten Felsen, haben eine Landschaft von seltener Schönheit geschaffen. Utah, reich an Bodenschätzen, ist bekannt für seine Kupfer-, Gold-, Silber-, Blei- und Zinkminen. Der größte Teil von Utah erstreckt sich über ein unendlich weites, über tausend Meter hohes Plateau. Die Rocky Mountains durchziehen den Staat von Norden nach Süden (im Nordosten befinden sich die Berge Uinta und Kings Peak, 4 123 m hoch und, gegen Süden zu, die Wasatch Berge). Diese Berge liefern das nötige Wasser für den ganzen Staat, der ansonsten recht öde ist. Im Südosten befindet

was ihr für mich getan habt. Ihr habt mich so herzlich aufgenommen, ich habe so wunderbare Leute getroffen und ich hatte Gelegenheit, die Naturschönheiten von Utah zu sehen… Ihr werdet mir alle sehr fehlen!

12 — Du wirst uns auch fehlen, du warst ein toller Kerl! Jetzt gehörst du mit zur Familie. Aber jetzt hören wir damit auf sonst werde ich noch anfangen zu weinen, ich nehme aber an, daß wir hier sind, um uns zu amüsieren… Und alle zusammen sagen wir:

13 „Und sollten wir sterben vor dem Ende unserer Reise,
welch glücklicher Tag! Alles ist gut so! Wir werden dann
befreit sein von unserer Arbeit und auch unseren Nöten;
Mit Gott werden wir leben!"

sich die Colorado-Hochebene mit ihren berühmten roten Felsen. Der Südwesten mit seinen zahlreichen Canyons und seinen seltsamen Naturformationen ist sehr romantisch! Der große Salzsee (und Salt Lake City) liegen im Nordwesten. Die ersten Menschen, seit 9 000 v. Chr., die in Utah lebten, waren die Indianer *(native Americans).* Erst im achtzehnten Jahrhundert kamen die Weißen: die spanischen Forschungsreisenden, die den Staat nur durchquerten. In den zwanziger Jahren des neunzehnten Jahrhunderts kamen die Trapper auf der Suche nach Bibern. Die Überfülle an Wildtieren machte die Gegend bekannt für den Pelzhandel. Die systematische Kolonisation durch die Weißen begann am 24. Juli 1847, als der Religionsführer der Mormonen, Brigham Young, beim Anblick des Salzsees sagte: „This is the right place" (Dies ist der richtige Platz).

Im Laufe des Jahres 1847 wanderten zirka zweitausend Mormonen in das Tal des Salzsees ein. Zu der Zeit, als der

Bau der Eisenbahn beendet war, hatten sich schon mehr als sechzigtausend Mormonen angesiedelt. Sie durchquerten viele Staaten mit Handwagen oder Fuhrwerken *(waggons)*. Gegenwärtig sind 80% der Bevölkerung des Staates (1 678 000 Einwohner) Mormonen.

**2** Salt Lake City bekam den Beinamen „lebendes Denkmal der Unbesiegbarkeit des menchlichen Geistes". Diese Gegend, einst eine Wüstenlandschaft, wurde von den Pionieren, die ihrer Religion wegen verfolgt wurden, bewohnbar gemacht. Weder die Trockenheit des Bodens, noch die Dürre, noch die Heuschreckenplagen konnten die Mormonen von ihrem Vorhaben abbringen.
Die Stadt wurde von Brigham Young geplant. Ein riesiger Mormonentempel bildet das Herzstück. Sehr gut unterhaltene Straßen sind so breit, daß „ein Pferdegespann umwenden kann"; die Straßen bilden ein perfektes Netz auf dem Plan.
Die Grundstücke der Mormonenhäuser mußten groß genug sein, daß jeder auch noch einen Garten anlegen konnte. Zahlreiche Bäume wurden gepflanzt. Trotz der steigenden Einwohnerzahl (die Stadt und ihr Vororte beherbergen 1 400 000 Einwohner) und der Ansiedelung von zahlreichen Industriebetrieben, hat Salt Lake City seinen ländlichen Charakter behalten, da es von Anfang an gut geplant war.
*Temple Square* der, wie es sein Name sagt, um die Kirche liegt, ist ein Park mit Blumen, wo es sehr angenehm ist, spazierenzugehen. Für Nicht-Mormonen ist es verboten, den Tempel zu besichtigen. Dagegen ist das *Mormon Tabernacle,* dessen Orgel zu den größten der Welt gehört, geöffnet und lohnt einen Umweg. Der Saal im Innern ge-

hört zu denen mit der reinsten Akustik überhaupt. Er wurde 1867 eingeweiht, seine Akustik ist so ausgezeichnet, daß man eine fallende Nadel von einem Ende auch noch auf der entgegengesetzten Seite, mehr als fünfzig Meter weit entfernt, hört.
Salt Lake City hat seinen Namen natürlich vom Salzsee, der nördlich der Stadt liegt. Dieser See ist ein Rätsel: man kennt keinen Abfluß und sein Salzgehalt ist sechsmal höher als der des Meeres. Er wird nur von Blaualgen und Garnelen bevölkert.

**3** Das Mormonentum verbietet jeglichen Genuß von Alkohol. Die Vorschriften für alkoholische Getränke in Utah sind sehr streng, und der Verkauf kann nur in den dafür spezialisierten Geschäften, den *liquor stores,* stattfinden. Diese sind am Sonntag nicht geöffnet. Sind Sie deshalb nicht überrascht, wenn Bars und Restaurants nur leichtes Bier servieren. Die meisten jedoch erlauben Ihnen, Ihren eigenen Alkohol mitzubringen, den der Kellner dann mit den *mix* oder *set-ups* (Cocktail-Zutaten) vermischt! Nur in Privatklubs ist es erlaubt, Alkohol zu servieren; sie geben, selbst für einen Abend, Mitgliedskarten aus…
Dieses Alkoholverbot, das die Mormonenkirche vorschreibt, hat einen sehr großen Einfluß auf die praktizierenden Mitglieder: denken Sie immer daran wenn Sie eingeladen sind…

**4** Das Mormonentum fördert und unterstützt das Schulwesen. Mehr als 80% der Einwohner von Utah schließen erfolgreich das Gymnasium ab, das ist der höchste Prozentsatz in den Vereinigten Staaten. Die Einwohner des Staates geben mehr Geld für das Schulwesen aus als irgendein

anderer amerikanischer Staat.
Die Brigham Young Universität (in Provo, sechzig Kilometer südlich von Salt Lake City) ist die größte Privatuniversität der Vereinigten Staaten. Sie gehört der Mormonenkirche und ihre Studenten sind eifrige Gemeindeglieder. Jeder Student muß Keuschheit, Mäßigkeit und Respekt geloben; er muß sich an die Kleidervorschriften halten und an die vorgeschiebene Haarlänge. Die Universität von Utah, in Salt Lake City, wurde von den Mormonen, die sie 1850 gegründet haben, „*Deseret*“ genannt. Die *deseret* ist eine Biene – ein von allen Einwohnern des Staates viel gepriesenes Insekt, das als Vorbild einer tüchtigen Arbeiterin gilt. Der Bienenkorb ist das Symbol des Staates geworden; er stellt die Gewissenhaftigkeit in der Arbeit dar: *industriousness.* Selbst Brigham Young lebte in einem Haus, das den lieblichen Namen *Beehive House* trug…

**5** „*The Church of Jesus Christ of the Latter-Day Saints*“ wurde 1830 von Joseph Smith in Lafayette, New York, gegründet, nachdem er eine „Offenbarung“ hatte, die ihm die Kirchengeschichte der Vereinigten Staaten vor Augen hielt und aus der hervorgeht, daß die Indianer von verlorengegangenen Volksstämmen aus Israel abstammten. Diese Geschichte ist im „Buch der Mormonen“ schriftlich niedergelegt. Smith erkannte die Bibel an, lehrte aber, daß Gott mit dem Mormonentum eine reinere Form des Christentums errichten wolle. Wirtschaft und Sozialleben sollten zentralisiert werden, was eindeutig mit dem Individualismus dieser Epoche kontrastierte aber charakteristisch für das Mormonentum ist.
Die Solidarität der Mormonen (heute noch gibt jeder Mormone 50% seines Einkommens an die Gemeinde ab) und

ihre sehr unterschiedliche Lebensweise (bis 1890 war die Polygamie erlaubt), erweckte bei ihren Nachbarn eine gewisse Gegnerschaft. Auf der Suche nach einer gastlicheren Umgebung verließen die Mormonen den Staat New York, um nach Ohio, nach Missouri und dann nach Illinois zu gehen, von wo sie einige Jahre später (1844) vertrieben wurden, nachdem Joseph Smith von einer Verbrecherbande ermordet worden war. Brigham Young wurde der Nachfolger von Smith und geistiger Führer der Mormonen. Er hatte begriffen, daß die Mormonen nur in einer noch unbewohnten Gegen Frieden finden würden. So ließen sie sich nach einem langen Marsch in Utah nieder, dessen Naturschönheiten sie faszinierte. Schon bis 1850 waren elftausend Gläubige gefolgt... Die Mormonenwanderung ist eines der wichtigen Kapitel in der Geschichte der amerikanischen Pioniere. Das Mormonentum, inzwischen zu einem mächtigen religiösen Orden geworden, ist eine der „originalsten" Religionsgruppen, die sich in den Vereinigten Staaten entwickelt haben.

**6** Die Aufnahme Utahs in die Union wurde mehrmals abgelehnt, da seine Gesetzgebung seinen Einwohnern die Polygamie erlaubte. Der Kongreß verabschiedete mehrere Gesetze (1862, 1882 und 1887), die die Polygamie verboten. Erst 1890 ratifizierte die Mormonenkirche einen Erlaß, in dem sie ihren Mitgliedern empfahl, die Polygamie zu vermeiden. Außer der Polygamie, die heutzutage erloschen ist aber immer noch als Mythos besteht, unterscheiden sich die Mormonen von den Anderen durch ihre tiefe Verbundenheit mit der Familie, der Religion und der Gemeinschaft. Obwohl großer Arbeitseifer für sie eine unerläßliche Qualität ist, hindert er die Mormonen nicht daran, den modernen Komfort und die Errungenschaften des Kapitalismus zu genießen, was für die Amischen undenkbar wäre.

**7** Die Naturschönheit von Utah ist kein Mythos, die zahlreichen Nationalparks legen davon Zeugnis ab:
*Bryce Canyon* ist ein geologisches Meisterwerk. Die Erdspalten, die Erhebungen, und die Erosion der Erdkruste haben das Amphitheater von Bryce gestaltet. Der Canyon ist voll von steil aufragenden, roten Kalksteinen, die man mit dem Auto, zu Pferd oder zu Fuß besichtigen kann.
*Arches National Park* bietet Ihnen ein einmaliges Schauspiel: Rundbögen, die die Natur durch den ständigen Einfluß von Wind und Wasser aus dem Kalkstein geschnitten hat.
*Canyonlands National Park,* der größte Park von Utah, teilt sich in drei Bezirke auf, die durch die Flüsse *Green* und *Colorado* getrennt werden: *Island-in-the-sky, Needles* und *Mazes.* Die Bezirke erhielten ihren Namen jeweils nach der Landschaft, die sie bildet. *Island-in-the-sky* befindet sich zwischen den zwei Flüssen und dient als Beobachtungsposten der zwei anderen Bezirke, die am entgegengesetzten Ufer liegen. *Needles,* östlich des Zusammenflusses gelegen, ist bekannt für seine wie spitze Nadeln aufragenden, orangen und weiß gestreiften Felsen. *Mazes,* im Osten, ist ein Labyrinth von Canyons, die ständig ihre Farbe wechseln.
*Flaming Gorge, Glen Canyon, Capitol Reef, Zion National Park...* die Liste ist lang und die Landschaften sind ebenso außergewöhnlich wie verschiedenartig!

**8** Ein Abschied, ob in der Arbeitswelt (Versetzung, Ruhestand) oder am Ende eines Aufenthalts in einer Familie, ist

oft ein Grund für eine dieser berühmten *parties.* Bei dieser Gelegenheit ist das Haus mit Spruchbändern geschmückt, auf denen der Grund dieser Party angegeben ist und die tiefe Zuneigung, die man der scheidenden Person entgegenbringt. Die Amerikaner empfinden keinerlei Hemmung, ihre Gefühle, auch in der Öffentlichkeit, auszudrücken. Die Freundschaft oder die Liebe leiden nicht unter Halbheiten. Diese bedingungslose Zustimmung findet sich auch in der Zuneigung zu ihrem Land, ihrer Regierung, ihrer Arbeit... So sah man in den siebziger Jahren viele Autos, die Aufkleber von den Vereinigten Staaten zeigten, auf denen man lesen konnte: *Love it or leave it.* Seitdem haben sich die Geister differenziert aber die Kritik bleibt eine Randerscheinung und wird nicht gerne wahrgenommen.
Nach einem Besuch bei Freunden ist es ratsam, eine Karte, auf der sie sich bedanken, zu senden. Die Kaufhäuser halten ein reichhaltiges Sortiment von Karten für alle möglichen Gelegenheiten zum Verkauf bereit...

**9** *Come, Come, Ye Saints.* 1846 waren die Mormonen auf der Suche nach einem Ort, an dem sie eine sichere Gesellschaft, auf ihren religiösen Überzeugungen begründet, aufbauen konnten. Während ihres langen Marsches quer durch den amerikanischen Kontinent, hatten es sich diese Pioniere zur Gewohnheit gemacht, um das Lagerfeuer herum sitzend Hymnen zu singen. Einer dieser Lobgesänge, *Come, Come, Ye Saints,* am Anfang ihrer Reise von William Clayton geschrieben, ist das Symbollied des Tabernakel-Chores geworden. Dieser Chor ist einer der bekanntesten der Welt. Das Publikum kann kostenlos am Donnerstagabend an den Proben teilnehmen, sowie am Sonntagmorgen an der Radioübertragung, die der Chor lebendig gestaltet.

# UTAH

## IN SHORT...

**1** The Mormons' religious beliefs favor a political concensus that produces economical and social benefits for the community. **2** Unlike other immigrants, they arrived with a strong sense of group purpose and unity, and they built their houses together in the town, their farmlands fanning out from the center. **3** Because of its natural beauty and pioneer culture, Utah is an ideal place for tourists to visit. **4** Mormon belief is summed-up in thirteen Articles of Faith written by Joseph Smith. **5** Zion National Park features a multicolored gorge in the heart of the southern Utah desert. **6** "Honk if you love Jesus", says the bumper-sticker.

## *Did you know that...*

* After 10 years of tracking, Frank Clar, in 1923, shot "Old Ephraim", a ten-foot tall grizzly bear said to be the largest grizzly bear ever shot.

* The largest quarry of Jurassic Period dinosaur bones ever discovered is on Dinosaur National Monument. Over 2,000 dinosaur bones are exposed in the sandstone wall.

* In 1898, a posse[1] had a shotout with two outlaws and announced they had killed Butch Cassidy. An inquest was held and many people came to view the body. One man in the back was chuckling. People found out later that the man who had been snickering was none other than Butch Cassidy himself.

[1] posse = Trupp (von Soldaten)

**IN KÜRZE...**

**1** Die Religion der Mormonen begünstigt einen politischen Konsensus, der der Gemeinschaft wirtschaftliche und soziale Vorteile verschafft. **2** Im Gegensatz zu anderen Emigranten sind sie mit dem Grundgedanken einer geeinten und entschlossenen Gruppe angekommen und sie haben zusammen ihre Häuser in der Stadt gebaut und ihre Felder breiteten sich vom Zentrum her aus. **3** Dank seiner Naturschönheiten und seiner von Pionieren geprägten Vergangenheit, ist Utah ein ideales Reisegebiet. **4** Der Glaube der Mormonen ist in dreizehn, von Joseph Smith geschriebenen, Glaubensartikeln festgehalten. **5** Der Zion-Nationalpark zeichnet sich aus durch eine vielfarbige Schlucht, im Herzen der südlichen Wüste von Utah. **6** „Hupen Sie, wenn Sie Jesus lieben", besagt der Aufkleber auf der Windschutzscheibe.

* Finding an address in most Utah cities is easy. It all started with the early Mormon pioneers, under the direction of Brigham Young. They laid out their cities like a giant checker board, with streets running through north and south or east and west.

* The Brigham Young University Museum houses one million preserved insects, 45,000 amphibians and reptiles, 6,000 birds, 10,000 fish, and 6,000 mammals.

☆

☆ ☆

# SAN FRANCISCO

***Above All Don't Call It Frisco!***

## Part one

### Bridge

1 The Golden Gate Bridge is "the impossible dream" of Joseph B. Strauss.

2 Don't color the bridge over the Golden Gate gold; it's red-orange.

3 "A miracle of nature illuminated by a flash of genius." **(1)**

### People

4 "I firmly believe that if the U.N. had remained here it would work much better. San Francisco has shown the world that people of diverse races and cultures can live together in peace." (Adlai Stevenson)

5 "San Francisco is the most civilized city in America, full of delightful people." (W. Somerset Maugham)

6 Don't tell a San Franciscan your favorite city is Los Angeles.

7 Don't wear an aloha shirt to the opening of the opera season; it's a gala in the grand tradition.

8 Don't dine at an authentic Japanese restaurant if you have a hole in your sock.

9 Don't go to Chinatown during the Chinese New Year season (between mid-January and late February) if you have delicate eardrums.

10 Don't wear a bathing suit to North Beach, it's the café-studded Italian Quarter. **(2)**

### Architecture

11 "Every man should be allowed to love two cities, his own and San Francisco." (Gene Fowler)

*Nennen Sie es niemals Frisco!*

## Erster Teil

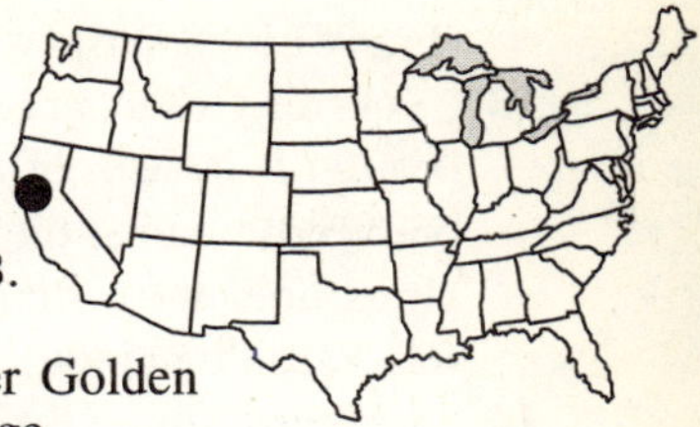

### Brücke

1 Die Golden Gate Bridge ist „der unmögliche Traum" von Joseph B. Strauss.

2 Bemalen Sie die Brücke über der Golden Gate nicht in Gold: sie ist rot-orange.

3 „Ein Wunder der Natur, beleuchtet durch den Glanz eines Genies."

### Bevölkerung

4 „Ich bin fest davon überzeugt, daß alles besser liefe, wenn die Vereinten Nationen hier geblieben wären. San Franzisko hat der Welt bewiesen, daß Menschen verschiedener Rassen und Kulturen friedlich zusammen leben können." (Adlai Stevenson)

5 „San Franzisko ist die zivilisierteste Stadt der Vereinigten Staaten und voll von charmanten Menschen." (W. Somerset Maugham)

6 Sagen Sie niemals einem Bewohner von San Franzisko, daß Ihre Lieblingsstadt Los Angeles wäre.

7 Tragen Sie kein Hawaiihemd bei der Eröffnung der Theatersaison: dies ist ein Gala-Abend mit großer Tradition.

8 Gehen Sie nicht in ein echt japanisches Restaurant essen, wenn Sie ein Loch in Ihren Socken haben.

9 Gehen Sie nicht nach Chinatown während der Festlichkeiten zum chinesischen Neuen Jahr (zwischen Mitte Januar und Ende Februar), wenn Sie empfindliche Trommelfelle haben.

10 Tragen Sie keinen Badeanzug in North Beach (Nordstrand); es handelt sich um das mit Terrassencafés übersäte italienische Viertel.

### Architektur

11 „Jeder Mensch sollte zwei Städte lieben: seine eigene und San Franzisko." (Gene Fowler)

# SAN FRANCISCO

**12** "What I like best about San Francisco is San Francisco." (Frank Lloyd Wright)

**13** "Your city (San Francisco) is remarkable not only for its beauty. It is also, of all the cities in the United States, the one whose name, the world over, conjures up the most visions and more than any other incites one to dream." (Georges Pompidou)

**14** "It's a good thing the early settlers landed on the east coast. If they'd landed in San Francisco first, the rest of the country would still be uninhabited." (Herbert Mye)

**15** A rich spread of gingerbread. **(3)**

**1** ***Bridge:*** Die *Golden Gate Bridge* wird schon von jeher als Wunder betrachtet, wenn man bedenkt, wie feindselig die Naturelemente dort sind, wo sie errichtet wurde. Auf der einen Seite der Pazifik, auf der anderen Seite das große, von der Natur angelegte Becken, das von sechzehn Flüssen gespeist wird – dies ist die Bucht von San Franzisko. In der Meerenge kann die Strömung bis zu 100 km Stundengeschwindigkeit erreichen. Heftige Winde wehen am Kap. Dichter Nebel blockiert häufig die Durchfahrt.
Joseph E. Strauss war der Drahtzieher und Baumeister dieser großartigen Eisenstruktur. Vier Jahre reichten aus für seine Erbauung. Trotz äußerst strenger Sicherheitsmaßnahmen kamen elf Menschen in diesem „Kampf“ um. Sie wurde am 27. Mai 1937 eingeweiht.
Eine Mannschaft von 43 Personen ist ständig dabei, die Brücke zu streichen. Die rot-orange Farbe ist nicht nur beständig gegen Sonne, Wind, Regen und Salz, sie ist auch am besten sichtbar im Nebel.

12 „Das, was ich an San Franzisko bevorzuge, ist San Franzisko.“ (Frank Lloyd Wright)

13 „Eure Stadt (San Franzisko) ist sehr bemerkenswert, nicht nur ihrer Schönheit wegen. Sie ist auch von allen amerikanischen Städten die Stadt, deren Name weltweit die meisten Visionen hervorruft und uns, mehr als jede andere, zum Träumen verleitet.“ (Georges Pompidou)

14 Das war eine gute Sache, daß die ersten Immigranten an der Ostküste gelandet sind – wenn sie in San Franzisko gelandet wären, wäre das übrige Land heute noch unbewohnt.“ (Herbert Mye)

15 Ein Lebkuchenfest.

**2** ***People:*** San Franzisko hat 730 000 Einwohner, wenn man aber seine Vororte mitzählt, kommt man auf 5,8 Millionen. Praktisch ein Einwohner von zweien (44,3%) ist im Ausland geboren oder hat zumindest einen Elternteil, der aus dem Ausland kommt. In der Stadt San Franzisko gibt es vier große Minderheiten ausländischen Ursprungs: die Chinesen (ca. 120 000), die Italiener (ca. 100 000), die Spanier (ca. 84 000) und die Japaner (ca. 13 000). Auch die schwarze Gemeinschaft ist bedeutend (86 000).
Die Suche nach dem Gold hat Menschen aller Farben und Nationalitäten angezogen.
Die Bewohner von San Franzisko sind weger ihrer Toleranz und ihrer liberalen Geisteshaltung bekannt (70% der Bevölkerung wählen die Demokraten). Ein Beispiel dieser liberalen Geisteshaltung: die drei letzten Bürgermeister der Stadt waren: ein Homosexueller, eine Frau und der Sohn griechischer Immigranten (Art Agnos). Ein anderes Beispiel für die Aufnahmebereitschaft kultureller Strömungen

ist die Geburt der *Beat Generation* in den fünfziger Jahren und die Umwandlung der Stadt in die Hauptstadt der *Hippies* in den Sechzigern. Die siebziger Jahre erlebten das Auftauchen der homosexuellen Bevölkerung *(gay),* die inzwischen die umfangreichste Gruppe der Standt geworden ist, trotz der Probleme, die die *AIDS*-Krankheit in den achtziger Jahren verursachte.
San Franzisko ist, dank der Vielseitigkeit seiner Bevölkerung, eine kulturell reich entwickelte Stadt. In jedem Viertel lebt eine bestimmte ethnische Gruppe oder Minderheit. Selbst die Weißen sind in der Minderheit im Vergleich zu den verschiedenen Kulturgemeinschaften.
Die Bewohner von San Franzisko weigern sich in mehreren Punkten, sich der übrigen, amerikanischen, städtischen Bevölkerung anzupassen. Sie ziehen es vor, einen Teil ihres Reichtums (wirtschaftlich und finanziell) einer gewissen Lebensqualität zu opfern, um die sie viele ihrer Landsleute beneiden. Sagt man nicht, daß San Franzisko eine der Städte der Welt ist, wo es sich am angenehmsten lebt?
Die Studienmöglichkeiten sind ausgezeichnet und die Konkurrenz unter den Sprachgruppen stimuliert den Geist, und Fremdsprachen sind im Alltagsleben in San Franzisko gang und gäbe.
Die Straßen sind immer sehr belebt: die Bewohner von San Franzisko lieben es, nach Art ihrer weit entfernten europäischen Vettern, in der Stadt spazierenzugehen und sich in Terrassencafés zu setzen. Ein ausgezeichnetes öffentliches Verkehrsnetz unterstützt diese Geisteshaltung.
Die Einwohner haben dafür gekämpft, daß nicht noch mehr Wolkenkratzer gebaut werden und für die Renovierung der Tramway, trotz der enormen Kosten, die diese Renovierung erforderte. Die Bewohner von San Franzisko sind

auch Feinschmecker. Ihre Küche ist weit über die Grenzen Kaliforniens hinaus bekannt. Über fünftausend Restaurants sind in den Fremdenführern angegeben.

3 ***Architecture:*** *Above all don't call it Frisco.* Die Bewohner von San Franzisko gebrauchen niemals das Wort Frisco. Sehr stolz auf ihre Stadt, lassen sie es nicht zu, daß ihr Name zu Frisco abgekürzt wird, was sie als Schimpfwort empfinden.
San Franzisko ist bekannt als „Paris des Westens". „Bagdad an der Bucht" und „das Tor des Orients".
Da San Franzisko keiner anderen amerikanischen Stadt gleicht, wird sie von den Touristen wegen der Vielseitigkeit ihrer Architektur geschätzt. Frank Lloyd Wright ist der berühmteste amerikanische Architekt der Welt. Er hat das bekannte *Guggenheim Museum* in New York geschaffen, danach die *Circle Gallery* in San Franzisko – eine Art Prototyp eines Museum.
San Franzisko hat es verstanden, seine malerischen Viertel zu erhalten oder zu renovieren und die Minoritäten dazu ermutigt, ihre Häuser nach ihren Vorstellungen zu bauen, dies ist der Grund der großen Vielseitigkeit der Architektur. Ein Großteil der Stadt wurde am Ende des neunzehnten Jahrhunderts erbaut, in der Blüte des viktorianischen Stils. Die Bewohner von San Franzisko sind stolz darauf, trotz Feuersbrünsten und Erdbeben (1906), ihre kleinen „Lebkuchenhäuser", die man auch *old painted ladies* (alte, bemalte Damen) nennt, fachgerecht restauriert zu haben. Einige davon waren große Privatvillen, die in Museen oder Hotels umgebaut wurden.
Eine Tür aus grünen Ziegeln markiert die Grenze des größten chinesischen Viertels außerhalb Asiens. Es ist genau

hier, wo die Herrschaft der Kalligraphie, der Lampions mit ineinander verschlungenen Drachen, der Pagodendächer, der geschnitzten Kranzgesimse und der Balkons in „Filigran“ beginnt. Sein Aufblühen verdankt San Franzisko den ersten Teilnehmern am *gold rush* (Goldrausch). Einige von ihnen haben beträchtliche Reichtümer angesammelt und haben ihre Wohnsitz (Privatvillen) auf einen Hügel gebaut, den man heute *Nob Hill* nennt und den R.-L. Stevenson als

**IN SHORT…**

**1** Each year, the opening of the opera season brings many tourists. **2** You have to pay to cross the bridge, unless you are walking. **3** We landed shortly after dawn. **4** What I like best about Christmas are the gingerbread cookies. **5** Walking through San Francisco is like visiting many countries; the only difference is that you don't need any visa. **6** The first settlers to the west coast were mainly Spaniards.

Once, a football coach wanted Jim, a good football player, to be accepted at the university he worked for. Unfortunately, Jim wasn't too bright. Knowing this, the Dean asked him a series of easy questions. But to no avail, the player didn't know any answer.
Desperate, the Dean finally asked him what was the capital of the United States. The player answered “Chicago”…
The coach, wanting to excuse his *“protégé”*, replied to the Dean: “You have to realize Jim never went to California”…

„Hügel der Paläste" beschreibt. Trotz seiner Zerstörung während des Erdbebens 1906, ist *Nob Hill* das vornehmste Wohnviertel von San Franzisko geblieben.
*Spread:* Ausdehnung, die Schicht, aber auch Genuß, Festmahl. Die Übersetzung erlaubt es uns leider nicht, ihnen all die Feinheiten der verschiedenen Bedeutungen im Englischen, darzustellen. Wir überlassen es Ihnen, die Richtigkeit dieses einfachen Wortes zu beurteilen.

**IN KÜRZE...**

**1** Die Eröffnung der Theatersaison zieht jedes Jahr viele Touristen an. **2** Um die Brücke zu überqueren, muß man bezahlen, außer man ist zu Fuß. **3** Wir sind kurz nach Tagesanbruch angekommen. **4** Was ich allem anderen an Weihnachten vorziehe, sind die Lebkuchen. **5** Durch San Franzisko zu spazieren, vermittelt den Eindruck, viele Länder zu besuchen, nur mit dem einen Unterschied: man braucht kein Visum. **6** Die ersten Immigranten der Ostküste waren hauptsächlich Spanier.

## Part two

### Hills

**1** The signs "HILL" or "GRADE" mean "don't try it unless you've had your brakes checked recently".

**2** Hill-dwellers have their own dicta: "Don't charge downhill in brand-new, leather-sole shoes; they're to cement what skis are to snow".

**3** Another saying in San Francisco: "When you get tired of walking around in San Francisco, you can always lean against it!".

**4** Don't park on a hill or even a slope without cramping your wheels to the curb, parking the car in gear and setting the handbreak; it's the law. **(1)**

### Weather

**5** Don't pack a tropical wardrobe; the mercury hovers around 60 degrees, even in summer.

**6** Don't send for an ambulance if you hear a chorus of moans, groans, grunts and wails; it's the foghorns.

**7** Don't plan to go swimming in San Francisco Bay unless you're a member in good standing of the Polar Bear Club.

**8** Don't be surprised if you're "socked" in one minute and can see forever the next; the coastal mists are capricious. **(2)**

### Cable-Cars

**9** "San Francisco without its cable cars would be like a kid without his yo-yo." (Phil Baker)

**10** Don't stand directly behind a cable-car gripman; you'll get the wind knocked out of you when he jerks back on the brake lever.

## Zweiter Teil

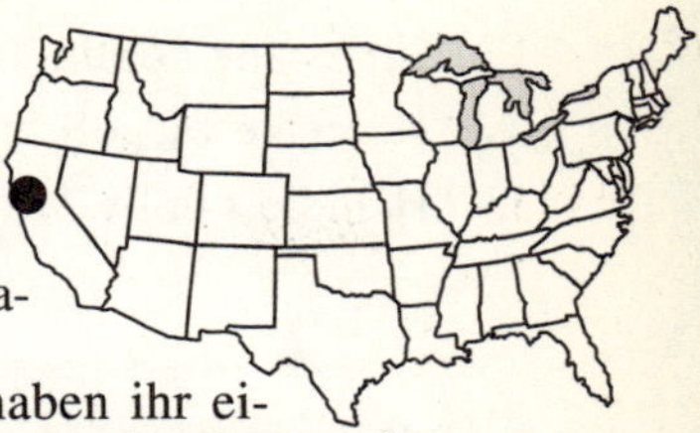

### Hügel

1 Die Schilder „HÜGEL“ oder „GEFÄLLE“ bedeuten: „Gehen Sie kein Risiko ein, wenn sie Ihre Bremsen nicht erst vor kurzem haben überprüfen lassen“.

2 Die Bewohner auf den Hügeln haben ihr eigenes Sprichwort: „Gehen Sie niemals den Berg auf neuen Schuhen mit Ledersohlen hinunter, auf dem Asphalt hat dies die gleiche Wirkung wie Schier auf dem Schnee“.

3 Ein anderes Sprichwort in San Franzisko: „Wenn Sie vom vielen Gehen in San Franzisko müde sind, dann lehnen Sie sich an den Berg an!“.

4 Parken Sie niemals auf einem Hügel oder an einem Abhang, ohne das Rad gegen den Bordstein blockiert zu haben, den Gang und die Handbremse eingelegt zu haben: das ist Gesetz.

### Klima

5 Nehmen Sie keine Tropenkleidung mit; das Thermometer zeigt so um die fünfzehn Grad an, auch im Sommer.

6 Schicken Sie nicht nach einem Sanitätswagen, wenn Sie ein Stöhnen, Gemurre, ein Klagen und Quäken hören: das sind die Nebelhörner!

7 Gehen Sie nicht in der Bucht von San Franzisko baden, außer wenn Sie ein angesehenes Mitglied des Clubs der Nordpolbären sind.

8 Seien Sie nicht erstaunt, wenn Sie sich eine Minute lang völlig „verloren“ fühlen und in der nächsten wieder vollkommen klarsehen: die Küstennebel sind launenhaft.

### Tramways

9 “San Franzisko ohne Tramway wäre wie ein Kind ohne Yo-Yo.” (Phil Baker)

10 Setzen Sie sich nicht direkt hinter den Tramwayfahrer: eine scharfe Bremsung seinerseits wird Ihnen den Atem verschlagen.

**11** America's only mobile national historical landmark.

**12** Cable-car conductors holler: "Curve. Hold on!" and "Heeeeere we go!" at nose-dive time.

**13** "Hallidie's Folly." **(3)**

**1** ***Hills:*** San Franzisko hat an die vierzig Hügel. Der höchste, der Mount Davidson, erhebt sich 282 Meter über dem Meer; der bekannteste ist Nob Hill, das feine Viertel von San Franzisko. Die meisten der äußeren Verkehrsadern sind mit folgender Tafel versehen: *„HILL"* (Hügel, Gefälle) oder *„GRADE"* (Gefälle, Anstieg) an der Stelle, an der sie in die „höheren Sphären" aufsteigen.
Es ist wirklich eine Leistung, in einer solchen Umgebung sein Auto zu parken. Eine polizeiliche Anordnung fordert, daß die Fahrer die Autoräder gegen die Fahrtrichtung einstellen *(curb wheels),* einen Gang einlegen *(park in gear)* und die Handbremse anziehen *(set brake),* egal wie stark das Gefälle ist. Zwar nicht vorgeschrieben aber doch sehr zu empfehlen ist die Regel, weit genug Abstand von dem vorausfahrenden Auto zu halten; falls dieses anhält und wieder anfährt, dann könnte es beim Gangeinlegen passieren, daß es nach hinten rollt. Sie sollten auch nicht gerade auf der abschüssigen Seite ihre Autotür öffnen, wenn Sie eine volle Einkaufstasche auf dem Sitz neben sich liegen haben: Melonen, Orangen und Tomaten können hunderte von Metern davonrollen!
In den meisten Fällen parkt man rechtwinkelig zum Gefälle. Die Gehsteige haben Stufen, um den Fußgängern mehr Halt zu geben. Eins der Schilder mit der Aufschrift *„HILL"* wurde zu *„CLIFF"* (Felswand) abgeändert, sicherlich von einem außer Atem geratenen Fußgänger!

11 Das einzige bewegliche Denkmal Amerikas.
12 Die Tramwagenfahrer schreien: „Kurve. Festhalten!“ und „Daaaa sind wir!“, in dem Moment, in dem es wie im Sturzflug steil abwärts geht.
13 „Hallidie’s Verrücktheit.“

Die Taxifahrer beklagen sich, daß sie ihre Bremsen alle 3 000 km wechseln müssen. Die steilste Straße, die Autos noch benutzen können, ist Filbert Street. Sie hat ein Gefälle von 31,5%. Man sagt, daß sogar die kaltblütigsten Fahrer erblassen, wenn sie diese Straße das erste Mal hinunterfahren!

**2** ***Weather:*** San Franzisko hat ein besonderes Klima. Es ist immer Frühling. Die Temperatur überschreitet selten 25 °C und sinkt selten unter 8 °C. Übergangskleidung kann man Sommers wie Winters tragen. Die Brise von der Küste her und der Dunst über dem Meer im Sommer schaffen eine Art natürlicher Klima-Anlage.
Während des ganzen Sommers kommt es vor, daß plötzlich Dunstwolken über der Stadt aufziehen und sich ausbreiten, sie befeuchten sofort die Luft und lassen sie abkühlen. Genauso schnell wie sie gekommen sind, verschwinden sie auch wieder und machen einer strahlenden Sonne Platz. Diese plötzlichen Klimawechsel können sich an einem Tag mehrmals wiederholen.
Um höhere Temperaturen zu finden, genügt es, aus der Stadt hinauszufahren. Ein etwas vereinfachendes aber wahres Sprichwort sagt, daß die Temperatur alle 10 Meilen außerhalb der Stadt jeweils um 10 Grad zunimmt. Am Wochenende fahren die Bewohner von San Franzisko leicht bekleidet zum Sonnenbaden nach Sausalito oder Tiburon (kaum fünfundzwanzig Minuten von San Franzisko entfernt).

Der Herbst ist die heißeste Jahreszeit.
Die Nebelhörner heulen am meisten im Juli, August und September.

**3** ***Cable-cars:*** Sind Sie schon in einem Denkmal gefahren? Das tun die Einwohner von San Franzisko ständig! 1964 stellte das Amt für Denkmalschutz diese seltsamen kleinen Tramways, mit einem Schienennetz von 37 km, unter Denkmalschutz.
Die Fahrer, die *gripman* (*to grip:* ergreifen, sich festklammern) genannt werden, üben die Handhabung der unterirdischen Kabel und der Bremsen dank eines Hebels aus. Außerdem zieht er auch die Kupferglocke, kassiert das Fahrgeld, und das alles unter sehr schwierigen Bedingungen, da die Tramways sehr oft überfüllt sind.

**IN SHORT...**

**1** Driving down Nob Hill requires a big amount of self-control. **2** It would be safer to park in gear on such a steep street. **3** Who would ever think that the ocean could be so cold! **4** It's a thrilling experience to take a cable-car in San Francisco. **5** The startling view knocked the wind out of me! **6** Did you set your brake as you've been told? **7** The pig grunts, the baby wails, the public groans and the wind moans.

Husband (to wife):
The egg-timer is pinging[1], the toaster is popping, the coffee pot is perking[2]. Is this it, Alice? Is this the great American Dream?
Henry Martin



[1] to ping = pfeifen (schriller Ton)
[2] to perk = durchlaufen, sich in Gang setzen

Man erzählt sich, daß Andrew S. Hallidie 1869 vier Pferde sah, die mit äußerster Anstrengung einen schwer beladenen Wagen eine sehr steile Straße von San Franzisko hinaufzogen. Ein Pferd rutschte auf dem regennassen Pflaster aus und der Wagen raste die abfallende Straße hinunter, die vier armen Tiere hinter sich herschleifend. Hallidie hat sich da geschworen, diesen Gräßlichkeiten ein Ende zu machen. Vier Jahre später hatte er den ersten *„cable-car"* in Betrieb genommen und begeisterte einige gaffende Zeugen seiner ersten Fahrt. 1880 funktionierten acht Linien!
Auch heute noch versetzt einem eine Fahrt im *cable-car* in Erstaunen, auch bei einer Stundengeschwindigkeit von 15 km, besonders wenn man die California Street mit einem Gefälle von 21,3% hinunterfährt!

**IN KÜRZE...**

**1** Nob Hill im Auto hinunterzufahren, erfordert eine gewisse Kaltblütigkeit. **2** Vorsichtige parken auf einer abschüssigen Straße mit eingelegtem Gang. **3** Wer hätte gedacht, daß der Ozean so kalt sein könnte! **4** Tramwayfahren in San Franzisko ist eine aufregende Erfahrung. **5** Die einmalige Aussicht ist atemberaubend. **6** Hast du die Bremse so eingelegt, wie man es dir gesagt hat? **7** Das Schwein grunzt, das Baby quäkt, das Publikum murmelt, der Wind heult.

# LOUISIANA

### *"Laissez les Bons Temps Rouler"*

**1** — I'm from Breaux Bridge. My name's Alphonse Ardoin. *Parlez-vous français?* **(1)**

**2** — No, I'm afraid I don't. My husband and I just moved to uptown New Orleans. I'm Kimberly Gaboreau. Nice to meet you.

**3** — Nice to meet you too, ma'am. Your last name sounds French to me. **(2)**

**4** — Oh, it is French, but all that's left from our French heritage is a last name and a first name. **(3)**

**5** — What first name ?

**6** — Every first-born male in my husband's family is christened Emmanuel. That's his name and our eldest son's. We lived in Massachusetts before, where my family-in-law seems to have settled a long time ago. **(4) (5)**

**7** — Now that's interesting! So, how d'ya like New Orleans so far? **(6) (7)**

**8** — We just love it, but we'd really like to get acquainted with the Cajun culture. **(8) (9)**

**9** — Ya'll should come over to our house. My wife's the best for cooking crawfish and boudin. Are you free on Saturday? If you come early afternoon, I'll drive ya to the Atchafalaya Basin for a tour. **(10) (11)**

**10** — Thank you so much. We'd be delighted, but I'm afraid to impose on you and your family.

**11** — No problem. On Saturday nights we usually organize a *bal de maison* with our neighbours. **(12)**

**12** — A what?

**13** — I kain't tell you. You'll find out on Saturday. Anyway I'm sure you'll love it! **(13)**

# LOUISIANA



***„Machen Sie sich eine schöne Zeit"***

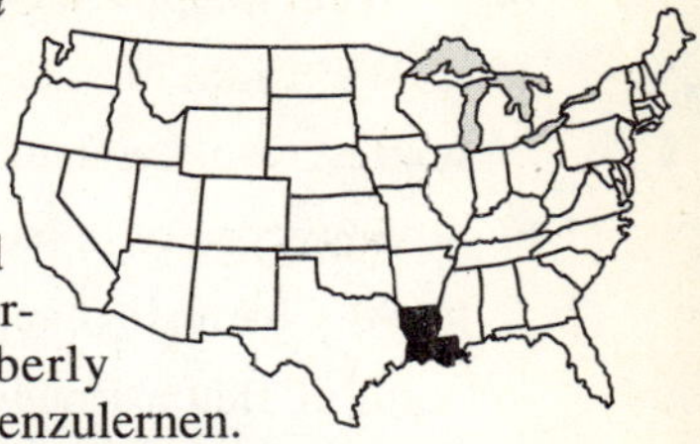

**1** — Ich bis aus Breaux Bridge und heiße Alphonse Ardoin. Sprechen Sie Französisch?

**2** — Leider nein! Mein Mann und ich sind gerade erst nach New Orleans umgezogen. Ich bin Kimberly Gaboreau, es freut mich, Sie kennenzulernen.

**3** — Ganz meinerseits, gnädige Frau. Ihr Familienname klingt so französisch.

**4** — Ja, es ist Französisch, aber alles, was uns von unserem französischen Erbe geblieben ist, ist ein Vor- und Familienname.

**5** — Welcher Vorname?

**6** — Jeder männliche Erstgeborene in der Familie meines Mannes wird Emmanuel genannt. Das ist auch sein Name und der unseres ältesten Sohnes. Vorher lebten wir in Massachusetts, wo sich die Familie meines Mannes, wie es scheint, vor langer Zeit niedergelassen hat.

**7** — Das ist interessant! Na, was denken Sie denn über New Orleans?

**8** — Wir mögen es sehr, würden aber gerne noch mehr über die Cajun-Kultur erfahren.

**9** — Sie müssen mal zu uns kommen, meine Frau ist eine ausgezeichnete Köchin im Zubereiten von Krebsen und Blutwürsten. Sind Sie am Samstag noch frei? Wenn Sie am frühen Nachmittag kommen, könnte ich mit Ihnen eine Fahrt zum Atchafalaya-Becken machen..

**10** — Vielen Dank, es wäre uns ein Vergnügen, aber ich habe Angst, Ihnen und Ihrer Familie zur Last zu fallen.

**11** — Kein Problem. Am Samstagabend ist es zur Gewohnheit geworden, mit den Nachbarn einen „Hausball" zu organisieren.

**12** — Einen was?

**13** — Das kann ich Ihnen nicht erklären. Das werden Sie am Samstagabend sehen. Auf jeden Fall weiß ich schon jetzt, daß es Ihnen gefallen wird!

**14** — Well, I appreciate your offer and I'm looking forward to it. We'd like to visit some of those beautiful ante-bellum houses. Could you tell me where to go? **(14)**

**15** — Since you're in New Orleans, why not take the streetcar to St. Charles avenue? Otherwise go to Feliciana parish, north of Baton Rouge, or even better down in the Bayou country to Terrebonne parish. **(15) (16) (17)**

**16** — I feel I was very lucky to have met you! Is there anything else I need to know?

**17** — Just one thing you have to learn: *Laissez les bons temps rouler!,* it means: "Let the good times roll!".

**1** Wohnt Alphonse in Frankreich? Aber nein, wir sind noch immer in den Vereinigten Staaten, in einem Staat, in dem es für einen Großteil der Bevölkerung eine Ehre ist, Französisch zu sprechen: der Staat Louisiana.
Einige historische Tatsachen:
Louisiana war einst französisches Territorium und erstreckte sich von Nord nach Süd der heutigen Vereinigten Staaten. Es umfaßte alle Gebiete links und rechts des Mississippi-Flusses, von der Quelle bis zur Mündung, mehr als ein Viertel der Staaten heute! Es wurde von René Robert Cavelier, Sieur de la Salle, so benannt. Er war der erste Weiße, der den nordamerikanischen Kontinent, vom Sankt-Lorenz-Strom (Kanada) bis zum Mexikanischen Golf, zu Ehren seines Königs Ludwig XIV. durchquerte. Louisiana wurde zuerst von französischen Soldaten, die aus Kanada kamen, kolonisiert und dann von den Bewoh-

14 Ich danke Ihnen für Ihre Einladung und ich freue mich schon darauf. Wir möchten auch gerne einige dieser wunderschönen, im Kolonialstil erbauten Häuser besichtigen. Könnten Sie uns sagen wo wir da hingehen müssen?

15 — Da Sie schon einmal in New Orleans sind, warum nehmen Sie nicht in der Saint-Charles Avenue die Straßenbahn? Sonst können Sie in die Feliciana-Gemeinde im Norden von Baton Rouge gehen, noch besser wäre es im Süden, im Bayou-Land, in der Terrebonne-Gemeinde.

16 — Ich habe das Gefühl, daß wir großes Glück hatten, Sie kennengelernt zu haben! Gibt es sonst noch etwas, was ich wissen muß?

17 — Eine einzige Sache sollten Sie lernen: *Laissez les bons temps rouler!,* das bedeutet soviel wie: "Machen Sie sich eine schöne Zeit!".

nern aus Akadien (Nova Scotia oder Neuschottland), die die Engländer vertrieben hatten. Wir kommen später noch einmal darauf zu sprechen.

Napoleon konnte sich die enormen Vorteile nicht vorstellen, die ein solches Territorium bietet, außerdem brauchte er eiligst Geld, um seine zukünftigen Feldzüge zu finanzieren, so entschloß er sich endgültig 1803 dieses Territorium für fünfzehn Millionen Dollar an die Vereinigten Staaten zu verkaufen, unter dem Vorwand, die Allianz, zwischen England und den Vereinigten Staaten zu verhindern. So wurde die Chance vertan, daß Französisch die offizielle Sprache der Vereinigten Staaten wurde. Die Soldaten, die Louisiana kolonisierten, wurden besonders in Frankreich, in den Küstengebieten, wie die Normandie, die Bretagne und die Vendée (Land um Nantes) angeworben.

Die Bewohner von Akadien, französischen Ursprungs

(Westen Frankreichs) hatten sich dort, trotz der harten Winter, niedergelassen und hatten, dank ihres guten Verhältnisses mit den indianischen Bewohnern, gelernt zu überleben. Sie waren im Pelzhandel spezialisiert.
Das Wort *Acadia* kommt von einem indianischen Wort (Volksstamm der Micmacs), *quoddy* oder *caddy* bezeichnet einen Ort oder ein Stück Land.
Als Folge des Krieges zwischen England und Frankreich wurden die Bewohner Akadiens 1755 aus ihrem Land vertrieben. Diese dramatische Zeit ist unter dem Namen „Grand Dérangement" (große Verwirrung) bekannt. Die Bewohner Akadiens wurden gegen ihren Willen auf Schiffen verschickt, wobei man die Männer von den Frauen und die Eltern von den Kindern trennte. Diese Schiffe legten in den verschiedenen Staaten der Ostküste an, wo der Empfang dieser armen Verbannten im allgemeinen recht feindselig war. Viele Bewohner Akadiens wurden Sklaven und gezwungen, ihre Religion (katholisch) und ihre Sprache aufzugeben. Andere, mit mehr Glück, konnten fliehen oder wurden nach Louisiana geschickt. Auf diese Weise entwikkelte sich die französische Kolonie in Louisiana. Durch eine Deformierung der Sprache veränderte sich *Acadien* zu *Cajun,* die jetzige Bezeichnung der Bevölkerung französischen Ursprungs in Louisiana. Eine genealogische Untersuchung der Familiennamen hat es den amerikanischen Behörden ermöglicht, die Schlußfolgerung zu ziehen, daß drei Viertel der Bewohner Akadiens, die heute in Louisiana und Kanada leben, direkt von den Familien, die bei der Volkszählung 1671 erfaßt wurden, abstammen!
Erst seit kurzem wird das Französische als zweite Amtssprache in Louisiana anerkannt. Es handelt sich dabei um eine Mischung von Altfranzösisch, Kreolisch und Ameri-

kanismen.

**2** *Ma'am:* Madame. Die Amerikaner neigen dazu, Sie bei Ihrem Vornamen zu nennen, wenn Sie im gleichen Alter sind und den gleichen sozialen Status haben. Wenn Sie Ihren Namen noch nicht kennen, nennen sie Sie *Ma'am* (gnädige Frau), *Sir* (mein Herr) oder *Miss* (gnädiges Fräulein). Auf die Aussprache von *Ma'am* möchten wir besonders hinweisen: *Madam* zu sagen und dabei das **d** auszusprechen, ist praktisch eine Beleidigung, denn man denkt dabei unwillkürlich an „gewisse Damen“!
Man gebraucht *Mister* oder *Missis* wenn danach der Familienname folgt: *Mister Carlson, Missis Smith.* Wenn Sie einen Brief an eine Frau schreiben, deren Familienstand unbekannt ist, so ist es ratsam, den neuen Ausdruck *Ms* (wird „mies“ ausgesprochen) zu verwenden, der von den Feministinnen erfunden wurde und eine Bildung aus *Miss* und *Missis* ist.

**3** *Last name:* Familienname. *First name:* Vorname. Es existiert auch ein *middle name,* den man besonders als Initiale verwendet: erinnern Sie sich an John F. (Fitzgerald) Kennedy, Franklin D. (Delano) Roosevelt oder John D. (Davison) Rockefeller. Die Amerikaner haben oft noch den Brauch beibehalten, den Vornamen vom Vater an den Sohn weiterzugeben, das erklärt den zweiten Vornamen, um zu unterscheiden. Solle der *middle name* die gleichen Buchstaben haben, dann nennt man den Sohn *Junior* und den Vater *Senior:* Martin Luther King Junior.

**4** Massachusetts war einer der ersten Staaten, in dem die Gefangenen aus Akadien ankamen. Die Eltern wurden zu

Sklaven, und die Kinder kamen zu protestantischen Familien zur schnelleren „Integration“. Man findet deshalb an der ganzen Ostküste der Vereinigten Staaten französische Familiennamen, deren Ursprung die Familien selbst nicht mehr kennen. Der einzige Staat, der die Bewohner Akadiens gut aufnahm, war Maryland. Ein Vorort von Boston heißt heute noch „French town“ (französische Stadt).

**5** *Family-in-law:* Schwiegereltern. *Son-in-law:* Schwiegersohn. *Daughter-in-law:* Schwiegertochter. Wenn man von seiner angeheirateten Familie spricht, sagt man oft my in-laws. In-law bedeutet: durch das Gesetz.

**6** *So far:* bis jetzt. *How do you like New York, Paris... so far?* ist eine oft gestellte Frage an die Besucher.

**7** Obwohl New Orleans die meisten Einwohner hat, ist es nicht die Hauptstadt des Staates. Der Sitz der Landesregierung befindet sich in *Baton Rouge.* New Orleans ist bekannt für seine Karnevalsveranstaltungen am Faschingsdienstag und sein *French Quarter* (französisches Viertel), das belebteste Viertel der Stadt.

**8** *To love* ist hier im Sinne von „gerne mögen“ gemeint; wenn Sie etwas verabscheuen, dann können Sie sagen: *I hate*: *I hate green beans.*

**9** Die Küche der Cajun ist bekannt für ihre Vielfältigkeit, aber auch für ihre Schmackhaftigkeit, im Gegensatz zur faden amerikanischen Küche. Sie ist eine Verbindung der französischen und der kreolischen Küche (und deshalb manchmal sehr pikant…). Die Blutwurst gehört zur traditionellen Cajun-Küche aber auch Krebse, die *crawfish* heißen und im allgemeinen mit gut gewürztem Reis, Paprika, Zwiebeln und Tomaten gereicht werden. Das schmeckt ausgezeichnet!

**10** Die Cajuns sind sehr gastfreundlich, besonders zu den Franzosen! Sie sind stolz darauf, Sie bei sich einzuladen. Selbst wenn sie Englisch sprechen; können ihre Ausdrücke manchmal für Angelsachsen entwaffnend sein: *passing a good time* ist einer dieser Ausdrücke. Er kommt aus dem Französischen „passer du bon temps" (eine schöne Zeit haben) und wird ins Englische mit *having fun* übersetzt.
Die Kirche und die Familie sind die zwei Grundpfeiler der Cajun-Gesellschaft. Im allgemeinen sind die Cajun-Familien sehr kinderreich. Manchmal leben mehrere Generationen unter einem Dach. Die Hochzeitsfeierlichkeiten sind sehr wichtig. Die ganze Gemeinde ist zur Feier eingeladen. Während des „Geldtanzes" *(money dance)* heften die Gäste hunderte von Dollars an die Kleider der Brautleute.
Man sagt, daß das Geheimnis der Cajuns in ihrer Lebensfreude (joie de vivre) liegt.

**11** *Atchafalaya Basin:* Naturschutzgebiet im Sumpfgebiet.

**12** *Bal de maison:* Die Bewohner Akadiens lieben das Tanzen und Musizieren. Sie kommen sehr oft zusammen, um sich diesem Lieblingsvergnügen hinzugeben. Zwei Instrumente sind dabei unentbehrlich: die Geige *(fiddle)* und das Akkordeon. Die Musik der Cajun zeigt zwei Tendenzen. Die neuere Musik, die man „Zydeco" nennt, ist eine Mischung aus Jazz, *rhythm and blues* und alten Balladen. Die andere, traditionellere Musik ist das „Fais-dodo" (schlaf, Kindlein, schlaf), sie hat ihren Ursprung in der Zeit, in der die Familien zu den Bällen gingen: Die Mütter legten ihre kleinen Kinder in eine Ecke des Raumes und sagten ihnen „faire dodo".

**13** *Kain't = can't.* Das gleiche trifft für *ya'll (you all)* zu, *kain't* ist eine Deformation, die auf den Akzent im Süden zurückzuführen ist. *You all* (wird *yawl* ausgesprochen) ist ein Lieblingsausdruck der „Südisten". Es ist schwierig, diesen Akzent zu beschreiben (hören Sie aufmerksam das Tonband). Hier jedoch einige Hinweise. Den Akzent des Südens, der etwas schleppend *(drawl)* ist, erkennt man phonetisch folgendermaßen:
*Can't* wird *caynt* ausgesprochen, *force* wird zu *furse, fire* zu fir. Das **r** am Ende eines Wortes, wie in *poor, floor, your...* und sehr häufig auch das **t** *(next, best...)* werden nicht ausgesprochen. Das lange **i** (das man wie „ai" ausspricht) verändert sich zu „ah": *I, my, fine...* Sie werden sehr bald feststellen, daß der Akzent des Südens, obwohl etwas schwierig zu verstehen, ein charmanter Akzent ist, dessen man nicht überdrüssig wird.

**IN SHORT...**

**1** Ma'am, could you please page Mrs Williams for me? **2** My in-law are coming over for Christmas; my sister-in-law is bringing the tree. So far I can't complain. My new boss is being good to me. **4** He love New Orleans and wants to settle there. **5** Crawfish Etouffee is her speciality; what's yours? **6** Simpson is Ulysses Grant's middle name.

***Did you know that 800 telephone numbers are toll-free numbers from anywhere in the United States***
[1] toll-free = kostenlos (toll = Mautgebühr

**14** *Ante-bellum:* (lateinisch) – vor dem Krieg. Dieses Eigenschaftswort, das sehr häufig gebraucht wird, um die herrlichen Häuser im Kolonialstil in Louisiana zu beschreiben, bezieht sich auf die blühenden Zeiten der großen Plantationen vor dem amerikanischen Bürgerkrieg (1861-1865).

**15** Die St. Charles Avenue in New Orleans ist für ihre großen Häuser im Kolonialstil bekannt. Den Charme dieses Viertels weiß man noch besser zu schätzen, wenn man es mit der Tramway durchfährt…

**16** *Feliciana parish:* Jeder Staat ist in *counties* aufgeteilt, aber der Staat Louisiana in *parishes* (Kirchengemeinden), eine Reminizenz an eine frühere, rein französische und katholische Gemeinschaft.

**17** *Bayou:* eine Deformierung des Wortes „boyau" (Darm). Es bezeichnet einen unwichtigen oder toten Nebenarm des Mississippi.

**IN KÜRZE…**

**1** Madame, könnten Sie bitte Frau Williams über den Lautsprecher rufen? **2** Meine Schwiegereltern kommen zu Weihnachten; meine Schwägerin bringt den Weihnachtsbaum mit. **3** Im Moment kann ich mich nicht beklagen. Mein neuer Chef meint es gut mit mir. **4** Er schwärmt für New Orleans und möchte sich dort niederlassen. **5** Gedünsteter Krebs ist ihre Spezialität. Und was ist die Ihre? **6** Simpson ist der zweite Name von Ulysses Grant.

***Did you know that hitchhiking is forbidden on Interstates? You must stand on access ramps.***

# HEADHUNTERS

## *An Unexpected Phone Call From Detroit* (1)

*Monday*

**1** Fred's just received a telephone call from a headhunting corporation this morning. **(2) (3)**

**2** Since he was busy preparing the next board meeting with his colleagues, he couldn't get any further information. **(4) (5)**

**3** He's got an appointment tomorrow. He took the afternoon off.

*Tuesday*

**4** While waiting for the interview, Fred was given a series of tests: questions to answer, colors to arrange according to preference, a letter to write… **(6)**

**5** He then was introduced to Pam, who explained to him what kind of a job opportunity was at stake and which company had hired their services. **(7)**

**6** Fred felt confident with the following interview. He knew the field very well and sensed that both his self-confidence and his experience had stirred Pam's interest. **(8)**

**7** He was naturally concerned about the number of candidates he had seen in the waiting room, but in all, he thought, everything had gone well.

**8** His current job was well paid, of course, but the perspective of an even better salary, with greater responsibilities, tempted him. **(9)**

**9** He'd have to move up north, though, so he'd have to convince his wife that this would be better for the whole family. This sounded a lot tougher than what he had gone through today… **(10)**

*The Following Tuesday*

**10** — You're our man, Fred! Congratulations, Mister Vice-President! Friday you'll be meeting the Board of Directors. **(11) (12)**

## Ein unerwartetes Telefongespräch aus Detroit

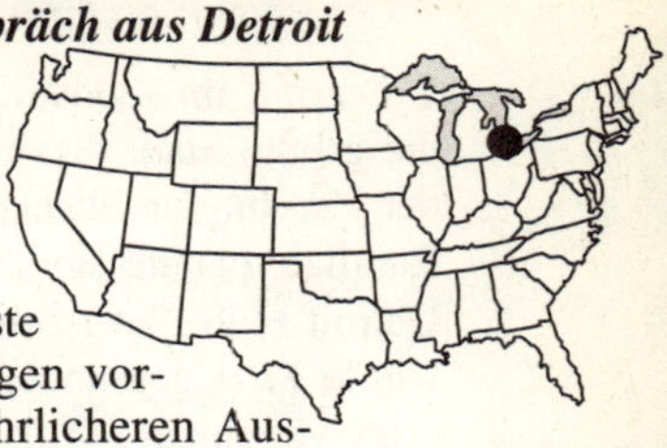

*Montag*

1 Fred bekam gerade heute morgen einen Telefonanruf vom Büro eines „Headhunters".

2 Da er gerade dabei war, die nächste Geschäftssitzung mit seinen Kollegen vorzubereiten, konnte er keine ausführlicheren Auskünfte erfragen.

3 Er hat für Morgen einen Termin. Er hat sich den Nachmittag freigenommen.

*Dienstag*

4 Vor seiner Unterredung erhielt Fred eine ganze Reihe von Tests: Fragen mußten beantwortet werden, Farben nach eigenem Gutdünken arrangiert werden, ein Brief mußte geschrieben werden…

5 Dann hat man ihm Pam vorgestellt, der ihm erklärte, um welche Art von Stelle es sich handelte und welche Firma die Dienste der Unternehmungsberatung in Anspruch nahm.

6 Fred fühlte sich sicher während des folgenden Gesprächs. Er kannte die zur Sprache gebrachte Sache sehr gut, und er fühlte, daß seine Sicherheit und seine Erfahrung das Interesse von Pam erweckten.

7 Natürlich beunruhigte ihn die Zahl der anwesenden Kandidaten, die er im Wartezimmer sah, aber er dachte sich, daß im großen und ganzen alles gut gelaufen wäre.

8 Sein derzeitiger Job war selbstverständlich gut bezahlt, aber die Aussicht auf ein noch besseres Gehalt und mehr Verantwortung reizte ihn.

9 Er müßte jedoch in den Norden umziehen und er müßte seine Frau davon überzeugen, daß es das Beste für die ganze Familie wäre. Dies schien viel schwieriger zu sein als alles, was er heute ertragen hatte.

*Dienstag darauf*

10 — Fred, Sie sind unser Mann! Herzlichen Glückwunsch, Herr Vizepräsident! Am Freitag werden Sie das Vorstandsgremium kennenlernen.

# HEADHUNTERS

**1** Detroit, im südöstlichen Teil von Michigan gelegen, ist die größte Stadt dieses Staates und die sechstgrößte Stadt der Vereinigten Staaten. Ihr Gründer, Antoine de la Mothe Cadillac, nannte sie „Stadt Detroit" wegen ihrer Lage am Detroit-Fluß. Sie ist die älteste Stadt im Mittelwesten: sie wurde 1701 gegründet. Heute hat die Stadt mit ihren Vororten viereinhalb Millionen Einwohner, eine Million lebt in Detroit selbst.
1896 baute Henry Ford sein erstes Auto in Detroit. 1903 entstand die *Ford Motor Company.* Seit langem schon als Stadt der Autos bekannt, ist das Gebiet um Detroit das Hauptgebiet der wichtigsten Hersteller: *General Motors, Ford, Chrysler, Volkswagen of America...* Die Gegend steht auch an erster Stelle des Landes für die Herstellung von Farben, nichtelektrischen Maschinen und automatischen Anlagen.

**2** Die Unternehmen nehmen die Dienste der *headhunters,* die sich lieber „Agenturen zur Suche von leitenden Angestellten" *(executive search firm)* nennen, reichlich in Anspruch. Diese Agenturen sind sehr einflußreich geworden.

**3** Die leitenden Angestellten sind von den Beratungsbüros sehr gefragt. Mehrmals im Jahr werden sie von diesen per Telefon an ihrem Arbeitsplatz kontaktiert. Es handelt sich dabei um eine sehr geläufige Sache. Es ist ziemlich einfach, die Namen der Angestellten einer Firma zu bekommen, und diese Transparenz macht es den Unternehmensberatern möglich, Listen von in Frage kommenden Kandidaten für jeden Berufszweig aufzustellen und Kontakt zu ihnen aufzunehmen, wenn eine Stelle, die ihrem Profil entspricht, angeboten wird.

**4** Wenn man die Größe und den Umfang der amerikanischen Unternehmen berücksichtigt, so ist es für die Angestellten durchaus normal, an großen Meetings teilzunehmen und auch an die inquisitorischen und brutalen Verhöre vor ihresgleichen sind sie gewöhnt. Bei jedem Treffen auf hoher Ebene sind die technischen Spezialkenntnisse von sehr hohem Niveau. Deshalb ist es wichtig, jedes Vorstellungsgespräch bis ins Kleinste gut vorzubereiten, um verfängliche Fragen vorauszusehen und die neuesten Zahlen und Fakten parat zu haben, um dadurch seine beruflichen Qualifikationen zu zeigen.

**5** Die Unternehmensberater, die die Kandidaten in ihrer Arbeit kontaktieren, bringen diese oft in verzwickte Situationen: es ist schwierig für sie, in Gegenwart anderer Personen zu antworten, ohne den Gesprächsinhalt aufzudekken. Dieser erste Kontakt ist deshalb immer sehr kurz und soll den Kandidaten darauf aufmerksam machen, daß vielleicht eine neue Stelle in Aussicht ist. Die jungen, amerikanischen, leitenden Angestellten haben immer ein offenes Ohr für derartige Situationen und sie wissen, daß eine neue Erfahrung für sie nur von Vorteil sein kann, und auch das Gehaltsangebot ist bei diesen Angeboten sehr oft verlokkend.

**6** Der este Termin ist im allgemeinen sehr lang. Obwohl die Methoden von der einen zur anderen Agentur unterschiedlich sind, bestehen sie oft aus zwei Teilen: Die Tests und das Gespräch. Den Kandidaten werden verschiedene psychologische Tests unterbreitet, der bekannteste ist der *Minnesota Multi-Phasic Personality Test* (MMPPT). Diese Tests dienen dazu, die Persönlichkeit eines Kandidaten zu ermitteln, seine Fähigkeiten, die der Posten an ihn stellt, usw. Der handgeschriebene Brief dient dem graphologischen Gutachten.

**7** Alle Agenturen, die versuchen, die Stelle eines leitenden Angestellten zu besetzen, überprüfen im Detail die Unterlagen aller Stellensuchenden, aber sie wenden sich besonders an die Personen, die in einem Konkurrenzunternehmen die gleiche Stelle einnehmen.

**8** Die Amerikaner glauben besonders an die individuelle Begabung und die Erfahrung. Sie sind stolz auf ihren Professionalismus. Die Unternehmen schrecken vor nichts zurück, um festzustellen ob ein zukünftiger Angestellter die erforderlichen Qualitäten für diesen Posten besitzt und sie sind bereit, die „seltene Perle" großzügig zu bezahlen. Dies also ist die Rolle des *headhunters,* den Mann oder die Frau zu finden und sie mit kräftigen finanziellen Argumenten anzulocken.

**9** Obwohl das Gehalt der einfachen Angestellten stagniert, ist das der amerikanischen höheren Angestellten beträchtlich gestiegen und besonders das der hohen leitenden Angestellten, dies zählt heute zu den höchsten der Welt. Jahresgehälter von einer Million Dollar sind nicht selten. Der Unterschied der Gehälter zwischen europäischen und amerikanischen leitenden Angestellten wird immer größer. Diese Differenz beruht einerseits auf der Umsatzbeteili-

**IN SHORT...**

10 **1** I wish I had been offered a better salary. **2** How often have you moved from one company to another ? **3** Aptitude tests are useful

gung und andererseits auf den Leistungsprämien, die einen wichtigen Teil des Gesamtlohns der amerikanischen leitenden Angestellten ausmachen.

**10** Viele Unternehmen, auch die, die selbst ihre Dienste in Anspruch nehmen, kritisieren ausgiebig die Unternehmungsberatungsbüros und werfen ihnen vor, daß sie den Anstieg der Löhne und die häufigen Stellenwechsel von einer Firma zur anderen beschleunigen. Wie es nun auch sei, die Amerikaner beweisen sehr viel Mobilität in ihrer beruflichen Karriere.

**11** *Vice-president:* Die Stelle des Vizepräsidenten ist heftig begehrt, obwohl sie manchmal etwas zweideutig ist. Bestimmte Vizepräsidenten sind mächtig und einflußreich in ihrem Unternehmen und ihr Posten entspricht etwa dem eines europäischen Finanzdirektors, während andere nur junge Angestellte sind. In den Banken z. B. gibt man den Titel Vizepräsident einer großen Anzahl von jungen Angestellten, denn so haben die Kunden den Eindruck, daß sich ihre Angelegenheit in den Händen von Experten befindet!

**12** Der Aufsichtsrat hat den Aktionären gegenüber eine treuhänderische Verantwortung und behält sich einige wichtige Entscheidungen vor, wie z. B. die Ernennung des Präsidenten und manchmal auch des (oder der) Vizepräsidenten und deren Bezahlung.

**IN KÜRZE...**

**1** Ich hätte es lieber gehabt, wenn man mir ein besseres Gehalt angeboten hätte. **2** Wie oft haben Sie die Firma gewechselt? **3** Die tools for headhunting corporations. **4** It is considered to be rude to be late when invited to an interview. **5** He felt confident with the subject. **6** Being president is not as easy as it may seem.

Although the following anecdote happened a long time ago, it remains an example of today's managers' strictness about punctuality…

When George Washington's secretary excused himself for being late and laid the blame upon his watch, the president quietly replied: "Then you must find another watch, or I another secretary"…

*"When I was a boy, I once was walking along a street and happened to spy a cart full of watermelons. I was fond of watermelon, so I sneaked quietly up to the cart and snitched one. Then I ran into a nearby alley and sank my teeth into the melon. No sooner had I done so however, that a strange feeling came over me. Without a moment's hesitation, I made my decision. I walked back to the cart, replaced the melon… and took a ripe one."*
(Mark Twain, giving a speech on honesty)

Eignungstests sind das normale Werkzeug der „headhunters“. **4** Die Tatsache, daß man zu spät kommt, wenn man zu einem Vorstellungsgespräch eingeladen wurde, gilt als (sehr) unhöflich. **5** Er fühlte sich dem Thema gewachsen. **6** Präsident zu sein, ist nicht so leicht wie es scheint.

# TEXAS

## Part one

### *The United States of Texas*

1 Texas is a patchwork quilt stitched from the flags of six nations: Spain, France, Mexico, the Republic of Texas, the Confederacy and the United States. **(1)**

2 Perhaps you've stopped at a gas station to fill'er up or at a small country store to buy a bottle of Dr Pepper. Don't be surprised if the attendant or even some good ol' boy sitting under a tree says: "Howdy!... How y'all doin' today?... Y'all ain't from'round here, are y'all?". **(2)**

3 "We have lived side by side with the North Americans since 1810, and we have made every concession to their superior power (...). But when they now demand that we surrender our language and our patterns of life, we say 'no'." (Mexican background character's plea from "Texas" by James Michener.) **(3)**

4 The Texan War of Independence from Mexico ended with the battle of San Jacinto. But the battle of the Alamo featured one of the bloodiest events of this war, where 187 men were besieged for 13 days, then overwhelmed and killed by the Mexican army. **(4)**

5 In north central Texas, Texans live by the pulse of their cosmopolitan hub. Dallas and Fort Worth form what's commonly known as "Metroplex". While Dallas is a dazzling sky-scraping giant, Fort Worth revels in its colorful cow-boy past. **(5)**

6 West of the Pecos lies the town of Langtry, where Judge Roy Bean once dispensed justice with a six-gun and a rope. The law west of the Pecos meant a rough hasty kind of justice, which most of the time led to a death sentence declared during a mock trial. **(6)**

## Erster Teil

### *Die Vereinigten Staaten von Texas*

1 Texas ist eine aus den Fahnen von sechs Nationen zusammengesetzte Patchwork-Decke: Spanien, Frankreich, Mexiko, Republik von Texas, die Konföderation und die Vereinigten Staaten.

2 Vielleicht hielten Sie einmal an einer Tankstelle zum Volltanken oder an einem kleinen Laden auf dem Lande, um eine Flasche „Dr. Pepper" zu kaufen. Dann wundern Sie sich nicht, wenn der Verkäufer oder gar ein unter einem Baum sitzender alter Mann Sie mit einem „Hallo, wie geht es heute? Sie sind wohl nicht von hier?" anspricht.

3 „Seit 1810 lebten wir Seite an Seite mit den Nordamerikanern, haben ihrer Übermacht alle Zugeständnisse gemacht (...), aber wenn sie heute verlangen, daß wir unsere Sprache und unsere Gewohnheiten aufgeben sollen, sagen wir »nein«." (Auszug aus „Texas" von James Michener.)

4 Der texanische Unabhängigkeitskrieg gegen Mexiko endete mit der Schlacht von San Jacinto. Aber die Schlacht von Alamo war der Anlaß zu einem der blutigsten Ereignisse dieses Krieges, wobei 187 Soldaten dreizehn Tage lang umlagert und schließlich von der mexikanischen Armee besiegt und umgebracht wurden.

5 Im mittleren Norden von Texas leben die Texaner im Rhythmus ihres kosmopolitischen Herzens. Dallas und Fort Worth bilden das, was gemeinhin unter dem Namen „Metroplex" bekannt ist. Während Dallas ein überwältigender, wolkenkratzender Riese ist, genießt Fort Worth seine malerische Cowboy-Vergangenheit.

6 Im Westen des Pecos liegt die Stadt Langtry, wo früher der Richter Roy Bean mit einem sechsläufigen Revolver und einem Strang Gericht hielt. Das Gesetz im Westen des Pecos war eine harte, im Schnellverfahren erledigte Justiz, die meistens im Laufe eines Scheinprozesses zu einem Todesurteil führte.

7 But today, what makes Texans be so proud of their State? Is it only its size or its history? Does the State deserve all those superlatives: best, biggest, most…? Why is it that most cars bear a bumper sticker saying: "I am Texan proud"? **(7) (8)**

8 Houston, third largest city in the U.S., once known for its famous battle of San Jacinto, where Texas won its independence, is now home of NASA, the Texas Medical Center and the Astrodome. Additionally, it is a prominent center for international finance. **(9)**

**1** Die Spezialisten der texanischen Geschichte nehmen an, daß im Laufe von vierhundert Jahren nacheinander viele verschiedene Flaggen über diesem Teil Nordamerikas geweht haben müssen. Sechs der Nationen, die eine wirkliche Macht über den Staat ausgeübt haben, sind in die Geschichte eingegangen und legendär geworden.

• **Texas unter spanischer Fahne (1510-1821)**

Von 1519 an war Spanien die erste Nation, die auf das Gebiet des heutigen Texas Anspruch erhob, als Cortez eine spanische Kolonie in Mexiko errichtete und Alonso Alvarez de Pineda eine Karte der texanischen Küste anfertigte. Einige seebrüchige Spanier, wie Cabeza de Vaca, erforschten diese noch wilde Gegend. Aber erst 1681 wurde in El Paso die erste Mission in Texas eingerichtet. Nach und nach siedelten sich weitere aus Mexiko kommende Missionen an, die den Bau von Forts (Militärlagern) und den Zuzug einer wachsenden Zivilbevölkerung mitsichbrachten. Diese Tendenz blieb bis zum Unabhängigkeitsjahr Mexikos (1821) wirksam.

7 Was macht aber die Texaner heute so stolz auf ihren Staat? Ist es nur seine Größe oder seine Geschichte? Verdient der Staat all diese Superlative: der beste, der größte, der meiste…? Weshalb prahlen die meisten Autos auf ihrer Stoßstange mit dem Aufkleber: „Ich bin stolz, ein Texaner zu sein“?

8 Houston, die drittgrößte Stadt der Vereinigten Staaten, früher bekannt wegen ihrer berühmten Schlacht von San Jacinto, bei der Texas seine Unabhängigkeit gewonnen hatte, beherbergt die NASA, das Texas Medical Center und das Astrodome. Ferner ist es ein bedeutender internationaler Finanzplatz.

• **Texas unter französischer Fahne (1685-1690)**

Da Frankreich sein Gebiet (Französisch-Louisiana) erweitern wollte, stellte es den östlichen Teil in der Nähe der mexikanischen Golfküste unter seine Fahne. Obwohl Spanien auf diesen weit von den Missionen entfernt liegenden Teil von Texas Anspruch erhob, gab es dort keine nennenswerte spanische Bevölkerung. René Cavelier, Sieur de La Salle, gründete in Fort Louis eine Kolonie. Diese beträchtlichen Anstrengungen scheiteiterten infolge einer Reihe von Katastrophen und Streitigkeiten innerhalb der Kolonie, die den Tod La Salles zur Folge hatten. 1690 war Frankreichs Anspruch auf Texas nur noch ein schöner Traum.

• **Texas unter mexikanischer Fahne (1821-1836)**

Über zehn Jahre lang nach der mexikanischen Unabhängigkeit ließ sich in Mexiko ein Strom kühner Pioniere aus dem spanischen Süden und dem englischen Norden nieder. Die englischen Texaner nahmen die mexikanische Staatsangehörigkeit an. Abweichende politische und soziale Haltungen begannen die beiden Kulturen voneinander zu entfernen. Der mexikanische General Santa Anna setzte sich als Diktator ein. Die Texaner erhoben sich und errangen am 21. April 1836 nach der Schlacht von San Jacinto bei Houston ihre Unabhängigkeit.

• **Texas als Republik (1836-1845)**

Im Laufe der zehnjährigen Unabhängigkeit wurde die Republik Texas von Epidemien heimgesucht, litt unter Finanzkrisen sowie gelegentlichen Konflikten mit Mexiko. Aber zu dieser Zeit keimte das einzigartige texanische Erbe. Texas wurde die Heimat der Cowboys. Die *rangers* benutzten die renommierten sechsläufigen Revolver (colts). Sam Houston (der Präsident von Texas) vertrat das amerikanische Ideal des wilden Individualismus. Am 9. Dezember 1845 schloß sich Texas den Vereinigten Staaten an. Die Fahne der Republik ist heute die mit einem weißen Stern gezierte Staatsflagge, woher der Beiname des Staates: *„The lone star state"* rührt.

• **Texas in der Konföderation (1861-1865)**

Sechzehn Jahre nach dem Anschluß an den Bund brach der amerikanische Bürgerkrieg aus. Trotz dringender Weisungen Sam Houstons an Texas, sich aus dem Konflikt herauszuhalten, beschloß der Staat, sein Schicksal dem des unglückseligen Südens anzuschließen und dadurch die Zerstörung und den wirtschaftlichen Zusammenbruch wie alle anderen Konförderationsstaaten zu erleiden.

• **Texas, Staat der Vereinigten Staaten (1845 bis heute)**

Nach überstandenen Leiden der Niederlage und des Wiederaufbaus nach dem Bürgerkrieg vereinten die Nachkommen, Kinder der texanischen Pioniere, ihre Kräfte, um sich eine feste Zukunft zu sichern. Das bekannte texanische *„long horn"* (Hörnerrind) verschaffte der ganzen Nation Rindfleisch, und die Bearbeitung einer fruchtbaren Erde brachte reiche Ernte ein. Das zwanzigste Jahrhundert bringt die Entdeckung der Erdölvorkommen, und etwa fünfzig Jahre später steigt eine moderne texanische Industrie in einem günstigen Klima von Spitzentechnologie empor.

**2** Die Texaner werden oft die *Howdy people* genannt. Die Art der Texaner, zu empfangen, die Unbefangenheit und Natürlichkeit der Einwohner, vermitteln Texas den legendären Ruf der Gastfreundschaft.
Nicht im unruhigen Leben der Ballungsgebiete, sondern im Herzen der kleinen Städte kommt diese Gastfreundlichkeit voll zum Ausdruck. Der entspannte Lebensrhythmus der Dorfbewohner trägt dazu bei, angenehme und freundschaftliche Beziehungen zwischen Einheimischen und Fremden anzuknüpfen. Viele Autofahrer winken Ihnen im Vorbeifahren zu: nur eine Geste der Freundlichkeit, wie wohltuend in einer kalten und wirren Welt der Geschäfte. Es ist angebracht, zu lächeln und auf die gleiche Art zu antworten…
Das Wort Texas stammt von dem indianischen Ausdruck *Tejas,* das Freund oder Verbündeter bedeutet. Seit 1930 lautet die Devise des Staates: *Friendship* (Freundschaft).
Die Worte *friend, friendly* sind vielbenutzt in Texas, selbst wenn es sich um Verkehrstafeln handelt: manche ermahnen freundlich zu fahren… *„Drive friendly“*. Hier sei zu bemerken, daß die Texaner ohne zu zögern einen Umweg in Kauf nehmen, um Sie auf den richtigen Weg zu begleiten (oder selbst bis an Ihr Ziel), falls Sie falsch gefahren sind.
Folgenden Hiweis sollten Sie beachten:
*Never ask a man where he's from. If he's from Texas, he'll tell you. If he isn't, you wouldn't want to embarrass him…*

**3** Einer seiner Vorzüge, aber auch eines seiner zu bewältigenden Hauptprobleme ist in Texas die Verschiedenheit der Bevölkerung, insbesondere die große Mehrheit mexikanischer Abstammung. Wie wir bereits erfuhren, ist Texas von Anfang an stark von Hispano-Amerikanern bevölkert worden. Die „Verschmelzung" *(melting pot),* die in anderen Staaten mit einem gewissen Erfolg stattgefunden hat, war hier durch die Disparität zwischen Mexikanern und „Anglos" schwierig, deren Gegensätzlichkeit ihren Ursprung schon in der Geschichte von Texas findet. Die ersteren vergessen nicht, daß Texas mexikanisch war, bevor es amerikanisch wurde, und die letzteren werfen immer noch den „Anglos" das Massaker von Fort Alamo im Jahre 1836 vor.
Trotz verstärkter Überwachung der Grenze zwischen Mexiko und den Vereinigten Staaten „überschwemmt" seit jeher ein aus Mexiko kommender illegaler Auswandererstrom Texas, und zwar, dies muß man dazu bemerken, mit Hilfe der Anglos, die froh sind, billige Arbeitskräfte, die sich über oft mehr als schlechte Lebensverhältnisse nicht beklagen, anzustellen. Früher mußten viele durch den Rio Grande oder sogar den Golf von Mexiko schwimmen, woher ihr Übername „wetbacks" (nasse Rücken) stammt. Im Süden (wie im Süden von Kalifornien) fordert die Mehrheitsbevölkerung mexikanischer Abstammung ein bikulturelles Leben. Die beiden Hauptforderungen sind die Anerkennung des Spanischen als zweite Landessprache und deren Pflichtunterricht in den Schulen.
Viele Städte zeugen von dem Einfluß des spanischen Erbes, San Antonio mehr als alle anderen. Die meisten wurden von den spanischen Missionaren benannt, so: El Paso, Amarillo, San Angelo, Palo Duro…

Das Nationalgericht ist das „Chili“ (stark gewürztes Gericht mit roten Bohnen).

**4** Der Festungsplatz Alamo befindet sich in San Antonio. Die dort gelieferte Schlacht hat für immer sowohl die Geschichte von Texas wie auch die ganz Amerikas geprägt.
Den Rückzugsbefehl verweigernd, lehnte sich eine Gruppe von 187 texanischen Freiwilligen gegen die Unterdrückung des mexikanischen Diktators Santa Anna auf und trotzten der 13-tägigen Belagerung der mexikanischen Armee, die stark in der Überzahl (zwanzig gegen einen) war. So gewann der General Houston genug Zeit, um seine Armee im Norden neu zu organisieren. Am Morgen des dreizehnten Tages erging folgender Befehl an die mexikanische Armee: keine Schonung, keine Gefangenen *(no quarter, no prisoner);* so fielen die Verteidiger von Alamo bis zum letzten Mann. Manche gingen in die Legende ein: David Crockett, Jim Bowie und William Travis. *„Remember the Alamo!“*. Dieser Sammelaufruf der Texaner vor der Schlacht von San Jacinto war eines der ausschlaggebenden Elemente, die zum Unabhängigkeitssieg führten.
Die 1718 gegründete Mission San Antonio de Valero war die erste der fünf in San Antonio eingerichteten Missionen, deren Sinn es war, die Indianer zu christianisieren und zu „bilden“. Als die Rolle der Mission erfüllt war, wurden 1836 die alten Gebäude aufgegeben, und der unter dem Namen Alamo bekannte Ort wurde zur „Wiege der texanischen Freiheit“ *(the cradle of Texas liberty).*

**5** Dallas wird aufgrund seines unglaublichen Wachstums und weil alles dort groß ist, auch *„Big D“* genannt. Eines schönen Tages des Jahres 1841 wurde Dallas geboren, als

ein gewisser John Weely Bryan in der Nähe des Flusses Trinity ein Grundstück verlangte, auf dem er eine Hütte aus Holzpfählen *(log cabin)* baute. Zwei Jahre später bestand die „Stadt“ aus zwei Hütten… Nach Einrichtung der Eisenbahn erfuhr sie in den Jahren um 1870 ihren ersten Aufschwung. Sie wurde bald zu einer wohlhabenden Stadt, vor allem Dank der Einwanderung begabter Männer und Frauen, die hauptsächlich aus Frankreich, Deutschland, der Schweiz und England kamen.
Nach Houston wird heute Dallas (975 000 Einwohner) als die zweite des Landes, von vielen Texanern als die kosmopolitischste Stadt mit Hauptstadtgepräge betrachtet. Sie ist der größte Finanzplatz des Südwestens der Vereinigten Staaten, führend im Großhandel, zweiter Sitz der Versicherungen des Landes und zweitgrößtes Kongreßzentrum.
Dallas vereint alle Texas symbolisierenden Bilder: Die Stadt mit ihren gläsernen Wolkenkratzern erhebt sich hoch über der Ebene. Die Straßen sind von blitzenden Autos verstopft, von denen eines größer und schöner ist als das andere. Auf den Bürgersteigen wimmelt es von Geschäftsleuten mit Cowboyhüten und -stiefeln in tadellos sitzenden Anzügen. Um dieses Bild zu ergänzen, wird ein Besuch der Southfort-Ranch (das Anwesen des ekelhaften J. R. Ewing) im Nordosten von Dallas, empfohlen. Eine Veranstaltungshalle für 4 000 Personen wurde auf dem Anwesen erbaut, ferner richtete man diverse Sportanlagen… und die unentbehrliche Rodeo-Arena ein!
Im Westen von Dallas liegt Fort Worth, dort „wo der Westen beginnt“ *(where the West begins).* Ursprünglich eine Militäranlage, wurde es in den Jahren 1870-1880 zum Handelsplatz. Es war eine derbe und harte Gesellschaft, in der gleichermaßen Soldaten, Cowboys, Bison-Jäger und Ver-

brecherbanden verkehrten. Der Spitzname *„Cow-town"* stammt aus jener Zeit, als die Viehzucht noch alles beherrschte. Damals trieben sich auch die legendären Gestalten des *Far West,* wie Butch Cassidy und Sam Bass hier herum, vor allem im berüchtigten Viertel *Hell's Half Acre.* Die Saloons und Bordelle dieses Viertels sind heute renoviert und in Restaurants und Museen umgewandelt.
Auch heute noch, trotz der Hochhäuser im Stadtzentrum, hat Fort Worth den Stil einer Gesellschaft erhalten, in der Stiefel und Hüte das Stadtbild bestimmen.

**6** Wenn auch die Wildwestfilme, die summarische Urteile mit Todesstrafe durch Erhängen und Cowboys mit ihrem Akzent und derben Manieren in Szene setzen, irgendwo in Texas spielen, in Wirklichkeit ist es im Westen des Pecos, wo die Geschichte und ihre Helden in die Legende eingingen. Diese wüstenähnliche Gegend war die Schaubühne von Schlägereien, wie sie in den besten Wildwestfilmen zu sehen sind; und nur ein Mann wie der Richter Roy Bean konnte sich an einem solchen Ort niederlassen, wo die Revolverjustiz über jede andere Rechtsform die Oberhand behielt. Heute gibt es keine Verbrecherbanden mehr; sie machten einer ebenso „bunten" Bevölkerung Platz, die einer langen und andauernder Zuwanderung aus Mexiko entstammt. Zwischen El Paso und seiner mexikanischen auf der anderen Seite der Grenze liegenden Schwesterstadt Ciudad Juarez gibt es immer Kontroversen über die Kontrolle des Grenzübertritts südamerikanischer Touristen, die sich nach den Vereinigten Staaten begeben wollen.

**7** Texas ist ein riesiger Staat: Die Entfernung zwischen El Paso (im Westen ) und Beaumont (im Osten) ist größer als die zwischen New York und Chicago. Die Fläche, die zweitgrößte nach Alaska, beträgt 692 403 Quadratkilometer, d. h. mehr als Frankreich, die Schweiz und Belgien zusammen! Ferner ist Texas einer der größten Erdöl-, Naturgas-, Helium-, Baumwoll-, Woll-, Vieh-, Truthahn- und... Zwiebelerzeuger!

**8** Wie auch alle anderen Staaten hat Texas seine Probleme und Schwierigkeiten. Es hat jedoch den Anschein, daß es eine außergewöhnliche Vitalität erzeugt. Zur Erklärung dieses Phänomens einige Erläuterungen:
„Die Lebensqualität, die Verfügbarkeit kompetenter, einsatzfreudiger Arbeitskräfte, die Nähe der wichtigsten Verkehrsnetze ist, was uns in Texas anzog und bleiben ließ." (John A. Anderluh, Präsident der Moare Business Forms, Inc.)
„Seit Anfang der achtziger Jahre hat die texanische Wirtschaft ihre Abhängigkeit von der Energie reduziert und dadurch etwa 950 000 Arbeitsplätze im Dienstleistungssektor gewonnen."
„Die Geschäfts-Atmosphäre in Texas ist der ideale Boden für Neuheiten und Wachstum. Es ist der perfekte Startplatz für Gesellschaften wie COMPAQ." (ROD CAMION, Präsident der COMPAQ Computer Corporation)
„Jetzt ist die richtige Zeit für Investitionen in der Immobilienbranche (in Texas), der heutige Markt bietet echte Möglichkeiten: das Arbeitsangebot und das zu erwartende Wachstum sind für Texas vielversprechend." (Anne L. Holland, von der Verwaltung der Mayco Petrolium, Inc.)
Nach den von der Stiftung „National Science" 1986 veröffentlichten Angaben lag Texas mit der Gesamtzahl der in seinem Staat arbeitenden Wissenschaftlern und Ingenieu-

ren an dritter Stelle der Vereinigten Staaten.
„Die Kurve geht aufwärts. Alles, was zu einem anhaltenden Wachstum gebraucht wird, ist vorhanden: die Menschen, die Einsatzbereitschaft, die Energie-Vorkommen (sowohl menschlicher wie mineralischer Art). Sie können darauf setzen." (Jack Valenti, Präsident der American Film Association)
„Texas war und bleibt das Land der Hoffnung für die Unternehmer. In welchem anderen Land kann eine fünfzigjährige Großmutter in Rente gehen und eine Kosmetik-Firma mit dem Erfolg von Mary Kay Cosmetics gründen? *We love Texas!!!*" (Mary Kay Ash, Präsidentin der Mary Kay Cosmetics, Inc.)

**9** Die Stadt Houston entlieh ihren Namen dem berühmten Sam Houston, General der texanischen Armee, der seine Truppen zum Sieg führte. Sam Houston, eine legendäre Gestalt der texanischen Geschichte, war ein Riese von etwa vierzig Jahren, als er seine Truppen mit dem Ruf „Remember the Alamo!" um sich scharte. Er war ein außergewöhnlicher Soldatenführer und kannte die Indianer besser als jeder andere. Er wurde nach einer wirren Zeit Präsident von Texas (von 1841 bis 1845, dem Jahr des Anschlusses von Texas an die Vereinigten Staaten).
Heute ist die Industrie der Stadt Houston eng mit der Erdölindustrie verbunden, obwohl zu Beginn der achtziger Jahre ein starker Rückgang auf diesem Sektor zu verzeichnen war. Dieser harte Schlag, den der wirtschaftliche Optimismus von Houston zu verkraften hatte, erwies sich jedoch als gewinnbringend, denn er förderte die Entwicklung anderer Sektoren, insbesondere den der Informatik und der Dienstleistungen. Um einem wirtschaftlichen Zusammen-

bruch vorzubeugen, erhebt die Stadt nur geringe städtische Steuern. Die Vermietung von Büroräumen und der Immobilienmarkt litten unter diesem Rückgang. Aus diesem Grund ist Houston eine der billigsten Städte der Vereinigten Staaten. Zahlreiche Spekulanten investieren heute auf diesem günstigen Immobilienmarkt und rechnen mit einem wirtschaftlichen Aufschwung der Stadt.
45 Minuten von Houston entfernt befindet sich das Kontrollzentrum der NASA (Mission Control Center - MCC) im Lyndon B. Johnson Space Center. Von diesem Zentrum

**IN SHORT…**

**1** The first settlers have suffered great hardships in Texas. **2** Judge Roy Bean established his fabled "law west of the Pecos". **3** Dallas knew its first boom with the coming of the railroad. **4** Texans like to "Howdy and shake". **5** Texas is the largest state after Alaska. **6** Davy Crockett died during the battle of the Alamo.

aus werden alle wichtigen Entscheidungen bei den Raumfahrten zwischen den Astronauten und der Erde getroffen. Die Verbindung zwischen dem Raum und der Erde findet über eine einzige Tragwelle statt, die von einer einzigen Antenne, der *„Unified S. band system“,* übertragen wird. Das Zentrum steht Besuchern zur Besichtigung offen.
Das „Astrodome“, eine riesige, überdachte und mit einer gewaltigen Klimaanlage versehene Halle, wird von den Bewohnern Houstons als das achte Weltwunder bezeichnet: *„The eighth wonder of the world“*!

**IN KÜRZE…**

**1** Die ersten Siedler führten in Texas ein hartes Leben. **2** Der Richter Roy Bean verfaßte das berühmte „Gesetz westlich des Pecos“. **3** Dallas erlebte die erste Welle des Wohlstandes nach dem Bau der Eisenbahn. **4** Die Texaner pflegen zu sagen: „Wie geht's?“ und die Hand zu drücken. **5** Texas ist der größte Staat nach Alaska. **6** Davy Crockett kam bei der Schlacht von Alamo ums Leben.

**Part two**

## *A Texas Rancher Meets a Vermont Farmer* (1)

**1** John from Texas is in Vermont to study the dairy farming industry in New England.

**2** His tour guide is Scott, a Vermont farmer.

**3** — Shall we go, now? We've got lots to see and we ain't got much time. **(2) (3)**

**4** — Sure, can't wait to see it all. **(4)**

**5** — For lunch we'll stop over at "Henry's Corner", then for dinner, Milly's got something special for us. **(5)**

**6** The two men spend the day touring pastures, barns and farmhouses. They come back home exhausted. **(6)**

**7** — So, John, how d'ya like it so far, mighty big, hey? **(7)**

**8** — You know, down in Texas, I can hop in my car and drive all day and still not reach the other side of my ranch.

**9** — Ay-uh, had a car like that once myself!

## *A Texan Goes to Niagara Falls*

**10** After leaving his friends from Vermont, John decides to visit Niagara Falls.

**11** On his way across the Rainbow Bridge, he bumps into a local resident and starts chatting with him:

**12** — I bet you guys in Texas don't have anything like this! **(8)**

**13** — You're right, but we sure have a plumber who can fix that leak! **(9)**

## Zweiter Teil

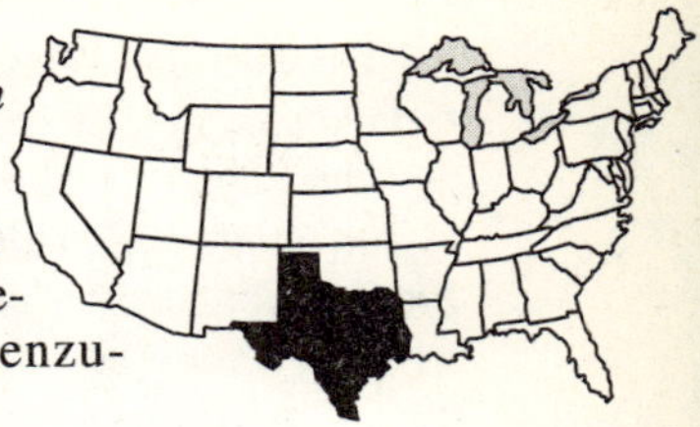

### *Der Besitzer einer texanischen Ranch trifft einen Bauern aus Vermont*

**1** John aus Texas befindet sich in Vermont, um die Milch- und Käseindustrie in Neu-England kennenzulernen.
**2** Sein Führer ist Scott, ein Landwirt aus Vermont.
**3** — Und wenn wir jetzt losgingen? Wir haben vieles zu sehen und wenig Zeit.
**4** — Einverstanden. Ich möchte schnell alles sehen.
**5** — Zum Mittagessen werden wir „Bei Henry" einkehren und zum Abendessen hat uns Milly etwas Besonderes zubereitet.
**6** Die beiden Männer besichtigen den ganzen Tag die Weiden, Scheunen und landwirtschaftlichen Betriebe. Sie kehren müde nach Hause zurück.
**7** — So, John, was hältst du davon? Alles sehr groß, nicht?
**8** — Weißt du, in Texas kann ich in mein Auto steigen und den ganzen Tag fahren, ohne das andere Ende meiner Ranch zu erreichen.
**9** — Ah, ja, ich hatte auch schon einmal ein solches Auto!

### *Ein Texaner besichtigt die Niagara-Fälle*

**10** Nach dem Besuch bei seinen Freunden in Vermont beschließt John, zu den Niagara-Fällen zu fahren.
**11** Als er über die „Rainbow-Bridge" fährt, trifft er einen Einheimischen und fängt an, sich mit ihm zu unterhalten:
**12** — Ich wette, Ihr in Texas habt nichts Derartiges!
**13** — Sie haben recht. Aber wir haben sicher einen Klempner, der den Rohrbruch reparieren kann!

**1** Hier wird das Wort *ranch* im Gegensatz zu dem Wort *farm* verwendet. Es bezieht sich nicht nur auf eine geographische Lage (vor allem im Süden und Westen der Vereinigten Staaten), sondern auch auf eine für Rinder- und Pferdezucht bewirtschaftete Großfläche.

**2** *Shall* wird praktisch im gesprochenen Amerikanisch als Hilfswort des Futurums nicht mehr benutzt. Gebraucht wird *shall* hauptsächlich in der Frageform, um einen Vorschlag oder einen Rat auszudrücken: *Shall we go to the movies?* Und wenn wir ins Kino gingen? Where shall I put it? Wohin soll ich es legen? In manchen affirmativen Formen kann es gebraucht werden: dann bezeichnet es Bestimmtheit: *We shall fight and we shall win.*

**3** *Ain't = Have not, is not. Ain't* wird „grammatikalisch" nicht anerkannt. Die Amerikaner sagen ironisch: *Ain't ain't a word* (*Ain't* ist kein Wort). Jedoch ist es in manchen Kreisen (unter der Jugend und auf dem Lande) in die Umgangssprache eingegangen.

**4** In den Gesprächen entfällt oft das Subjekt.

**5** *Stop over = stop off.* Die Verbindung Zeitwort + Verhältniswort ist eine der Schwierigkeiten im Englischen, aber auch eine Originalität dieser Sprache. Außer den geläufigen und untrennbaren Zeit- und Verhältniswörtern *(wait for, look at, listen to,* usw.*)* kann man an viele Verben eine oder mehrere Präpositionen anhängen, um die Bedeutung zu verändern oder etwas einfach nur präziser auszudrücken. Die Angelsachsen, insbesondere die Amerikaner, „spielen" gerne mit diesen Präpositionen und verwandeln selbst manche in Verben. Mit einiger Erfahrung wird es Ihnen auch möglich sein, dies zu versuchen. Aber hüten Sie sich vor Sinnwidrigkeiten!

**6** *Pasture* wird zu *grazing land,* wenn es sich um große Flächen des amerikanischen Südwestens handelt, wo die Tiere fast in Freiheit aufwachsen.

**7** Amerikanisch ist vor allem eine praktische, bequeme mündliche Sprache. Außer auf amtlichen Papieren ist es gebräuchlich, die mündlichen Abkürzungen zu übernehmen. Hier: *d'ya = do you. So far* ist ein sich oft am Ende eines Fragesatzes befindlicher Ausdruck, der „bis jetzt" bedeutet. Er wird nicht immer ins Deutsche übersetzt.

**8** *Guy:* Kerl, Bursche. Das amerikanische *guy* entspricht dem englischen *bloke* oder *chap.*
*He is a tough guy:* Er ist ein harter Kerl. *Don't be such a wise guy:* Hör auf mit deinen guten Ratschlägen (wörtlich: Tue nicht so überklug!). *Folks* ist ebenfalls sehr üblich. Es bedeutet, je nach dem Zusammenhang, „Familie" *(His folks live in Texas)* oder „die Kerls, die Typen", ohne sich jedoch auf Leute männlichen Geschlechts zu begrenzen: *That's all, folks* („Das war's, Leute", am Ende aller alten amerikanischen Zeichentrickfilme). *What are you guys/folks doing tonight?*

**9** „In Texas ist alles größer…" Die Texaner sind bekannt für ihre Tendenz zum Übertreiben. Ihre etwas angeberische Art ist berüchtigt und bringt in vielen anderen Staaten (vor allem im Norden) manchen zur Verzweiflung. Deshalb kursieren eine Reihe von scharfen Witzen über die Texaner.

**IN SHORT…**

**1** His farm is located north of Iowa, near Minnesota. **2** He breeds cattle and horses on his huge ranch. **3** He is far more exhausted than he claims to be. **4** What shall I wear to the party? **5** He ain't a bad guy, he just ain't got much brain! (slang) **6** I'm all mixed up; when I lie down, my mother says: sit up! but when I stand up, she orders: sit down! **7** Charlie Brown once declared: I hate wise guys! I hate myself!

President Lyndon Johnson had his barbecue steaks carved in the shape of Texas…

*******

Barry Goldwater used "$AuH_2O$" as an election slogan.

*******

*"I don't know much about americanism, but it's a damn good word with which to carry an election."*

Warren G. Harding (29th president)

**IN KÜRZE…**

**1** Sein Hof liegt im Norden von Iowa, in der Nähe von Minnesota. **2** Er züchtet Rinder und Pferde auf seiner riesigen Ranch. **3** Er ist viel erschöpfter, als er es zugibt. **4** Was soll ich für die Party anziehen? **5** Er ist kein schlechter Kerl, er ist nicht sehr schlau, das ist alles (Umgangssprache). **6** Ich weiß nicht mehr, was ich tun soll; wenn ich mich hinlege, sagt meine Mutter: setze dich! Aber wenn ich aufstehe, befiehlt sie mir: setze dich! **7** Eines Tages erklärte Charlie Brown: „Ich hasse die Alleswisser", ich hasse mich!

# WASHINGTON STATE

***A Western State at the Canadian Border***

**1** "Canadians are generally indistinguishable from the Americans", wrote the American journalist Richard Starnes in 1965, "and the surest way of telling the two apart is to make this observation to a Canadian" (*National Geographic,* February 1990). **(1)**

**2** No one expected so hellish a blast. Scientists had warned that an eruption might occur, yet no one could predict Mount St. Helens would blow off its top with the strength of a ten megaton bomb, killing sixty-one people, destroying 200 square miles, and blowing ash clouds all over the northwestern part of the United States, including eastern Washington, northern Idaho and western Montana. **(2)**

**3** An earthquake reaching 5.0 on the Richter scale triggered the most powerful eruption in the contiguous forty-eight states.

**4** Boeing is the largest employer in the Seattle area. Captain James Callagher and a crew of thirteen flew a Boeing B-50 A Super-fortress around the world non-stop in 94 hours 1 minute from February 27 to March 2, 1949. The world's largest airplane factory is in Everett, Washington, and builds new Boeing 747 - 400's. **(3)**

**5** Washington fruit growers' cooperatives ship fruit all over Asia but mainly to Japan. In 1987, lured by advertisements for immediate employment, thousands of Mexicans arrived, but their hopes were dashed: the apple harvest was delayed by unseasonably cold weather.

***Ein West-Staat an der kanadischen Grenze***

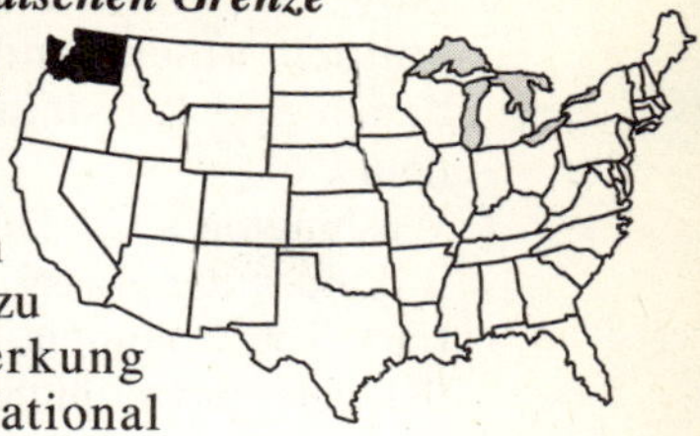

1 „Die Kanadier unterscheiden sich im allgemeinen nicht von den Amerikanern", schrieb der amerikanische Journalist Richard Starn im Jahre 1965, „die beste Art, sie zu unterscheiden ist, diese Bemerkung einem Kanadier zu machen (National Geographic, Februar 1990).

2 Niemand war auf eine solch höllische Explosion gefaßt. Wissenschaftler hatten vor einem Ausbruch gewarnt, aber niemand konnte voraussehen, daß der Mount St. Helens mit der Kraft einer Zehn-Megatonnen-Bombe explodieren würde und dabei einundsechzig Personen töten, über fünfhundert Quadratkilometer vernichten und Aschenwolken über den ganzen nordwestlichen Teil der Vereinigten Staaten, einschließlich des östlichen Teils des Staates Washington, des Nordens von Idaho und des Westens von Montana, verteilen würde.

3 Ein Erdbeben der Stärke 5 auf der Richter-Skala löste die stärkste Eruption aus, die die achtundvierzig Staaten des Kontinents je erlebten.

4 Boeing ist das bedeutendste Unternehmen im Raum Seattle. Leutnant James Callagher flog vom 27. Februar bis zum 2. März 1949 mit einer dreizehnköpfigen Besatzung in einer Boeing B-50 A Superfortress ohne Zwischenlandung in 94 Stunden und einer Minute um die Welt.

Das größte Flugzeugbau-Unternehmen der Welt befindet sich in Everett, im Staate Washington, und baut die neue Boeing 747-400.

5 Die Obstbaugenossenschaften des Staates Washington liefern auf dem Seeweg Früchte nach ganz Asien, aber insbesondere nach Japan. Angezogen durch Annoncen, die einen sofortigen Arbeitsplatz versprachen, kamen 1987 Tausende von Mexikanern, aber ihre Hoffnungen wurden zunichte: Die Apfelernte fand, bedingt durch eine ungewöhnlich niedrige Temperatur, erst mit starker Verspätung statt.

6 Now, the Chinese are well integrated. Some went into politics, others studied law and headed to the judge's bench and legislature. Many became skilled entrepreneurs. **(4)**

7 Washington's Cascade Range is the backbone of the state: it divides the grassy humid West from the dry semi-desert East. The Columbia River contains one third of the potential water power in the United States.

8 The International District is very often referred to as Chinatown by Seattlites because this district is home to people from all over Asia. **(5)**

9 Is Washington the land of opportunity? "You betcha!", as Eastern Washingtonians say… **(6)**

**1 Die Grenze zwischen Kanada und den Vereinigten Staaten**

Wie elf andere amerikanische Staaten (Alaska, Idaho, Montana, North Dakota, Minnesota, Wisconsin, Michigan, New York State, Vermont, New Hampshire und Maine) grenzt der Staat Washington an Kanada. Mit einer Länge von 5 535 Meilen (8 900 Kilometer) von Osten nach Westen ist die Linie, die die beiden Länder trennt, die längste (militärisch) ungeschützte Grenze der Welt. Die Beziehungen unter den beiden Ländern sind von der einen Küste zur anderen sehr unterschiedlich, vor allem seit dem Abkommen von 1988, welches den freien Handel zwischen den beiden Ländern erlaubt, den Zoll auf Handelswaren abschaffte und so die Wirtschaft der beiden Länder verschmelzen ließ. Die Amerikaner unterzeichneten das Abkommen sofort, da sie sich ihrer wirtschaftlichen Überlegenheit sicher waren, dagegen machten sich die Kanadier, bereits beunruhigt durch den unvermeidlichen kultu-

**6** Die Chinesen sind heute gut integriert. Manche betreiben Politik, andere studieren Jura und wenden sich Justiz-Berufen zu. Viele wurden begabte Unternehmer.

**7** Der Gebirgszug Cascade Range ist das Rückgrat des Staates Washington. Es trennt den grünen und feuchten Westen von der trockenen Halbwüste des Ostens. Das Wasser des Columbia-Flusses könnte ein Drittel der in den USA aus Wasserkraft gewonnenen Elektrizität liefern.

**8** Das internationale Viertel wird von den Bewohnern Seattles Chinatown genannt, da Menschen aus ganz Asien dort leben.

**9** Ist Washington der Staat, wo alles passieren kann? „Und wie!“, sagen seine Einwohner…

rellen Einfluß ihrer lästigen Nachbarn, Sorgen um das Überleben ihres Landes. Manche fanden, daß sich ihr Ministerpräsident, Brian Mulroney, an die Vereinigten Staaten verkaufte. Die Amerikaner mögen die Kanadier und wundern sich, daß ihnen nicht das selbe Gefühl von der anderen Seite der Grenze entgegengebracht wird. Die Feindseligkeit kommt vor allem von den Bewohnern des kanadischen Ostens, wo der amerikanische Einfluß stärker zum Ausdruck kommt und wo die regionalen und patriotischen Tendenzen spürbar sind. Die Kanadier können sich aber nicht gegen bestimmte Bande wehren, die sie seit Beginn der Gründung Kanadas 1867 mit den Vereinigten Staaten verbinden.

Der ehemalige Ministerpräsident Kanadas, Pierre Trudeau, erklärte eines Tages: *„Living next to you is in some ways like sleeping with an elephant. No matter how friendly and even-tempered the beast, one is affected by every twitch and grunt“.*

Heute ist Kanada der größte Handelspartner der Vereinigten Staaten. Allein der Handel mit Ontario ist bedeutender als der Wirtschaftsaustausch mit Japan. Je näher dem Pazifik, desto herzlicher werden die Beziehungen zwischen den Einwohnern der beiden Länder. Die Grenze stellt nur noch einen natürlichen Übergang dar, und viele Bewohner der beiden Grenzstaaten (Washington und British Columbia) haben mehr miteinander gemeinsam als mit denen der Staaten des Ostens ihres eigenen Landes. Seit langem bestehen gute Handels- oder reine Freundschaftsbeziehungen. Dieses hervorragende Einvernehmen zwischen „Nachbarn" findet man an der Grenze von Blaine-Washington, wo eine der beiden Länder trennende Friedensarche die Aufschrift *„Children of a Common Mother"* trägt.

**2 Mount St. Helens**

Am 18. Mai 1980 überraschte die Bewohner des Staates Washington der bisher stärkste Ausbruch eines Vulkans in den kontinentalen Vereinigten Staaten durch seine enorme Gewalt. Obwohl seine Tätigkeit seit Monaten beobachtet und ein eventueller Ausbruch erwartet wurde, hatte kein Vulkanologe sein verheerendes Ausmaß vorausgesehen. Mit der Atombombe auf Hiroshima und deren Energie verglichen, war das Ausmaß an Kraft fünfhundertmal so hoch. Die Sicherheitszone *(red zone)* von dreißig Kilometern rund um den Vulkan war glücklicherweise schon Wochen zuvor geräumt worden. Aber der einige Tage vor der Katastrophe eher noch friedlich wirkende Eindruck verleitete kühne Leute, sich an diesem Tag dem Ort zu nähern. Bilanz: 61 Tote oder Verschollene.

Auch in der umliegenden Natur waren die Folgen verheerend. Statt senkrecht in die Höhe zu steigen, verbreitete sich die Eruption waagrecht, zerstörte Hunderte von Quadratkilometern Wald, bedeckte ein weites Gebiet mit Asche und Trümmern. Die 80 km von dem Vulkan entfernte Stadt Yakima wurde von einem Aschenregen vier Tage lang in Dunkel gehüllt. Monate nach der Katastrophe versuchten die Einwohner sich der über 20 cm dicken Staubdecke zu entledigen, die die ganze Stadt bedeckte und des Staubes, der in die geringsten Öffnungen eingedrungen war. Eine nördlich des Vulkans liegende, zwanzig Kilometer lange Zone, war völlig vernichtet und wurde zu einer Wüstenlandschaft, die den Präsidenten Carter bemerken ließ: *"The moon looks like a golf course compared to what's up there"*. Die Tierwelt erlitt ebenfalls gewaltige Einbußen: über zwei Millionen Vögel, Fische und Tiere verschiedener Art starben an jenem Tag und über 240 Kilometer Flüsse und sechsundzwanzig Seen wurden vernichtet.

Wie ein Champagner-Korken explodierte der Gipfel des Berges, seine Höhe sank von 2 950 auf 2 550 m (von 9 677 auf 8 364 Fuß). Der durch eine Reihe von Erdbeben ausgelöste Ausbruch brachte andere Katastrophen mit sich (Erdrutsche, Überschwemmungen...), die den Schaden noch erhöhten und viele Gebäude zerstörten. Nach Aussage von Spezialisten benötigt die Wiederherstellung der Gegend hundert oder zweihundert Jahre. Aber heute schon kann man Anzeichen bemerken, die bezeugen, daß die Natur wieder lebt, und Tiere und Menschen dem schlimmsten Unheil zu widerstehen vermögen: es wachsen wieder Blumen, Tannen, Hirschherden ziehen durch die vulkanische Wüste, und Tausende von Menschen kommen, um sich vor den zum Gedenken der Opfer der Katastrophe im *Mount St. Helens' Volcanic National Monument* errichteten

Kreuze zu versammeln.

**3 Boeing**

Niemand hat die Gegend von Seattle mehr bereichert als William Edward Boeing Sr., der sich 1908 im Staate Washington niederließ. Sein in Deutschland geborener Vater war in der Holzindustrie in Minnesota reich geworden. W. E. Boeing fuhr nach dem Westen, um Holz *(timber)* einzukaufen, und lernte dort das Segelfliegen. Von einem seiner Freunde unterstützt, baute er einige Jahre später (1916) zwei Wasserflieger *(seaplanes):* das war der Anfang der Firma Boeing.

In der armen Zeit nach dem Ersten Weltkrieg stellte Boeing Möbel her. Aber die auch meistens in der Gegend wohnenden Ingenieure bauten weiter und immer bessere Flugzeuge. Im Jahre 1933 wurde die Boeing 247 das erste komfortable Passagierflugzeug (zehn Passagiere), das eine Geschwindigkeit von 250 km/Stunde erreichte. Obwohl Bill Boeing ein Ingenieur-Studium absolviert hatte, galt dem Flugzeugbau nicht sein ganzes Interesse: er erwarb auch Luftlinien und Postverträge und war ein begabter Kapitalanleger. Im Jahre 1928 gründete er ein Wirtschafts-Konglomerat *(conglomerate)* mit hohem Potential, vereinigte seine Anteile *(holdings)* mit denen ähnlicher Gesellschaften *(kindred),* wie etwa Pratt & Whitney, dem Motorenhersteller.

Aber die United Aircraft and Transport Corporation unter dem Vorsitz *(chairman)* von William E. Boeing überlebte nicht lange, da die Regierung Roosevelt sie für ein gefährliches Monopol hielt: 1934 stimmte der Kongreß für ein Gesetz gegen jede Art von Monopolen und zwang die Firma zur Auflösung *(break-up).* Bill Boeing reagierte mit

dem Verkauf aller seiner Anteile im Flugzeugwesen.
Die Ingenieure in Seattle arbeiteten weiter an einem neuen Bomber für die Armee. Dieses Flugzeug war es, das später während des Zweiten Weltkrieges Teile des Vaterlandes von Bill Boeings Vater bombardierte. Auch waren es Boeing-Flugzeuge, die die Atombomben auf Hiroshima und Nagasaki abwarfen. Heute sind die größten Lieferanten von Boeing die Japaner, die z. B. auch einen Teil des Rumpfes der 767 bauten.
Trotz der Abnutzungsprobleme des Rumpfes bei manchen der ältesten Modelle und gewisser Vorwürfe unzureichende Qualitätskontrolle betreffend, geht es der Boeing Aviation besser denn je.

**4 Außenhandel**

Ebenso wie für die anderen am Pazifischen Ozean liegenden Staaten (Kalifornien, Oregon) hängt die Wirtschaft des Staates Washington weitgehend vom Handel mit Japan ab. Die sehr reiche Holzindustrie im Staate Washington ist die Grundlage vieler Verträge mit Japan.
Die Japaner sind geschätzte Kunden, da sie im allgemeinen doppelt oder dreifach höhere Preise als die amerikanischen Unternehmen bezahlen. Was für die einen eine gute Einnahmequelle bedeutet, kann für die anderen zu einem wirtschaftlichen Unheil führen. Dies war der Fall der Sägewerke, die wegen Materialmangels schließen mußten.
Der Staat, insbesondere Seattle, hatte zu allen Zeiten den Vorteil einer starken asiatischen Kulturkolonie. Bevor Washington ein Staat wurde (1889), hatten sich dort schon viele Chinesen niedergelassen; in den letzten Jahren kamen Japaner, Vietnamesen und neuerdings noch die Laos-Flüchtlinge dazu.

Aber nach und nach faßt dort eine weitere ethnische Gruppe Fuß: die Mexikaner. Der Staat, größter Apfelproduzent der Vereinigten Staaten, beschäftigt Saisonarbeiter, die durch das Versprechen von sofort bezahlten Löhnen angelockt werden.
Statt in ihr Land zurückzukehren, siedeln sich diese Saisonarbeiter nach und nach an, eröffnen kleine Lebensmittel- und Kleidergeschäfte.

**5 Washington State**

Am 11. November 1889 zum Staat der Vereinigten Staaten ernannt, erhielt er seinen Namen nach dem ersten Präsidenten und zu dessen Ehren. Am Pazifik, am äußersten Nordwesten der Vereinigten Staaten, ist der Staat durch die Cascade-Gebirgskette getrennt. Westlich des Gebirges befindet sich der grüne Teil des Staates, dagegen erstreckt sich im Osten eine Halbwüste. Auf der Halbinsel Olympic im Nordwesten betragen die Niederschläge mehr als fünf Meter Regen pro Jahr und Quadratmeter; sie beregnen somit die ältesten und dichtesten Wälder der Vereinigten Staaten. Der östliche Teil registriert nur eine Regenmenge von etwa fünfunddreißig Zentimetern Wasser pro Quadratmeter und Jahr. Der Columbia-Fluß und dessen Nebenflüsse bewässern die Ebenen und Täler, wo Getreide und Obst angebaut wird.
Der Staat kannte zu Anfang schwierige Zeiten; diese Ecke des Nordens lockte nur wenige Pioniere. Die Entwicklung der Luftfahrtindustrie während des Zweiten Weltkrieges gab ihm jedoch einen bedeutenden wirtschaftlichen Aufschwung. Heute erreicht der Handel der Häfen, vor allem mit Asien, über fünfundfünfzig Milliarden Dollars. Der Flugzeugbau, die Holzindustrie und der Fremdenverkehr

sind die Hauptfaktoren der Wirtschaft des Staates. Seine Hauptstadt ist Olympia. Seattle, die größte Stadt, wurde von Rand McNally (Meinungsforschungs-Institut, Herausgeber von Fremdenführern und Straßenkarten) seit einigen Jahren zur Stadt der Vereinigten Staaten, in der es sich am besten leben läßt, gewählt. Als 1889 Seattle fast völlig abgebrannt ist, wurde eine Verordnung erlassen, die Stadt um 35 Fuß (10,5 Meter) zu erhöhen. Anfangs blieben die unter der Straßenhöhe liegenden Geschäfte noch offen und waren mit der Stadt durch ein umständliches Netz von Treppen verbunden. 1907 mauerte man die im Untergeschoß liegende Stadt ein. Heute kann man sie besichtigen und bei Führungen wiederentdecken.
Einen weiteren interessanten Besuch ist das Nippon Kan Theater wert, das mitten im *International District* liegt: hier sind eine Reihe von Dokumenten zu sehen, die die Schwierigkeiten der Asiaten in Seattle beschreiben.
Die Amerikaner japanischer Herkunft waren während des Zweiten Weltkrieges in Haftlagern, und erst 1966 durften sie ihren Besitz legal erwerben.

**6 Ausdrücke**

*You betcha* ist ein in vielen Nordwest-Staaten üblicher Ausdruck. Er bedeutet: „Aber sicher, natürlich, und wie!".
*Is it worth visiting Washington State? You betcha!*

**IN SHORT…**

**1** A million visitors a year come to visit the devastated landscape, now preserved in a 110,000 acre national volcanic monument. **2** Washington actively courts Asian markets for many products such as apples, cherries, and beef. **3** The Grand Coulee Dam, on the Columbia River, is one of the greatest power producers in the world. **4** Chinese laborers were the first Asian migrants in Washington. **5** In the 1960's, more than 20,000 young Americans chose Canada over the war in Vietnam. **6** The Olympic Peninsula, in the Northwestern part of Washington State, is one of the dampest areas in the United States, with two hundred inches of rain annually.

Mark Twain was told by his editor never to write anything as fact he hadn't verified by personal knowledge. A few days later, he turned in the following coverage about a gala social event:
*"A woman giving the name of Mrs James Jones, who is reported to be one of the society leaders of the city, is said to have given what purported to be a party yesterday to a number of alleged ladies. The hostess claims to be the wife of a reputed attorney."*

☆
☆ ☆

**IN KÜRZE...**

**1** Eine Million Touristen besichtigen jedes Jahr die verwüstete Landschaft, die nun zu einem nationalen „Vulkandenkmal" von 45 000 Hektar geworden ist. **2** Der Staat Washington wirbt aktiv auf den asiatischen Märkten, um viele Erzeugnisse seiner Produktion, wie Äpfel, Kirschen und Rindfleisch abzusetzen. **3** Die Talsperre „Grand Coulee Dam" auf dem Columbia-Fluß ist eins der größten Kraftwerke der Welt. **4** Die chinesischen Arbeiter waren die ersten asiatischen Einwanderer im Staate Washington. **5** In den sechziger Jahren zogen es 20 000 junge Amerikaner vor, nach Kanada zu flüchten, statt in Vietnam zu kämpfen. **6** Die Halbinsel Olympic im Nordwesten des Staates Washington ist mit 5 Metern Niederschlägen pro Jahr und Quadratmeter eine der feuchtesten Gegenden der Vereinigten Staaten.

### *Shopping*

1 — Say, I've heard they've already started their winter sales at Bloomingdales, would you wanna come with me on Saturday? **(1) (2)**

2 — You gotta be kidding! I can't stand shopping with you, and you know it! Why don't you call Marcia, she'll be thrilled. Shopping is second nature to her. **(3)**

3 You know how bad traffic can be downtown Chicago. You should take the El. The station's within walking distance of most stores. **(4)**

4 (At the store) — My, it's packed around here! Where shall we start? Let's have a look at the directory. **(5)**

5 — So Phil wants T-shirts, Jerry a pair of penny loafers, and Heather desperately needs a scarf and mittens to go to school. Children's clothing is on the third floor. Let's take the elevator. **(6) (7) (8)**

6 — May I help you, ma'am?

7 — Do you carry Levi's T-shirts, size large?

8 — Sure, over on your right. You'll find all T-shirts on sale. They're all 30% off the tag price.

9 — Great! How about wollen scarves and mittens for girls?

10 — We've got some cute sets in the girls' department, but they're not on sale. Don't worry, though, the regular price is a real bargain anyway. **(9)**

11 — Look at this gorgeous silk blouse! Fifteen bucks! Now that's what I call a bargain! Too bad the fitting rooms are so jammed. **(10) (11)**

12 — Will that be all, ma'am? It's seventy-four dollars and seventy-nine cents. Cash or charge? **(12) (13)**

13 — Do you accept out-of-town checks?

14 — No ma'am. Only cash or credit cards.

# CHICAGO

*Das „Shopping“*

1 — Sag mal, ich habe gehört, daß bei Bloomingdales schon der Winterschlußverkauf begonnen hat; möchtest du nicht am Samstag mit mir hingehen?

2 — Du machst dich wohl lustig über mich! Du weißt ganz genau, daß es für mich unerträglich ist, mit dir einkaufen zu gehen! Warum rufst du nicht Marcia an, sie wird entzückt sein. Einkaufen zu gehen ist ihre zweite Natur.

3 Du weißt, wie schwierig es in Chicago ist, mit dem Auto vorwärts zu kommen, ihr solltet lieber mit dem Zug fahren. Die meisten Kaufhäuser sind nur ein paar Schritte vom Bahnhof entfernt.

4 (Im Geschäft) — Mein Gott, sind hier eine Menge Leute! Wo sollen wir da anfangen? Wir gucken mal auf die Informationstafeln.

5 — Also Phil will ein paar T-Shirts, Jerry ein Paar Mokassins und Heather braucht unbedingt einen Schal und ein Paar Fausthandschuhe für die Schule. Die Kinderkleidung befindet sich im dritten Stock. Fahren wir mit dem Aufzug.

6 — Kann ich Ihnen helfen, gnädige Frau?

7 — Haben Sie Levi's T-Shirts in großen Größen?

8 — Natürlich, da vorne rechts. Dort finden Sie alle T-Shirts im Ausverkauf, um 30% herabgesetzt.

9 — Herrlich! Und wo kann ich Schals und Fäustlinge für kleine Mädchen finden?

10 — Wir haben schöne, aufeinander abgestimmte Teile in der Mädchenabteilung, aber sie sind nicht im Ausverkauf. Aber machen Sie sich deshalb keine Sorgen, der Preis, zu dem sie angeboten werden, ist eine echte Gelegenheit!

11 — Guck mal, diese herrliche Seidenbluse! Fünfzehn Dollars! Das ist wirklich eine Gelegenheit! Schade, daß die Umkleidekabinen so voll sind.

12 — Ist das alles, gnädige Frau? Das macht vierundsiebzig Dollars und neunundsiebzig Cents. Bezahlen Sie bar oder mit einer Kreditkarte?

13 — Nehmen Sie Schecks von außerhalb (der Stadt) an?

14 — Nein, gnädige Frau. Nur Bargeld oder Kreditkarten.

15 — Marcy, would you mind if we stopped at the drugstore across the street, I need a refill and a new roll of film for my camera. Then we could go to Neiman Marcus and… **(14) (15)**

16 — Stop right now, I quit! We've gone to Sears, down Oak and State Streets and now… I understand why Marv stayed home. Listen, I'm pooped, I'm freezing. For crying out loud, you wanna kill me! **(16) (17)**

17 — Well, I guess my shopping spree's got to have an end. I'll be back next spring!

18 — Don't count on me!

**1** *Sales:* Schlußverkauf. *Sold:* verkauft. *For sale:* zu verkaufen. *Clearance:* (Räumungs)-Ausverkauf.

**2** *Bloomingdales* ist ein großes Kaufhaus *(department store)* vergleichbar mit dem KaDeWe in Berlin oder Harrod's in London. Von diesen Kaufhäusern abgesehen, ist das Geschäftsleben in den Stadtzentren wenig entwikkelt. Die wenigen Geschäftsstraßen um die Kaufhäuser herum sind mit Renommiergeschäften gesäumt (oft ausländische Firmen, wie Vuitton, Cartier…). In den kleinen Städten und Dörfern ist das Geschäftsleben auf eine einzige Straße konzentriert: auf den *„Broadway“* oder die *„Main street“*, die am Abend zum Treffpunkt der Jugend werden. Dagegen sprießen überall im Land riesige Einkaufszentren. Die Einrichtungen machen es für jederman möglich, bei jedem Wetter hinzugehen. In den Nordstaaten z. B., wo es sehr strenge Winter gibt, sind die Parkplätze mit Spezialsteckdosen zum Aufladen für Auto-Batterien versehen. Für Körperbehinderte oder alte Leute werden

15 — Marcy, würde es dir was ausmachen, wenn wir in den Drugstore auf der anderen Straßenseite gehen würden? Ich brauche Arznei und einen Film für meinen Fotoapparat; dann könnten wir zu Neiman Marcus gehen und...

16 — Jetzt höre auf, ich gebe auf! Wir sind zu Sears gegangen, wir waren in der Oak Street und der State Street und jetzt... Ich verstehe warum Marv es vorzieht, zu Hause zu bleiben! Hör zu, ich bin völlig erschlagen, ich friere. Um Himmelswillen, willst du mich umbringen?

17 — Gut, ich nehme an, daß meine Spritztour in den Geschäften hier zu Ende ist. Ich werde im nächsten Frühjahr wieder dabei sein.

18 — Rechne nicht mit mir!

Rollstühle verliehen, extra Parkplätze sind für sie reserviert und neben den Rolltreppen laufen Rampen für Rollstuhlfahrer. Man findet auch Stände, wo man Kindersportwagen mieten kann und Toiletten, die extra auf Kleinkinder und Behinderte zugeschnitten sind. Diese Zentren heißen *„commercial centers"*, *„shopping centers"* oder *„malls"*. Sie sind das ganze Jahr über jeden Tag geöffnet. Die Verkäufer *(clerks)* sind im allgemeinen freundlich und hilfsbereit.

Für die Nahrungsmittel geht man in die *„supermarkets"*; es gibt sie in allen Größen. Auch hier sind die Öffnungszeiten sehr variabel; aber sehr häufig sind die Nahrungsmittelgeschäfte Tag und Nacht geöffnet. Kleine Geschäfte, so, wie wir sie in Europa kennen (Metzgerei, Bäckerei...) sind sehr selten. Die *delicatessen,* eine Art Feinkostgeschäft, sind besonders auf koschere Lebensmittel spezialisiert.

**3** *You gotta be kidding! You've got to be kidding! Are you*

*kidding me? You're kidding! Are you kidding!? No kidding?!:* Du machst dich lustig über mich! Im Ernst?!
*To kid:* jemanden aufziehen, scherzen. *The kids:* die Kinder. Das Wort *kid* ist sehr gebräuchlich in den Vereinigten Staaten. *Do you have any kids?:* Haben Sie Kinder? *My kid sister:* meine kleine Schwester. *The kids in college:* die jungen Leute der Universität (hier wird *kid* mit „jung" übersetzt, das heißt: die Studenten im Gegensatz zu den „Alten": den Professoren!).

**4** *The El. = The elevated transit train:* Schwebebahn. Wie in allen großen Städten, so ist auch im Zentrum von Chicago ein höllischer Verkehr. Die *„Chicagoans"* fahren also sehr häufig mit der *El.,* die Linie führt kreisförmig um das Stadtzentrum herum, das *„Loop"* (Schleife) heißt. Die *„Loop",* das Hauptgeschäftsviertel von Chicago, ist tagsüber ziemlich sicher, aber in der Nacht zu meiden.

**5** *Directory:* Informationstafeln aber auch Telefonbuch *(telephone book).*

**6** *Phil, Jerry, Marv: Philip, Jeremiah, Marvin.* Die Amerikaner verkürzen und verändern alle Vornamen… So wird *William* zu *Bill, Robert* zu *Bob* oder *Rob, Theodora* wird zu *Trixie, Joseph* zu *Joe,* usw. Das ist eines der zahlreichen Beispiele des amerikanischen Pragmatismus im täglichen Leben.

**7** *Penny loafers:* Mokassins aus Leder mit einer Lasche verziert, in die man ein Pennystück als Glücksbringer legte. Vorsicht mit dem Wort *mocassin,* welches nur die Hausschuhe aus nicht gegerbtem Leder der Indianer Nordamerikas bezeichnet. *Mittens:* Fausthandschuhe. *Gloves:* Handschuhe.

**8** *Third floor:* entspricht unserem zweiten Stock. Das Erdgeschoß heißt in den U.S.A. *first floor* und in England *ground floor.* Aus Rücksicht auf abergläubische Personen, gibt es keinen dreizehnten Stock in den Vereinigten Staaten; es geht direkt vom zwölften in den vierzehnten Stock. *Elevator = lift* (in England): Aufzug.

**9** *Department:* Abteilung. *Department store:* Kaufhaus. Hier die Namen einiger Abteilungen: *appliances* (elektrische Haushaltsgeräte), *cosmetics* (Kosmetikabteilung), *houseware* (Haushaltsartikel), *footwear* (Schuhe), *furniture department* (Möbelabteilung).

**10** *Buck* bezeichnete ursprünglich ein männliches Tier (Hirsch, Rehbock, Hase...) – es wurde außerdem auch für die Indianer und Schwarzen verwendet... Zur Zeit der Trapper dienten die Tiere oder ihre Felle als Zahlungsmittel, deshalb sagt man heute noch für Dollar: *buck.* (*Ten bucks for that old book? No way!:* Zehn Dollar für dieses alte Buch? Kommt nicht in Frage!)

**11** *A bargain:* ein Geschäft. *A real bargain:* eine echte Gelegenheit. *To make a good bargain:* ein gutes Geschäft abschließen. Achtung! *to bargain:* handeln, verhandeln, Handel treiben.

**12** *74 dollars and 79 cents:* eine Schwierigkeit beim „*shopping*" in Amerika ist die Verkaufssteuer (mit unserer Mehrwertsteuer zu vergleichen). Weil die Höhe dieser Verkaufssteuer und die Artikel, die ihr unterliegen, von einem Staat zum anderen verschieden sind (z. B. sind Nahrungsmittel an einem Ort besteuert, an einem anderen nicht), sind die angegebenen Preise immer ohne den Steuerbetrag angegeben. Das heißt, daß man oft mehr bezahlt, als man vorhatte.

**13** *Cash or charge:* bar bezahlen oder mit Kreditkarte (Kreditkarte der Bank oder des Kaufhauses). Nur sehr wenige Geschäfte akzeptieren Schecks aus einer anderen Stadt. Das ist auf die Privatbanken zurückzuführen, die oft keine Filialen in den anderen Städten als der Stadt des Hauptsitzes haben. Wenn ein Geschäft einen gestohlenen oder nicht gedeckten Scheck annimmt, dann ist es verpflichtet, den Betrüger zu verfolgen. Die Kreditkarten werden für sicherer gehalten und deshalb auch ausgiebig benutzt. Jedes Kaufhaus, jede Ölgesellschaft besitzt ihre eigene Kreditkarte.
*To charge:* das Konto belasten (ein Konto in einem Geschäft oder in einer Bank). Die Amerikaner leben ständig mit Kreditkarten. Selbst wenn sie die Mittel dazu haben, bezahlen sie die Waren ab einem bestimmten Wert nicht in bar. Schuldenmachen ist eine sehr geläufige Sache.

**14** *Drugstore:* Apotheke (in England: *chemist's shop*). In Wirklichkeit ist ein *drugstore* mehr als eine Apotheke. Es ist ein großes Geschäft, das in etwa unseren Drogerien entspricht, aber ein viel größeres Warenangebot hat. Der eigentliche Ladentisch der Apotheke befindet sich normalerweise im hintersten Teil des Raumes. Im Drugstore kann man auch etwas essen oder Filme entwickeln lassen. Der Apotheker ist nicht befugt, Sie zu beraten. Er bereitet die

Arzneien zu und verkauft sie auf Rezept. Die Medikamente auf Rezept sind nicht verpackt. Der Apotheker füllt genau die verschriebene Menge in ein Plastikröhrchen. Auf jedes Röhrchen wird der Name des Kranken und die genaue Anwendung der Arznei geschrieben. Das Röhrchen wird mit einem Spezialstöpsel *„childproof“* (sicher für Kinder) versehen.

**15** *Neiman Marcus* ist eines der Prestigekaufhäuser so wie *Saks* in New York. Notieren Sie sich, daß Sport- und andere Freizeitkleidung *(jeans, sweats...)* in Amerika billiger ist; Luxuskleidung hingegen ist viel teuerer.
*Oak* und *Down streets* sind die zwei Hauptgeschäftsstraßen von Chicago.

**16** *I'm freezing:* ich friere. Chicago ist für seine kalte Luft bekannt, die einen Großteil des Jahres vorherrscht. Man nennt es übrigens *„The Windy City“*, die windige Stadt.

**17** *Sears (Roebuck and Co.)* ist das größte Versandhaus der Welt. Der Hauptsitz der Firma befindet sich in Chicago im *„Sears Tower“*, der das höchste Gebäude der Welt ist. Es ist vierhundertdreiundvierzig Meter hoch und hat hundertzehn Stockwerke. Es arbeiten zwölftausend Menschen darin, ungefähr die Hälfte davon sind Angestellte von *Sears Roebuck and Co.* Für sensationslüstere Leute gibt es zwei Expreßaufzüge, die direkt, in weniger als einer Minute, ins hundertdritte Stockwerk fahren, wo sich das Observatorium befindet! Dies ist nicht unmittelbar nach dem Essen zu empfehlen...

**IN SHORT...**

**1** Do you carry children's clothing? **2** This afternoon I'm going Christmas shopping with my three kids. **3** In Abe Lincoln, Abe is short for Abraham. **4** To get the plumber's telephone number, you consult the yellow pages, not the regular telephone directory. **5** The pharmacy is located at the back of the drugstore. **6** Would you rather take the elevator or the escalator?

A faithful employee in a garment store had been working for more than 20 years without getting a raise. He finally complained to his boss, telling him that he was doing the work of three people. The boss exploded: "Three men's work! Tell me their names, and I'll fire them!".

**IN KÜRZE...**

1 Haben Sie Kinderkleidung? **2** Heute Nachmittag werde ich mit meinen drei Kindern Weihnachtseinkäufe machen. **3** Im Namen Abe Lincoln ist Abe die Verkürzung von Abraham. **4** Um die Telefonnummer des Installateurs zu finden, muß man im Branchenverzeichnis und nicht im Namenverzeichnis des Telefonbuches nachsehen. **5** Der Ladentisch der Apotheke befindet sich im hinteren Teil des Drugstores. **6** Fahren Sie lieber mit dem Aufzug oder mit den Rolltreppen?

*Hoffen wir, daß Sie niemals in die Lage kommen werden, in der Ihnen ein Polizist den folgenden Text vorliest; aber Sie wissen wenigstens, was der arme Sünder, den ein amerikanischer „Bulle" gerade festgenommen hat, sich anhören muß!*

**Miranda Warning[1]**

The constitution requires I inform you. Number one, you have the right to remain silent. Number two, anything you say can and will be used against you in Court. Number three, you have the right to talk to a lawyer now and have him present now or at any time during questioning. Number four, if you cannot afford a lawyer, one will be appointed for you without cost.

Two questions:
Number one: Do you understand each of these rights I have explained to you?
Number two: Do you wish to talk to us at this time?

1 Miranda warning : Miranda ist nicht der Name einer Hellseherin sondern der des Politikers, der dieses „Vorlesen der Rechte" durchsetzte.

## *Los Angeles and its Surroundings* (1)

**1** — Hey Taxi! Santa Monica Beach Hotel please. What'll be the fare? How long does it take? **(2)**

**2** — Depending on the traffic, we should be there by 6:00 6:30. It'll cost you around twenty bucks. **(3)**

**3** — Could you get us there by 6:00? Otherwise they'll cancel our reservation. **(4)**

**4** — Sure thing… Is this your first trip here?

**5** — Yes, this is our first visit. We plan on staying for a week. Do you have any suggestions on how to schedule our stay?

**6** — A week's so short, I suppose you wanna bring the kids to Disneyland… This should already take two or three full days. **(5)**

**7** — You must be kidding, we had planned on spending one day touring both Disneyland and Knott's Berry Farm Park **(6)**

**8** — Well, you're in for a big surprise… Don't you realize how big these parks are, so many things to see and do? Believe me, it isn't worth going there just for one day.

**9** Now, of course you have to take the guided tour to Hollywood Studios, then drive through Beverly Hills, visit downtown LA, don't miss the Mojave Desert and… **(7) (8)**

**10** — Wait a minute! I think you were right, one week really seems like a short time. Could you tell me where's the best place to rent a car? We'd like a small compact at a reasonable price. **(9)**

**11** — There's a local company called Santa Monica's Rent-A-Wreck. The owner happens to be a friend of mine. **(10)**

15

**12** — A wreck! I'm not that cheap, I can afford a regular car!

# CALIFORNIA

140

*Los Angeles und seine Umgebung*

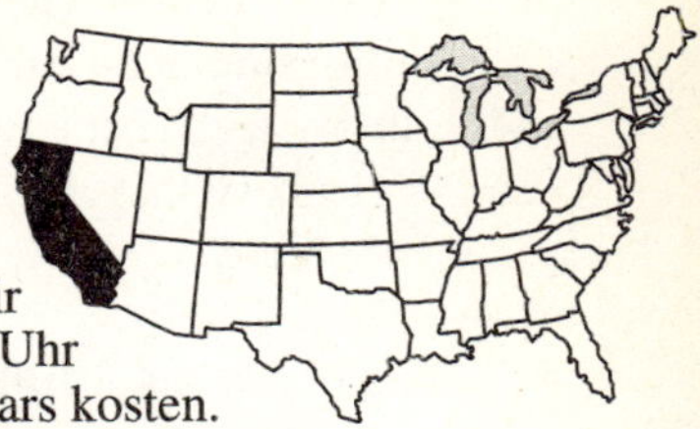

1 — Hallo Taxi! Zum Santa Monica Strand-Hotel, bitte. Wieviel kostet die Fahrt? Wie lange braucht man?

2 — Das hängt vom Verkehr ab; wir müßten so zwischen 6 Uhr und 6 Uhr 30 dort sein. Es wird etwa 20 Dollars kosten.

3 — Könnten wir um 6 Uhr dort sein? Sonst wird unsere Reservierung gestrichen.

4 — Aber sicher… Ist das Ihr erster Besuch hier?

5 — Ja, wir sind zum ersten Mal hier. Wir haben die Absicht, eine Woche zu bleiben. Können Sie uns Vorschläge machen, welche Sehenswürdigkeiten wir besichtigen und wie wir unsere Zeit einteilen sollen?

6 — Eine Woche ist so kurz. Sicher wollen Sie mit Ihren Kindern nach Disneyland fahren… schon dazu brauchen Sie zwei oder drei Tage.

7 — Sie meinen das wohl im Spaß! Wir hatten geplant, Disneyland und den Knott's Berry Farm Park in einer Tagesfahrt zu besichtigen.

8 — Oh, da werden Sie sich aber sehr wundern… Ihnen ist nicht klar, wie riesig diese Parks sind und wie viel es zu sehen und zu tun gibt. Glauben Sie mir, es lohnt sich nicht, nur für einen Tag dorthin zu fahren.

9 Und natürlich müssen Sie dann die Hollywood-Studios mit Führung besichtigen, durch Beverly Hills mit dem Wagen fahren, das Zentrum von Los Angeles besichtigen, die Mojave-Wüste nicht verpassen und…

0 — Moment, ich glaube, Sie haben recht, eine Woche scheint wirklich zu kurz. Könnten Sie mir sagen, wo man am besten einen Wagen mieten kann? Wir hätten gerne einen kleinen, nicht zu teuren Wagen.

1 — Hier am Ort gibt es ein Leihwagen-Büro, das „Mieten Sie ein Wrack" heißt und sich in Santa Monica befindet. Der Besitzer ist sogar einer meiner Freunde.

2 — Ein Wrack! Ich bin nicht so geizig, ich kann mir einen normalen Wagen leisten!

15

**13** — Don't worry! The cars are in good shape. Just tell Bil you're coming on behalf of Jerry Bowman, that's my name
**14** Here we are. That's twenty-five dollars.
**15** — Thanks a lot for everything. Keep the change! **(11)**
*At the hotel:*
**16** — May I help you? Mr. and Mrs. Griffith... room 125 Would you mind filling in this registration form? I'll cal the bellboy, he'll show you to your room. I hope you'l have a nice stay. If you have any problems, just call Room Service. **(12)**

**1** Mit neun Millionen Einwohnern ist Los Angeles die größte Stadt Kaliforniens und die zweitgrößte der Vereinigten Staaten (nach New York). Um das Jahr 2000 wird sie voraussichtlich die größte Stadt der Vereinigten Staaten werden.
Der Gouverneur Felipe de Neve gründete die Stadt im Jahre 1781 und gab ihr den prunkvollen Namen *„El Pueblo de Nuestra Señora la Reina de Los Angeles de Porciuncula"*.
Die Bevölkerung ist dort ebenso unterschiedlich wie die verschiedenen Distrikte, aus denen die Stadt sich zusammensetzt. Dorothy Parker beschrieb sie mit Recht folgendermaßen: *„Seventy-two suburbs in search of a city"* (zweiundsiebzig Vororte auf der Suche nach einer Stadt).
Der Kontrast zwischen dieser Riesenstadt und der sie umgebenden Wüste ist eindrucksvoll. Sie erstreckt sich über Hunderte von Quadratkilometern (640 qkm), umfaßt die berühmten Viertel von Hollywood, Santa Monica, Pasadena und Beverly Hills.

13 — Machen Sie sich keine Sorgen! Die Autos sind in gutem Zustand... Sagen Sie nur zu Bill, Jerry Bowman, das ist mein Name, hat Sie geschickt.
14 Hier sind wir. Es wären fünfundzwanzig Dollars.
15 — Vielen Dank für alles. Behalten Sie das Restgeld!
*Im Hotel:*
16 — Kann ich Ihnen behilflich sein, Herr und Frau Griffith... Zimmer 125. Könnten Sie diesen Meldeschein ausfüllen? Ich rufe den Hotelboy, er zeigt Ihnen Ihr Zimmer. Ich hoffe, Sie haben einen guten Aufenthalt. Falls Sie ein Problem haben, rufen Sie das Zimmerpersonal.

Das Zentrum von Los Angeles ist eine sonderbare Mischung von Kulturen. Die Bevölkerung mexikanischer Abstammung nimmt schnell zu, vor allem am Broadway, was den Anteil der lateinamerikanischen Bevölkerung in der Stadt noch verstärkt. Im sehr geschäftigen Viertel von Chinatown liegen die kleinen Gewürzläden dicht nebeneinander. „Little Tokyo" entstand aus dem letzten Einwandereransturm, der von der anderen Seite des Pazifiks herkam: die Japaner investieren viel in Los Angeles, dank der sich verstärkenden Handelsbeziehungen zwischen den Küstenländern des Pazifiks.
Los Angeles wurde für große und kleine Unternehmen zum Synonym von „Entwicklungsmöglichkeit", obwohl die Filmindustrie vorherrschend bleibt.

**2** Taxifahren ist ohne Zweifel immer noch die beste (aber auch die teuerste) Weise, sich in den großen Städten der Vereinigten Staaten fortzubewegen. Im ganzen Lande sind die Taxigesellschaften leicht an ihren gelben oder schwarz-

weiß-gewürfelten Wagen zu erkennen. Alle Taxen haben Zähler. Aber in manchen Fällen läßt Sie der Chauffeur zwischen einem Pauschalpreis oder dem Gebrauch des Zählers wählen. Eine Kennkarte mit Foto muß in dem Fahrzeug so angebracht sein, daß sie die Fahrgäste sehen können. Die Taxischauffeure können für die Touristen eine wertvolle Auskunftsquelle sein. Da sie Tag und Nacht in der Stadt herumfahren, besitzen sie oft gute Auskünfte über die besten Restaurants und Theater, über Hotels…
Wenn sie Lust zur Unterhaltung haben (was meistens der Fall ist), sagen sie Ihnen ihre Meinung über nationale oder lokale Politik, über die sozialen Probleme der Stadt und über ihr Privatleben…

**3** Santa Monica ist eine wegen ihrer feinen Sandstrände bekannte Küstenstadt. Ende des neunzehnten Jahrhunderts wurden die Hafendämme von Santa Monica für das Laden der aus Los Angeles kommenden Waren benutzt. Heute ist sie der Treffpunkt aller Strand- und Sonnenliebhaber. Im Süden von Santa Monica liegt Malibu Beach, der Treffpunkt der Surf-Fans.

**4** Es gibt viele Hotels und Motels, von den einfachsten bis zu den luxuriösesten; aber die meisten Zimmer haben Fernsehen, Telefon und Badezimmer. Junge Leute können in Jugendherbergen unterkommen (*Y's* oder *YMCA),* wo sie jedoch oft ein Zimmer mit anderen teilen müssen. In den Hotels wird die Rechnung traditionell am Ende des Aufenthalts bezahlt, hingegen wird in den Motels gebeten, das Zimmer gleich zu bezahlen, wodurch Sie die Möglichkeit haben, zu jeder Zeit abzureisen.
In großen Städten sowie Hauptfremdenverkehrsorten ist es

besser zu reservieren. Etwas Verspätung kann Ihre Reservierung annullieren, man tut deshalb gut daran, die Hoteliers durch einen Anruf zu verständigen, damit sie das Zimmer freihalten (18 Uhr ist im allgemeinen der späteste Zeitpunkt).
Kinder (unter 18 Jahren) haben immer ermäßigte Preise oder sie übernachten kostenlos, falls sie im Zimmer der Eltern schlafen.

**5** Als 1955 Walt Disney in Anaheim Disneyland gründete, höhnten manche und sagten, er bekäme keine Besucher, weil der Park inmitten von Orangenhainen und zu weit von Los Angeles liege... Der Besucherstrom, der sich jährlich einstellt, beweist, wie Unrecht sie hatten. Heute ist er der bekannteste Vergnügungspark der Welt und zählt etwa zwölf Millionen Besucher pro Jahr.
Man sagt, Walt Disney hätte die Idee eines Parks, in dem sowohl Kinder wie auch Eltern sich vergnügen könnten, gefaßt, als er seine beiden Töchter Karussell fahren ließ und selber alleine sitzenbleiben mußte.
Sobald man den Eingang hinter sich gelassen hat, staunt man über die Sauberkeit dieser Einrichtung und die Liebenswürdigkeit der immer lächelnden Angestellten.
Der Park ist in vier Abteilungen aufgeteilt, die am Ende der *Main Street U.S.A.* (Straße, in der sich beiderseitig Geschäfte, Auskunftsbüros und Banken befinden) beginnen.
Jede Abteilung hat ihr eigenes Thema: *Adventureland, Frontierland, Fantasyland* und *Tomorrowland.* Manche der gebotenen Attraktionen sind beliebter bei Erwachsenen, wie etwa das *Circle Vision Theater,* ein Kino mit einer 360 Grad-Leinwand, oder bei Jugendlichen, wie das *Videopolis,* ein riesiger Tanzsaal, wo Rock-Orchester spielen.

Aber die meisten Attraktionen begeistern ein Publikum jeden Alters…
Die Eintrittskarte kann für alle Vergnügungen und Karussells, die der Park zählt, benutzt werden. Ein *pass* für mehrere Tage ermöglicht Ihnen zu jeder Zeit den Eintritt: er ist für mehrere Jahre gültig!
Überall im Park verstreut findet man Getränke- und Lebensmittel-Kioske. Der Verkauf und Konsum von Alkohol sind verboten.
Disneyland scheint sich nie von Besuchern zu leeren. Oft muß man Schlange stehen vor den Attraktionen, aber obwohl diese Schlangen manchmal beeindruckend lang sind, steht man nicht sehr lange an.

**6** Der *Knot's Berry Farm*-Park ist älter als Disneyland. Zur Zeit seiner Eröffnung bestand er nur aus einigen Bauten, die eine Geisterstadt und ein Restaurant darstellten. Von der Entwicklung und dem Erfolg Disneylands begünstigt, vergrößerte sich Knot's Berry Farm und wurde zum zweitgrößten Vergnügungspark Kaliforniens unter Beibehaltung seines Hauptthemas: der *Wild West.*
Die Stadt Anaheim hat sich ebenfalls dank Disneyland vergrößert und bereichert. Ein kleiner Ort deutschstämmiger Bewohner, die Weinbau betrieben, wurde zu einer Stadt von heute 250 000 Einwohnern, die vom Fremdenverkehr, der Freizeitindustrie und den Geschäften lebt. Die Anaheimer Kongreßhalle ist eine der größten der Westküste.

**7** Hollywood, das 1987 sein 100-jähriges Bestehen feierte, war früher nur ein Bauerndorf. Es wurde zur Film-Hauptstadt der Welt. Im Jahre 1911 wurde in Hollywood der erste Film gedreht.

In den zwanziger Jahren ließen sich die damals noch unbekannten großen Filmgesellschaften in dieser Stadt nieder. Bald wurde sie zum Synonym des Erfolges für die jungen Schauspieler. Inzwischen hat der Platzmangel die Filmstudios in eine weiter entfernt liegende Gegend, nach San Fernando Valley, vertrieben. Nur die Paramount- und Goldwyn-Studios blieben hier. Die angesehenen und blendenden Avenuen aus früheren Zeiten sind zu düsteren Straßen geworden. Dort wimmelt es jetzt von Prostituierten und jungen Leuten aus der Provinz, die berühmt werden wollen und in einer ungastlichen Welt, wo die Konkurrenz wütet, gelandet sind. In Hollywood Boulevard ist der *Walk of Fame* für viele Film-Liebhaber *(Movie Fans)* der Anziehungspunkt. In das Trottoir sind die Namen von über 1 800 Filmstars (und deren Finger- oder Fußabdrücke) eingraviert. Das *Hollywood Studio Museum* spiegelt die Geschichte der Anfänge der Film-Industrie in Hollywood wider.
Beverly Hills ist un luxuriöses Wohnviertel, in dem viele berühmte Leute leben. Falls Sie die nötigen Mittel haben, ist *shopping* gehen in Beverly Hills ein *must.* Hier ließen sich die großen Modeschöpfer, die feinsten Juweliere nieder. An jeder Straßenecke finden Sie auf einer Schautafel *(star map)* eingetragen, wo Sie Ihren Lieblingsschauspieler und dessen Haus finden können…

**8** Die Mojave-Wüste zieht sich vom Südosten Kaliforniens über den Norden von Los Angeles bis zur Grenze von Nevada hin. Wegen ihrer hohen Lage (900 bis über 2 000 m) wird sie auch die *High Desert* genannt. Feldhasen, Präriehunde und Schildkröten leben in dieser Steppe inmitten von Kakteen und „*mesquites*", einer Art von Akazien. Zur Blütezeit im Frühjahr verwandelt sich die Wüste in einen bunten Blumenteppich aus gelben Coreopsisblüten, Heliotrops und kalifornischem Mohn. Viele Goldgruben und Silberbergwerke, die seit langem stillgelegt sind, markieren die Wüste. Im Südosten der Mojave-Wüste liegt der militärische Luftstützpunkt von Edwards, der dem Raumschiff als Landeplatz dient.

**9** Jede Autokategorie hat einen speziellen Namen. Die Amerikaner sagen: *I own a sedan* oder *he drives a station wagon...* Die verschiedenen Arten sind folgende: *sub-compact* (zweitüriger Kleinwagen), *compact* (viertürig), *station wagon* (mit Heck), *van* (Lieferwagen), *four-wheel-drive* (Landrover, Geländewagen mit Vierrad-Antrieb).

**10** Es ist sehr einfach, in den Vereinigten Staaten ein Auto zu mieten. Außer den großen nationalen Gesellschaften (Hertz, Avis, Budget…) gibt es eine stattliche Anzahl lokaler Vermietungen. Die Preise variieren von Staat zu Staat und von einer Agentur zur andern; es ist besser, die Preise zu verlgeichen, bevor man sich entscheidet. Man wird Ih-

**IN SHORT…**

**1** In California, taxis might charge you an extra two-dollar fee for carrying your surfboard. **2** Taxis are often called "cabs". They are either yellow or checkered. **3** Cinderella's castle is located in the center of the Magic Kingdom in Disneyland. **4** Station wagons can very easily seat a large family. **5** The bellboy told us where to rent a car. **6** I've booked a single room for this evening.

nen einen Pauschalpreis mit unbegrenzter Kilometerzahl vorschlagen. Der deutsche Führerschein wird akzeptiert. Eine Kreditkarte ist unentbehrlich. Für Touristen mit begrenztem Budget halten die Agenturen Mietwagen alter, ausgedienter Modelle bereit. Das sind die *Rent-a-Wreck* (Mieten Sie ein Wrack!). Vorsicht, diese Wagen sind oft echte „Schrotthaufen" und der Kilometerpreis ist sehr hoch…

**11** Die Taxi-Chauffeure erwarten ein Trinkgeld. Es beträgt im allgemeinen 15%. Die Autobahngebühren sind im Fahrpreis nicht enthalten.

**12** Sobald der Kunde im Hotel ankommt, bittet ihn der Angestellte am Empfang, einen Meldeschein auszufüllen *(registration form):* diese Formalität ist nur symbolisch, da die verlangten Auskünfte sich auf Name und Adresse des Kunden beschränken.
Der *bellboy* ist ein Hotelboy. Ferner gibt es die *maid,* Zimmermädchen, den *porter,* Portier, den *manager,* Direktor und den *room service,* Zimmerservice.

**IN KÜRZE…**

1 In Kalifornien dürfen die Taxis für den Transport eines Surfbretts zwei Dollars mehr verlangen. **2** Die Taxis werden oft *„cabs"* genannt. Sie sind entweder gelb oder gewürfelt. **3** Das Schloß von Aschenputtel liegt in der Mitte des Zauberreichs von Disneyland. **4** In den Autos mit Heck können große Familien gut untergebracht werden. **5** Der Hotelboy sagte uns, wohin wir gehen müssen, um einen Wagen zu mieten. **6** Ich habe für heute abend ein Einzelzimmer reserviert.

# DES MOINES

## *Looking for a Part-Time Job*

1 — Hi Joyce! So what's up? Have you found a job yet? You look a lot better today. You were so depressed the other day, I was a little apprehensive about leaving you alone at night. **(1)**

2 — I shouldn't have worried. Things look a lot better. I haven't got a job yet, but I just saw in the Want Ads an opening for an evening waitress position on Jefferson Avenue. **(2)**

3 How long does it take to get there, do you have any idea? I get lost so easily! Where I come from, all the stores are on Main Street; you can't miss it! **(3)**

4 — It's real close, probably no more than a fifteen-minute-walk. You take 42nd Street west after the City Fire Department, and then it's the fifth block on the left. You can't miss it! Right across the street there's a big department store, "Bentley's". I used to shop there before "Apache Mall" was built. Now, if you feel a little bit anxious about finding your way, why don't I go with you? A little stroll wouldn't hurt… **(4)** **(5)**

5 — No, don't bother. I'll survive… I've got to learn to manage in the big city by myself. I'm a big girl now. This is the ad. It's just what I'm looking for.

6 — Are you qualified for the job? It says "experience needed". You know there'll be many candidates for just one position. Be prepared to fight over it. You proved yourself during the last oral exam at school, so show us once more what you're made of!

7 — Well, my dad owned a hamburger joint and I used to help him after school; I count on that, plus the fact that I've got to find a job to pay my tuition. **(6)** **(7)**

# DES MOINES



### *Auf der Suche nach einer Teilzeitarbeit*

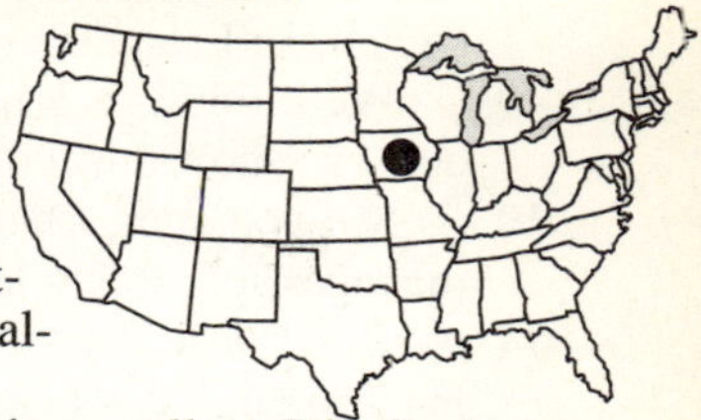

1 — Hallo Joyce! Wie geht's? Hast du schon eine Arbeit gefunden? Heute scheint es dir besser zu gehen. Neulich warst du so deprimiert, daß ich mir etwas Sorgen machte, dich abends alleine zu lassen.

2 — Ich hätte mich nicht beunruhigen sollen. Die Sache geht viel besser als ich dachte. Ich habe noch keine Arbeit, aber ich sah eben in den Kleinanzeigen ein Angebot für eine Bedienung abends in der Jefferson Avenue.

3 Wieviel Zeit braucht man, um dort hinzufahren, hast du eine Idee? Ich verirre mich so leicht... Da, wo ich herkomme, sind alle Geschäfte auf der Hauptstraße, man kann sie nicht verpassen!

4 — Es ist wirklich in der Nähe, wohl nicht mehr als eine Viertelstunde zu Fuß. Du gehst die 42nd Street West entlang, nach der Feuerwehrkaserne und dann ist es die fünfte Straße (Häuserblock) links. Du kannst es nicht verpassen! Gerade gegenüber liegt das Kaufhaus „Bentley's". Ich machte dort meine Einkäufe vor dem Bau des „Apache"-Zentrums. Aber wenn du fürchtest, den Weg nicht zu finden, kann ich dich begleiten? Ein kleiner Spaziergang würde mir gut tun...

5 — Nein, mach' dir keine Mühe. Ich werde es überleben... Ich muß lernen, mich in einer Großstadt zurechtzufinden. Ich bin ein erwachsenes Mädchen. Hier die Annonce. Das ist genau das, was ich suche.

6 — Bist du für diese Arbeit geeignet? Da steht „mit Erfahrung". Du weißt, es gibt für eine Stelle viele Bewerber. Setze alles daran, um sie zu bekommen. Du hast es bei deinem letzten mündlichen Examen in der Schule bewiesen, also zeige uns wieder, wozu du fähig bist!

7 — Also, mein Vater besaß eine Imbiß-Stube „Getränke- und Hamburger" und ich half ihm nach der Schule. Diese Erfahrung zählt, und außerdem muß ich unbedingt Arbeit finden, um meine Ausbildung zu bezahlen.

8 So I'm ready to stand against adversity… This looks lik something I can do, and I'll give it a try. **(8)**

9 — Well, this is a bright attitude! You're so enthusiastic, don't see how they could reject such an eager young lady.

10 — See you later, I have an appointment with the restaurar manager at 5. Being late would make a bad impression. **(9)**

11 — Break a leg! I know this sounds rather old-fashionec but I'm slightly old-fashioned myself. No kidding, I reall hope you get the job. I've always dreamt of having a fre meal in a good restaurant!

12 — Dream on! The restaurant's called Allan's Big Burger **(10)**

**1** Es gibt viele Arten, eine oder einen Bekannten anzureden. *What's up?:* Was ist los? Wie geht's? Dieser Ausdruck wird nicht als echte Frage betrachtet und erwartet keine Antwort. Dagegen: *How are you?* Wie unser „Geht's gut“ erwartet immer eine Antwort (immer die gleiche): *fine* (Es geht gut).

**2** Die Seiten der Kleinanzeigen, *Want Ads,* nehmen einen bedeutenden Platz in den amerikanischen Zeitungen ein. Viele Stellenangebote sind darin enthalten, da die Gewohnheit, kleinere oder kürzere Arbeiten auszuüben oder Teilzeitjobs zu übernehmen, sehr verbreitet ist.

**3** *How long?:* Wie lange? *How far?:* Wie weit? *How often?:* Wie oft?

**4** Hier wird das Adjektiv *real* als Adverb gebraucht. Es müßte heißen: *it's really close.* In der amerikanischen Um-

8 Also bin ich bereit, dem Gegner die Stirn zu bieten… Dieses Angebot scheint mir passend, und ich will's versuchen.

9 — Sehr gut, das ist eine intelligente Haltung! Du bist so begeistert, daß ich mir nicht vorstellen kann, wie sie so ein entschlossenes Mädchen wie dich ablehnen könnten.

0 — Bis bald, ich habe um fünf Uhr einen Termin bei dem Direktor des Restaurants. Wenn ich zu spät käme, würde das einen schlechten Eindruck machen.

1 — Viel Glück! Ich weiß, das klingt etwas altmodisch, aber ich bin selbst ein wenig altmodisch. Witz beiseite, ich hoffe wirklich, du bekommst diese Arbeit, ich träumte immer davon, in einem guten Restaurant einmal gratis zu essen!

2 — Träume weiter! Das Restaurant heißt „Zu Allans dickem Hamburger"!

gangssprache entwickelt sich diese Tendenz immer mehr; im Laufe der nächsten Texte sehen Sie weitere Beispiele. Entdecken Sie sie selbst!

**5** In den meisten amerikanischen Großstädten ist es einfach, sich zurechtzufinden. Sie sind oft nach dem gleichen Modell gebaut: die Straßen (alle parallel) und die Avenues (ebenfalls alle gleichlaufend) mit Nummern, die einander alphabetisch oder zahlenmäßig folgen, sich senkrecht kreuzen und so einen riesigen Gitterplan bilden, der in vier Teile aufgeteilt ist: Norden, Süden, Osten und Westen. Im Mittelpunkt der Stadt, *downtown,* beginnt die Nummerierung und endet weit über den Grenzen der Stadt in den benachbarten Vororten. Die 10031 Emerson avenue south (Av.S) Bloomington, Minnesota, befindet sich im südlichen Vorstadtgebiet von Minneapolis, genau zwischen der 100sten und der 101sten Straße, und in der Emerson Avenue, die selbst zwischen der Dupont Avenue (D) und

der Fremont Avenue (F) liegt. Eine Adresse in den Vereinigten Staaten zu finden, ist ebenso einfach, wie bei dem Spiel „Schiffeversenken“ das Ziel zu treffen, wenn man alle Angaben besitzt!
*Block:* Häuserblock. Die Angaben, die eine Richtung bezeichnen, sind nicht in Straßennamen angegeben (wie etwa: 5. Straße links), sondern in *blocks,* was etwa auf das Gleiche herauskommt. Vorsicht: die *blocks* können manchmal sehr lang sein; trauen Sie also nicht dem *„just four blocks on your left“*, vor allem, wenn Sie zu Fuß sind.

**6** *Hamburger joint:* Schnellimbiß-Stube, wo man Hamburger und alkoholfreie Getränke erhält.

**7** Die Amerikaner beginnen sehr jung zu arbeiten. Mit 16 Jahren finden sie schon Arbeitsstellen, die ihnen eine gewisse finanzielle Unabhängigkeit gewähren. Sie müssen ihre Schul- und Arbeitszeit in Einklang bringen. Dies ist oft schwierig.

**8** Das Universitätsstudium ist kostenpflichtig; die Studiengelder sind oft sehr hoch. Die jungen Amerikaner haben sich also schon sehr früh mit dem Finanzierungsproblem

**IN SHORT...**

**1** I live on 2419 18th Av. N Rochester, New York. **2** It's real close just three blocks north of Madison avenue. **3** I'd like to be there o time, the show starts at eight thirty pm. **4** My brother works as a pa perboy every Sunday morning. **5** The ad says Macey's is having a spe cial sale on sports goods. **6** How often do you go to the restaurant? He was such a good student, he managed to get a scholarship a Purdue University.

ihrer augenblicklichen oder kommenden Ausbildung auseinanderzusetzen. Außer in den sehr wohlhabenden Familien, müssen die jungen Leute demzufolge arbeiten, wenn sie studieren wollen. Jedoch gibt es viele Stipendien *(scholarships)* oder Darlehen *(loans)*, die von privaten Unternehmen finanziert werden und den besten Schülern zum Studium ihrer Wahl verhelfen.

**9** *At 5:* um 5 Uhr. Die Bezeichnung der Uhrzeiten wurde im amerikanischen Englisch seit der Einführung des Digital-Systems sehr vereinfacht. *Ten past seven* wurde zu *seven ten* oder *ten after seven,* und *twenty to eight* heißt *seven forty* oder *twenty before eight.* Vergessen Sie nicht, daß der Tag für die Amerikaner zweimal zwölf Stunden hat: sechzehn Uhr heißt *four pm.* Um den Vormittag vom Nachmittag zu unterscheiden, fügt man *am* (ante meridiem) an die Vormittagsstunden an und *pm* (post meridiem) an die des Nachmittags.

**10** Wünschen Sie niemals einem Ihrer Freunde *Good luck,* das könnte ihm Unglück bringen. Nichts ist besser als ein deutliches *Break a leg* (Hals- und Beinbruch), um einem Unfall vorzubeugen…!

**'N KÜRZE…**

**1** Ich wohne 2419 18te Avenue N Rochester, New York. **2** Es ist ganz n der Nähe, nur drei Häuserblocks nördlich der Madison Avenue. **3** Ich würde gerne zeitig dort sein, die Vorstellung beginnt um zwanzig Uhr dreißig. **4** Mein Bruder trägt jeden Sonntagmorgen Zeitungen aus. **5** Die Anzeige informiert, daß Macey's auf alle Sportartikel einen Sonderpreis gewährt. **6** Wie oft gehen Sie ins Restaurant? **7** Er hat so gut gearbeitet, daß er ein Stipendium für die Universität Purdue erhielt.

### *Holidays* (1)

*March 17th: St Patrick's Day* (2)

**1** — Why will you be attending the St Patrick's Day Parade? You're not even Irish!

**2** — So! We live in a free country, don't we?

*May (last Monday): Memorial Day* (3)

**3** — Don't forget to place the flag outside. Tomorrow starts Memorial Day week-end. **(4)**

**4** — Weren't we supposed to go to Cape Cod? In that case there's no use getting the flag out. **(5)**

**5** — You're right! For such an occasion, I should have a better memory!

*July 4th: Independence Day* (6)

**6** — We're having a barbecue party this coming Saturday to celebrate the fourth. Are you free?

**7** — Yes, I'm free then. What shall I bring? **(7)**

**8** — Bring some beer or wine.

**9** — Fine. I'll pick up something on the way. Can I give you a hand with any of the preparations? **(8)**

**10** — I'd like the kids out of the way. Do you mind taking them for a walk?

**11** — Not at all. What are their names?

**12** — Well, there is Tony, Trixie, Joey, Joycy, Marvy, Susy, Richy and...

**13** — I just remember I can't make it. I have a dentist's appointment!

*October 31st: Halloween* (9)

**14** — Halloween is by far my favorite holiday. We get to carve a pumpkin, put on funny costumes and go trick-or-treating.

### *Die Festtage*

*17. März: Tag des Heiligen Patrick*

1 — Weshalb gehst Du zum Umzug am Gedenktag des Hl. Patrick? Du bist doch kein Irländer!

2 — Und? Leben wir nicht in einem freien Land?

*Letzter Montag im Mai: Kriegsgefallenen-Gedenktag*

3 — Vergiß nicht, die Fahne hinauszuhängen. Morgen beginnt das Wochenende des Kriegsgefallenen-Gedenktages.

4 — Sollten wir nicht nach Cape Cod fahren? In diesem Falle wäre es unnötig, die Fahne herauszuholen.

5 — Du hast recht! Bei einer solchen Gelegenheit sollte mein Gedächtnis besser sein!

*4. Juli: Unabhängigkeitstag*

6 — Wir organisieren nächsten Sonnabend ein Grillfest, um den 4. Juli zu feiern. Bist du frei?

7 — Ja, ich bin an diesem Tag frei. Was kann ich mitbringen?

8 — Bringe Bier oder Wein mit.

9 — Gut, ich halte unterwegs an, um etwas einzukaufen. Kann ich dir bei den Vorbereitungen behilflich sein?

10 — Ich würde gerne die Kinder loshaben. Würde es dir nichts ausmachen, mit ihnen spazierenzugehen?

11 — Überhaupt nichts. Wie heißen sie?

12 — Da wäre Tony, Trixie, Joey, Joycy, Marvy, Susy, Richy und…

13 — Eben fällt mir ein, daß es doch nicht geht, ich habe einen Termin beim Zahnarzt!

*31. Oktober: Halloween*

14 — Halloween ist bei weitem mein Lieblingsfest. Man schnitzt den Kürbis, man verkleidet sich und geht von Tür zu Tür.

15 — But, Dad, only kids dress up and go trick-or-treating!

16 — True, but the following day you always manage to d something wrong and my duty is to punish you and tak away part of your candy!

*November (4th Thursday): Thanksgiving*

17 — Could you join us on Thanksgiving Day? We're havin dinner at our place this year. Everyone's coming. **(10) (11)**

18 — I'd be glad to. We might take the plane to Boston. Coul anyone come and pick us up? **(12)**

19 — Definitely. I'm expecting the men to watch the gam after dinner, so maybe us poor women could do somethin in the meantime. What d'you think? **(13)**

20 — Fantastic! Football's a nightmare, I never understan what's going on.

21 — I know what you mean about football. I can't mak heads or tails of it myself. Let's visit the Mayflower and th Cranberry Museum. **(14)**

22 — Well, watching TV might not be so bad after all!

**1** *Holidays:* arbeitsfreier oder nicht-arbeitsfreier Festtag, religiöser oder ziviler Art (US);
*Holiday (GB) = Vacations (US):* Ferien.
So ordentlich und ernst die Amerikaner am Arbeitsplatz auch sind, so sehr hängen sie an den verschiedenen Festtagen ihres Landes. Außer den in Deutschland auch traditionellen Festen (Weihnachten, Neujahr, Ostern, Muttertag, Vatertag...), gibt es in den Vereinigten Staaten eigene, wie: Thanksgiving, Halloween, Columbus Day, Lincoln's

15 — Aber Papa, nur die Kinder verkleiden sich und gehen von Tür zu Tür.
16 — Das ist wahr, aber am nächsten Tag bringst du es immer fertig, eine Dummheit zu machen, und meine Pflicht ist es, dich zu bestrafen und einen Teil deiner Bonbons zu beschlagnahmen.

***November (vierter Donnerstag): Thanksgiving***

17 — Kannst du zu Thanksgiving zu uns kommen? Dieses Jahr findet das Essen bei uns statt. Alle kommen.
18 — Es würde mich sehr freuen. Vielleicht nehmen wir das Flugzeug bis Boston. Kann jemand kommen und uns abholen?
19 — Kein Problem. Ich nehme an, die Herren werden nach dem Essen das Fußball-Spiel ansehen, so könnten wir armen Frauen während dieser Zeit etwas anderes unternehmen. Was hältst du davon?
20 — Fantastisch. Fußball ist ein Alptraum. Ich verstehe nie, was vor sich geht.
21 — Ich verstehe, was du bezüglich Fußball meinst. Ich selber verstehe nichts davon. Besichtigen wir doch die Mayflower und das Cranberry-Museum (Preiselbeer-Museum).
22 — Ach, Fernsehen ist schließlich auch nicht so schlecht!

Birthday, Washington's Birthday, Independence Day. Alle oder fast alle werden in allen Staaten gefeiert.
Andererseits leben wieder Feste auf, die vor einigen Jahrzehnten fast vergessen waren. Dies ist größtenteils der Geschäftstüchtigkeit und der Reklame der großen Wunschkarten-Druckereien zuzuschreiben. So erfreut sich der St.-Valentinstag großer Beliebtheit, ebenso wie der Tag der Großväter, der Tag der Großmütter, die erst seit einigen Jahren geschaffen wurden.

**2** *St. Patrick's Day:* Tag des Hl. Patrick, der 17. März. Patrick ist der Schutzpatron von Irland. Viele Irländer haben sich in den Vereinigten Staaten niedergelassen, besonders im Staat New York.
An diesem Tag scheinen alle irischer Abstammung zu sein, denn alle feiern mit! Da die Glücksfarbe dieses Tages das Grün ist, sieht man an diesem Tag grüne Nelken, grüne *milk-shakes* und selbst grünes Bier! Jeder Festteilnehmer muß mindestens ein grünes Kleidungsstück tragen.
So, wie man in Deutschland alle Besitzer von Pizza-Restaurants für Italiener hält, sagt man in den Vereinigten Staaten, daß alle Gefängniswärter (und die bösen Zungen sagen: die Gefangenen ebenfalls!) Irländer seien…
Der Umzug am St. Patricks-Tag in der Fünften Avenue in New York ist ebenso bekannt wie der an Fastnacht in New Orleans.

**3** *Memorial Day:* der letzte Montag im Mai. Er wird auch *„Decoration Day"* genannt. Dieser Festtag wird sowohl von der Zivilbevölkerung als auch vom Militär begangen. Ursprünglich (1868) war dieser Tag dem Schmücken der Soldatengräber des Bürgerkrieges gewidmet. Heute ist er zum Gedenktag aller Gefallenen geworden.

**4** *Flag:* Fahne. *The Star-Spangled Banner:* das Sternen-Banner (Name der amerikanischen Fahne). Es heißt, eine gewisse Betsy Ross sei die Schöpferin gewesen. Die dreizehn Bänder, die die Streifen auf der Fahne bilden, bedeuten die dreizehn ersten Kolonien und die fünfzig Sterne die Zahl der Unions-Staaten. Der neunundvierzigste Stern, der für Alaska, wurde am 4. Juli 1959 hinzugefügt und der fünfzigste, der für Hawaii, am 4. Juli 1960. Die amerikani-

sche Fahne bedeutet für die Bevölkerung mehr als ein einfaches Symbol. Sie wird als ein heiliger Gegenstand betrachtet, und es gelten sehr strenge Verordnungen, was ihre Verwendung betrifft. Zum Beispiel ist es verboten, sie naß zu machen, sie in der Dunkelheit oder den Boden berühren zu lassen. Die Schändung wird gesetzlich streng bestraft.
In vielen Schulen müssen die Kinder jeden Morgen auf die Fahne Treue schwören! Vor der Fahne stehend, die rechte Hand aufs Herz gelegt, sagen sie folgenden Text auf: *I pledge allegiance to the flag of the United States of America and to the republic for which it stands, one nation under God, indivisible, with liberty and justice for all.* (Ich schwöre Treue der Fahne der Vereinigten Staaten von Amerika und der Republik, die sie vertritt, ein Volk vor Gott, unteilbar, mit Freiheit und Gerechtigkeit für alle.)
In Zusammenhang mit der Flagge wird nur sehr ernst gesprochen. Bei allen sportlichen Veranstaltungen, selbst Wettspielen in den Schulen, wird die Flagge gehißt. Sie schmückt alle öffentlichen Gebäude (Schulen, Postämter usw.) sowie viele private Gebäude und Unternehmen, wie etwa Hotels oder Restaurants. Manche Familien hissen jeden Sonntag die Fahne in ihrem Garten.

**5** *Cape Cod,* „Hauptstadt" der Preiselbeeren, ist ein berühmter Badeort. Ganz am Ende des Kaps ist Province Town, ein wegen seiner Künstler und seiner „gay-Gemeinschaft" (Homosexuelle) bekannter Ort. Von hier fahren die Schiffe ab, von denen aus man Walfische beobachten kann.

**6** *Independence Day:* dies ist der Tag der Verabschiedung der Unabhängigkeitserklärung der Vereinigten Staaten (am 4. Juli 1776); er wird in allen Staaten und amerikanischen

Hoheitsgebieten gefeiert. Diese Erklärung (erstmals schon 1777 in Pennsylvanien gefeiert) setzte der englischen Einmischung ein Ende und machte die Vereinigten Staaten von Amerika zu einer unabhängigen Nation. Dreizehn Staaten bildeten damals das Land: New Hampshire, Rhode Island, Connecticut, New York, New Jersey, Pennsylvania, Massachusetts, Delaware, Maryland, Virginia, Süd-Carolina, Nord-Carolina und Georgia.

**7** *What shall I bring?:* Was soll ich mitbringen? Am 4. Juli machen die Amerikaner *barbecue parties.* Das ist die Gelegenheit, alle Freunde einzuladen. Es ist angebracht, zu einer *party* etwas mitzubringen. Jeder bringt ein Gericht oder Getränk mit, das von der Gastgeberin vorgeschlagen wird.

**8** *To give a hand = to help:* helfen. Hier weitere Ausdrükke, in denen *hand* Anwendung findet: *out of hand:* außer Kontrolle. *To try one's hand at something:* etwas versuchen zu tun. *To have one's hands full:* alle Hände voll zu tun haben.
*First-hand:* aus erster Hand. *Second-hand:* Gebrauchtware. *To give someone a free hand:* jemand freie Hand lassen.

**9** *Halloween:* am 31. Oktober. Dieser Festtag stammt aus den keltischen Ländern, wo es Sitte war, Hexengeschichten zu erzählen und sich zu verkleiden. Jede Familie schnitzt einen Kürbis in Form eines Kopfes: man erzählt, eines Tages wäre einem auf seinem Pferd galoppierenden Mann der Kopf von einem tiefhängenden Zweig abgerissen worden. Er stieg von seinem Pferd und suchte tastend seinen Kopf… Seine Hände stießen auf einen Kürbis und in Er-

mangelung eines Besseren, ersetzte er seinen Kopf durch den Kürbis. Seither sucht der Reiter am Halloweens-Tag seinen Kopf. Aus Angst, daß der arme Mann auf Ihren Kopf stoßen könnte, müssen Sie einen Kürbis vor Ihr Haus stellen, damit er sich ein weiteres Mal täuscht...
Alle Kinder und oft sogar die Erwachsenen verkleiden sich an diesem Abend, gehen von Tür zu Tür und rufen: *trick or treat* (einen Streich oder einen Bonbon). Diese ist eine echte Bedrohung: halten Sie genug Süßigkeiten bereit, sonst könnte es vorkommen, daß ihre Bäume mit Toilettenpapier geschmückt werden oder einer anderen „Dekoration"!

**10** *Thanksgiving:* Dankfeier („Danksagung"). Der Tag wird am vierten Donnerstag im November gefeiert. Es ist ein gesetzlicher Feiertag. Zu diesem Tag lädt man Verwandte ein, bereitet ein Essen mit Truthahn, Mais, Preiselbeer-Soße, Kürbis- und Apfelkuchen. An diesem Fest gedenkt man der ersten Ernte der aus Europa auf der Mayflower im Jahre 1621 eingetroffenen Pilgerväter. Ohne Hilfe der einheimischen Indianer Amerikas hätten diese Pilger nicht überleben können. Die Indianer lehrten sie die Jagd auf wilde Truthähne, das Pflanzen von Mais und Kürbis, zwei in Europa zu jener Zeit noch unbekannte Lebensmittel. Im Herbst nach der ersten Ernte versammelten sich die Indianer und die Pilgerväter und feierten ihre Freundschaft und dankten Gott, ihnen eine solch gute Ernte beschert zu haben. Heute führen die Amerikaner diese Tradition weiter und laden Freunde und Verwandte am vierten Donnerstag im November zu einem Essen ein.

**11** *Everyone's coming:* Oft leben die amerikanischen Familien in alle vier Winde zerstreut. Aber am Thanksgivings-Tag und zu Weihnachten kommen alle zusammen.

**12** Boston ist die Hauptstadt von Massachusetts, aber auch von ganz Neu-England. Viele gebürtige Bostoner betrachten sich als dem amerikanischen „Adel" angehörend, manche gehen sogar so weit und erklären, sie seien Nachkommen der Pilgerväter der Mayflower! Boston wird von jeher, und zu Recht, als eines der bedeutendsten intellektuellen und kulturellen Zentren des Landes betrachtet. Diese Tradition wird insbesondere durch die berühmte Harvard-Universität symbolisiert sowie durch das renommierte dort ansässige MIT (Massachusetts Institute of Technology), das wie Harvard in Cambridge (von Boston getrennt durch den Charles River) liegt. Das MIT ist sicher das größte Forschungszentrum der Vereinigten Staaten. Hier sei bemerkt, daß der Akzent von Neu-England und insbesondere der von Boston und Umgebung, durch ein breites „a" und ein stilles „r" kennzeichnet ist. So wird Boston „Baston" und Harvard „Havad" ausgesprochen.

**IN SHORT...**

**1** After a long, tiresome voyage, the pilgrims finally reached their destination. **2** Can you make heads or tails of what's going on? **3** Hands off me, you're too dirty! **4** After carving the pumpkin, you place a candle inside and light it; it's scary! **5** The fire station brings down the flag when a fireman dies. **6** Tonight I'll be dressed as a witch or as a ghost.

**13** Am Thanksgiving-Tag findet das *„Rose Bowl“*-Pokal-Fußballspiel (amerikanischer Fußball) statt. Dieser Sport, der nichts mit dem europäischen Fußball gemeinsam hat (und der in den Vereinigten Staaten *soccer* genannt wird), ist ein sehr brutales Spiel. Es wurde als „eine Kreuzung zwischen Rugby und dem Zweiten Weltkrieg“ beschrieben oder auch wie „Atomkrieg ohne Sieger, nur mit Überlebenden“.

**14** Am 6. September 1620 begann das Segelschiff Mayflower seine denkwürdige Reise von Plymouth in England mit etwa hundert Pilgervätern, die in der Neuen Welt die erste zivile englische Kolonie einrichten wollten. Diese Pilgerväter unterzeichneten den *„Mayflower Compact“* (Mayflower-Pakt), der die erste Verfassung der Vereinigten Staaten enthielt. Der Geschichtsunterricht der jungen Amerikaner ist sehr eng mit der englischen Geschichte verbunden, und deshalb sind sie oft so stolz auf ihr englisches „Erbe“...

**IN KÜRZE...**

**1** Nach langer und anstrengender Reise erreichten die Pilger endlich ihr Ziel. **2** Verstehst du, was vor sich geht? **3** Füße runter, du bist zu schmutzig! **4** Wenn Sie den Kürbis ausgehöhlt haben, stellen Sie eine Kerze hinein und zünden Sie sie an; das macht Angst! **5** Die Feuerwehr-Kaserne setzt die Fahne auf Halbmast, wenn ein Feuerwehrmann stirbt. **6** Heute abend werde ich mich als Hexe oder als Gespenst verkleiden.

## A Five-day Trip to Hawaii

### Part one

**1** — Aloha! My name's Joanne Lee Niuiki. Let me welcome you to our beautiful islands. You'll find out that the natural environment is warm, inviting and endlessly beautiful. The people maintain their unique quality of welcome, which has become world-famous as the *Spirit of Aloha.* **(1) (2)**

**2** Joanne Lee, like many of her fellow natives, is a warm, welcoming character. With her golden-brown complexion and her colorful clothing, her ever-smiling, slightly slanted eyes, couldn't she be anything but very, very Hawaiian? **(3)**

**3** As soon as we left the airport, we were confronted with the strange Hawaiian language. We drove through Kalakaua Avenue, went past the Ala Wai Golf Course, and were greeted at the Kapahula Hotel with a cheerful *Hauoli Makahiki Hou!* Hawaii's state motto is *Ua Mau Ke Ea O Ka Aina I Ka Pono,* or "the life of the land is perpetuated in righteousness". **(4) (5)**

**4** Enjoying a sunny, semi-tropical climate in the midst of winter, if only for a few days, was a relief for us Minneapolitans. The climate is delightfully warm, thanks to the tradewinds that provide the "air-conditioning" that freshens the day-to-day weather in the islands. Except for a few high-located areas, it is said that the reports on Hawaii's weather are always dull, since it is constantly pleasant… **(6) (7)**

**5** Joanne Lee told us the many legends and realities about the creation of the islands. It started more than twenty million years ago, when gigantic volcanoes emerged from the depths of the Pacific Ocean, the rain and ocean eventually molding the harsh lava into warm soil and sparkling sand. **(8)**

# HAWAII

## *Eine Fünf-Tagereise nach Hawaii*

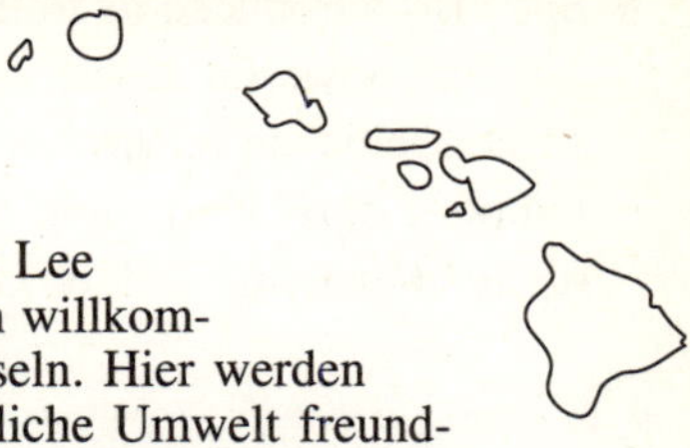

### Erster Teil

1 — Aloha! Ich heiße Joanne Lee Niuiki. Ich heiße Sie herzlich willkommen auf unseren schönen Inseln. Hier werden Sie entdecken, daß die natürliche Umwelt freundlich, reizvoll und von einer nie versiegenden Schönheit ist. Die Einwohner zeigen immer eine unvergleichliche, gleichbleibende Gastfreundschaft, die in der ganzen Welt als *Spirit of Aloha* (Geist von Aloha) bekannt ist.

2 Joanne Lee, wie viele ihrer Landsleute, ist eine herzliche, freundliche Person. Mit ihrer dunklen Haut, ihrer bunten Kleidung, ihren immer lachenden, leicht geschlitzten Augen, könnte sie da etwas anderes als eine Hawaiianerin sein?

3 Sofort nach dem Verlassen des Flughafens wurden wir mit der merkwürdigen Sprache Hawaiis konfrontiert: wir sind durch die Kalakaua Avenue gegangen, am Golfplatz Ala Wai entlang, und wurden im Hotel Kapahula von einem freundlichen *Hauoli Makahiki Hou* empfangen! Die Devise des Staates Hawaii ist *Ua Mau Ke Ea O Ka Aina I Ka Pono,* was „das Leben des Landes besteht fort in der Tugend" heißt.

4 Das halbtropische, sonnige Wetter mitten im Winter zu genießen, wenn auch nur für ein paar Tage, war ein Vergnügen für uns aus Minneapolis. Das Wetter ist wunderbar angenehm, dank der Passatwinde, eine natürliche Klimaanlage, die jeden Tag die Inseln kühlt. Außer von ein paar hoch gelegenen Gebieten, sagt man, daß die Wetterberichte von Hawaii immer langweilig sind, da das Wetter konstant schön ist.

5 Joanne Lee hat uns viele Legenden und wahre Geschichten über die Entstehung der Inseln erzählt. Am Anfang, vor mehr als zwanzig Millionen Jahren, tauchten aus den Tiefen des Ozeans riesige Vulkane auf. Der Regen und der Ozean verwandelten die harte Lava nach und nach in fruchtbare Erde und glitzernden Sand.

**6** She also introduced us to the colorful history of her ancestors: the powerful kings, the numerous deities, the natives' strict obedience to the laws of *kapu,* the missionaries' attempt at christianization, the decimation by diseases and the final blending with other cultures. **(9) (10) (11) (12)**

**1** *Aloha* (alo-oo-ha ausgesprochen): Guten Tag, Auf Wiedersehn, Willkommen, Grüß dich. Der ursprüngliche Sinn dieses Wortes bedeutet Zuneigung und Interesse für den Anderen.

**2** Joanna Lee Niuiki – Joanne: amerikanischen Ursprungs – Lee: chinesischen Ursprungs – Niuiki: polynesischen Ursprungs. Das hawaiische Volk ist nicht nur ein Rassengemisch, sondern eine Verschmelzung von Rassen und Kulturen. Die weißen Neuankömmlinge mal ausgenommen, trifft man in Hawaii eine unendliche Vielfalt von Hautfarben an, die durch Mischehen zwischen den verschiedenen Rassen entstanden sind, und dies seit der Entdeckung des Archipels im achtzehnten Jahrhundert. Außer Europäern waren die ersten Einwanderer die Chinesen, die wegen des Zuckerrohranbaus kamen.

**3** Die Stoffe für die Kleiderherstellung sind sehr bunt. Die Hawaiianer tragen gerne Hemden *(aloha shirt),* die mit großen, bunten Blumen bedruckt sind und die Hawaiianerinnen lange, bedruckte Baumwollkleider *(mummu);* dies ist auf die Zeit der Missionare zurückzuführen, wo die Frauen gezwungen waren, Kleider zu tragen, um in den Augen der Missionare anständig auszusehen. Die Lendenschurze, die die Hawaiianerinnen vorher trugen, wurden

6 Sie hat uns auch in die pittoreske Geschichte ihrer Vorfahren eingeführt: die mächtigen Könige, die zahlreichen Gottheiten, der strikte Gehorsam der Eingeborenen den Kapu-Gesetzen gegenüber, die Bemühungen der Missionare zu christianisieren, die Dezimierung durch Krankheiten und das „endgültige Vermischen" mit anderen Kulturen.

mit Farben, die man aus Früchten, Beeren oder Rinden gewann, eingefärbt.

**4** Die hawaiische Sprache war eine gesprochene Sprache. Musik und Tanz waren mehr als nur Vergnügen. Gedichte, als Lieder vorgetragen, erzählten die Geschichte Hawaiis. Jedes Wort, jeder Vers, jede Bewegung diente dazu, ein Ereignis aus der Vergangenheit in Erinnerung zu rufen oder die Größe der Häuptlinge zu rühmen. Die Sprache bestand aus fünf Selbstlauten und sieben Mitlauten, woraus eine sehr melodiöse Verbindung entsteht. Die ersten Missionare haben diese Sprache in die Lautschrift übertragen. Obwohl sie nur noch von einigen Stämmen gesprochen wird, ist die hawaiische Sprache doch überall gegenwärtig: Straßennamen *(Kalakaua),* Vulkannamen *(Mauna Loa),* Städtenamen *(Honolulu),* Familiennamen *(Kamehameka),* Eßwaren (*poi* = Tarowurzel, *luau* = Schwein), Gegenstände (*imu* = Ofen) usw. Von dieser melodiösen Sprache, die ein Zeichen für ein glückliches und herzliches Volk ist, haben die Hawaiianer einen leicht schleppenden, singenden Akzent behalten.

**5** *Hauoli Makahiki Hou:* Gutes, neues Jahr! Noch eine weitere Übung, hier z. B. „Fröhliche Weihnachten!": *Mele Kalikimaka* (meh-leh-ka-li-ki-ma-ka).

**6** Die Hawaiianer könnten rufen: „Oh nein! Bitte nicht schon wieder einen schönen Tag!" Tatsächlich ist das Wetter das ganze Jahr über mild und gemäßigt durch die Passatwinde. Die Temperaturunterschiede betragen im Durchschnitt 4 °C zwischen Sommer und Winter in Honolulu. Im Winter variiert die Temperatur zwischen 20 und 25 °C und im Sommer zwischen 25 und 30 °C. Es gibt jedoch Orte, wo die Temperaturen im Winter niedriger sind, besonders auf der großen Insel Hawaii, wo es Vulkane bis zu 4 000 m gibt (Mauna Kea und Maana Coa). Fast jedes Jahr schneit es auf diesen Gipfeln: man kann am Morgen Skifahren und am Nachmittag surfen!

**7** Minneapolis liegt im Staat Minnesota, wo im Winter die niedrigsten Temperaturen (außer Alaska) der Vereinigten Staaten herrschen.

**8** Die Legende erzählt, daß der Halbgott Maui die Inseln erschuf, als er sie mit seinem Angelhaken eines Tages aus der Tiefe des Ozeans zog. Es war ebenfalls der leichtsinnige Maui, der die Sonne einfing und sie dazu zwang, sich langsamer zu drehen, um den Hawaiianern mehr Zeit zum Fischen und zum Anbau der Tarowurzel zu lassen.
Eine andere Legende sagt, daß der riesige Krater des Vulkans Kilauca die Wohnstätte der Frau Pele, der Feuergöttin Hawaiis, wäre.

**9** Und die Legende erzählt weiter, daß der König von den Göttern erwählt wurde. Der König Kamehameha der Erste ist der bekannteste unter ihnen, denn er hat all die Inseln zu einem Königreich vereinigt. Das hawaiische Volk, das von

Natur aus abergläubisch ist und an viele Götter glaubt, konnte die Gesetze, die tabu *(kapu)* waren und das tägliche Leben bestimmten, leichter ertragen. Am Anfang des neunzehnten Jahrhunderts, als die ersten Einwanderer kamen, verschärfte Kamehameha diese Gesetze, „um sein Volk vor den Versuchungen von außen zu bewahren“.

**10** In jedem Haus gab es viele Götterbilder und zahlreiche religiöse Handlungen, die von den Häuptlingen ausgeführt wurden, bestätigten die Gegenwart und die ständige Macht des Übernatürlichen. Obwohl diese Praktiken offiziell verschwunden sind, befragen doch noch viele Eingeborene, wenn sie Probleme haben, ihren *witch doctor* (Zauberer).

**11** Der Kapitän James Cook entdecke 1778 den Archipel. Am Anfang des neunzehnten Jahrhunderts landete auf den Inseln eine Gruppe sittenstrenger Missionare aus Neuengland, um „dieses wilde Volk zu christianisieren“ und zu „erziehen“. Diese Mission gelang ihnen, aber die Ankunft der Weißen, nach Jahrhunderten der Isolierung von der übrigen Welt, brachte dem Volk, das von Krankheiten schon stark dezimiert war, dramatische und nicht mehr rückgängig zu machende Veränderungen.

**12** Der Begriff, für Arbeit bezahlt zu werden, war den Hawaiianern unbekannt.Für den Anbau des Zuckerrohrs mußte man ausländische (asiatische) Arbeiter ins Land rufen. Nach einem Fünfjahresvertrag stand es ihnen frei, in ihr Land zurückzukehren; aber viele Arbeiter zogen es vor, zu bleiben, zu heiraten und sich endgültig in ihrer neuen Heimat niederzulassen.

# HAWAII

**IN SHORT…**

**1** She had a white complexion, her eyes were slightly slanted and she wore a colorful dress. **2** Our guide greeted us with a warm *Aloha.* **3** It seems strange to pack a bathing suit in the midst of winter. **4** Missionaries were a group of austere people driven by the hope of educating people. **5** King Kamehameha was a young warrior when Cook arrived in the islands. **6** The natives had been decimated by disease.

A young girl met an old pirate when vacationing in Hawaii. He was sitting on a bench facing the Ocean. She sat by him, amazed by the old man's look. After what seemed to her a long silent moment, she couldn't keep quiet any more and asked:

– Could you tell me what happened to your leg?
– My wooden leg? Well, I got hit by a bullet during a battle and lost it.
– What about your hand?
– A sword cut it off in a close fight. It was replaced by this hook.
– And your glass eye, another fight, I suppose?
– Oh no… I was wandering on the beach on a windy day and got some sand in it, so I wiped it off with my hand…

These are five commandments:
The happy Hawaiian visitor
1. takes the sun in small doses
2. swims where it is safe
3. takes good care of personal valuables
4. puts litter where it belongs
5. learns what Aloha means and takes it home.

Aloha!

**IN KÜRZE…**

**1** Sie hatte einen hellen Teint, leicht geschlitzte Augen und trug ein buntes Kleid. **2** Unser Führer begrüßte uns mit einem freundlichen Aloha. **3** Es ist ziemlich ungewöhnlich, im Winter einen Badeanzug in den Koffer zu packen. **4** Die Missionare waren eine Gruppe sittenstrenger Personen, von der Hoffnung getrieben, das Volk zu erziehen. **5** Der König Kamehameha war ein junger Krieger zu der Zeit, als Cook auf die Inseln kam. **6** Die Eingeboreren waren durch Krankheit dezimiert worden.

# HAWAII

**Part two**

**1** Because of the short length of our stay, we could only visit three of the islands. **(1) (2)**

**2** Oahu, of course, was our first target. Even though we had avoided Honolulu, we couldn't overlook a visit to Pearl Harbor: we were moved by the U.S.S. Arizona Memorial. **(3) (4)**

**3** We then headed for Diamond Head, where we appreciated both the stunning view and the skill and agility of the surfers down below. **(5) (6)**

**4** Our day ended at Pali Hi, where Joanne Lee told us, half-joking, half-serious, the following story:

**5** Upset by her infidelity, a king tried to throw his wife over the cliff; but being so fierce, the wind had thrown her back in his arms. Being magnanimous (or simply afraid of the omen!), the king decided to keep his wife… **(7)**

**6** The next days we took several planes to go to Maui, then Hawaii, the Big Island. In Maui we drove the zig-zagging road down to Seven Pools. There, despite the rain, we swam in the cool ponds. **(8)**

**7** At night we were invited by Joanne Lee's family: How surprised we were to find out the whole village had gathered for a *Luau* on our behalf! **(9) (10)**

**8** As we were eating, we watched hula dancers moving to the soft ukulele music. We even joined them and had a try at hula dancing. Exhausting experience! **(11)**

**9** In Hawaii, the Big Island, we spent our day touring the volcanic site. The sulphureous smell is everywhere; but the sight is out of this world:

**10** Imagine the world after a nuclear war… A rocky desert dotted with gushes and spurts of fumes. **(12)**

**Zweiter Teil**

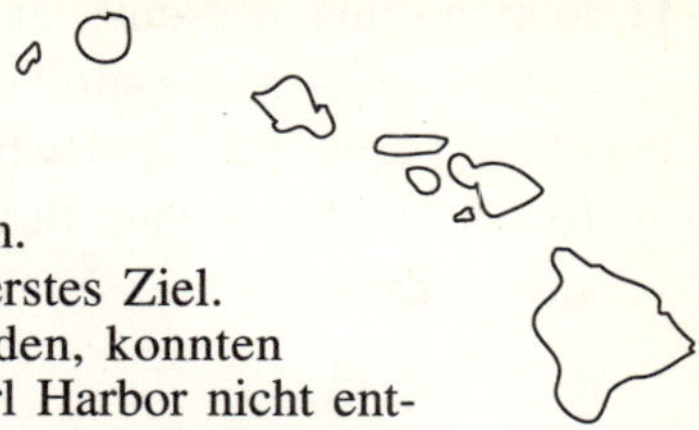

1 Da unser Aufenthalt nur kurz war, konnten wir nur drei von den Inseln besuchen.

2 Oahu war natürlich unser erstes Ziel. Obwohl wir Honolulu mieden, konnten wir einem Besuch von Pearl Harbor nicht entgehen: wir waren von der U.S.S. Arizona Totengedenkstätte sehr ergriffen.

3 Dann sind wir nach Diamond Head gefahren, wo wir die einmalige Aussicht und die Geschicklichkeit und Gelenkigkeit der Surfer unter uns bewunderten.

4 Unser Tag endete in Pali Hi, wo Joanne Lee uns halb scherzend, halb im Ernst, die folgende Geschichte erzählte:

5 Ein König, der heftig über die Untreue seiner Frau erzürnt war, versuchte, sie von einem hohen Felsen zu stürzen; aber der Wind war so stark, daß er sie zurück in seine Arme warf. Er war edelmütig (oder ganz einfach nur entsetzt über dieses Zeichen) und beschloß, sie zu behalten…

6 In den nächsten Tagen benutzten wir mehrmals das Flugzeug, um nach Maui und nach Hawaii, der Großen Insel, zu gelangen. In Maui fuhren wir die kurvenreiche Straße hinunter nach Seven Pools. Dort haben wir, trotz des Regens, im kalten Schwimmbecken gebadet.

7 Am Abend waren wir zu Joanne Lees Familie eingeladen. Welch eine Überraschung, als wir entdeckten, daß sich das ganze Dorf, uns zu Ehren, zu einem *Luau* versammelt hatte!

8 Während des Essens sahen wir den Hula-Tänzern zu, die sich zu den Rhythmen der lieblichen Musik der Ukulele bewegten. Wir haben sogar versucht, mit ihnen den Hula zu tanzen. Eine anstrengende Angelegenheit!

9 In Hawaii, der Großen Insel, verbrachten wir den Tag auf dem Vulkangelände. Der Schwefelgeruch ist überall, aber die Aussicht ist einmalig:

10 Stellen Sie sich die Erde nach einem Atomkrieg vor… Eine Steinwüste, übersät von Stellen, aus denen Dämpfe herausbrechen.

**11** Leaving this awesome landscape, we drove down to the shore to enjoy a nice stroll on the black-sand beach. **(13)**

**12** Mark Twain was right when he described the Hawaiian Islands as "the loveliest fleet of islands that lies anchored in any ocean".

**1** Hawaii ist das bevorzugte Urlaubsziel der Amerikaner, besonders im Winter.
Die Amerikaner haben wenig Urlaub: im Durchschnitt zwei Wochen im Jahr. Man bietet ihnen eine große Vielfalt von Gruppenreisen zu vernünftigen Preisen an. In den Sonntagsausgaben der Zeitungen stehen seitenlang Angebote der Reiseagenturen, die sich gegenseitig im Preis und mit sonstigen Extras unterbieten. Diese Anzeigen ziehen besonders die Leute der Mittelklasse an (von dreißig bis siebzig, die Jungen ziehen es mehr und mehr vor, allein zu reisen).

**2** Hawaii ist ein Archipel, der aus fünfzehn Inseln besteht. Nur acht davon sind bewohnt. Fünf werden regelmäßig von Touristen besucht: Kauai, Oahu, Molokai, Maui und Hawaii.

**3** Oahu, auf der sich die Hauptstadt Honolulu befindet, ist die internationalste Insel. Waikiki, der Strand von Honolulu ist sehr bekannt: es ist die Gegend der Inselgruppe mit den meïsten Touristen. Trotz seiner breiten, mit Palmen gesäumten Avenuen unterscheidet sich Honolulu kaum von anderen amerikanischen Hauptstädten.

**4** Pearl Harbor bleibt ein großer Militärhafen, in dem sich

**11** Nachdem wir diese eindrucksvolle Landschaft verlassen hatten, sind wir zur Küste hinabgegangen, um am Strand einen Spaziergang im schwarzen Sand zu machen.

**12** Mark Twain hatte recht, als er von den Hawaii-Inseln sagte, daß sie die charmanteste Inselflotte seien, die jemals im Ozean vor Anker gegangen sei.

Zerstörer und kleine Touristenboote begegnen.
Beim Angriff auf Pearl Harbor 1941 wurde ein Großteil der amerikanischen Flotte zerstört. Die U.S.S. Arizona war am meisten betroffen, denn sie sank in weniger als neun Minuten und riß 1 100 Marinesoldaten mit sich in die Tiefe. Die Leichname dieser Männer ruhen immer noch im Schiffswrack, es ist der größte Meeresfriedhof der Welt. Über dem Wrack hat man ein Denkmal für die Toten errichtet. Jeden Tag findet eine Gedenkfeier statt.

**5** Diamond Head ist ein erloschener Vulkan, dessen Felswände ins Meer hinausragen und eine herrliche Aussicht bieten. Viele routinierte Surfer fahren am Vulkan entlang, um sich ihrem Lieblingssport hinzugeben. Die Wellen können an dieser Stelle 20 bis 30 Meter Höhe erreichen.

**6** Das Surfen war, lange bevor es nach Europa kam, das beliebteste Vergnügen der Hawaiianer. Mark Twain beschrieb 1866 diese Szene: „Nackte Eingeborene, Weiblein und Männlein jeden Alters, paddelten mit ihren Armen auf einer Art Brett zur See hinaus, sie warteten auf einen günstigen Augenblick und schossen dann mit Bombengeschwindigkeit los“.

**7** *Pali Hi: Pali* bedeutet Felsenküste. Die Hawaiianer lechzen nach Legenden und Anekdoten. Die *Kapu*-Gesetze erlaubten die Mißhandlung der Frau. Sie hatte keinerlei Recht, konnte sich nicht ordentlich ernähren (viele Lebensmittel waren heilig, also den Männern vorbehalten) und war während der Dauer von religiösen Festlichkeiten zuhause eingesperrt. Aus diesem Grunde waren die Frauen von Anfang an von der Ankunft der Weißen und Asiaten begeistert: mit ihnen zu verkehren und vor allem, sich mit ihnen zu verheiraten, war ein Schritt der Freiheit entgegen…

**8** Maui: manche Gegenden des Archipels sind feuchter als die anderen, daher die unterschiedliche Flora. Dies ist der Fall in der südlichen Gegend von Maui. Die Küstenstraße überragen Hänge mit üppiger Vegetation, und viele Wasserfälle folgen dem unebenen Verlauf der Klippen, die sich der Straße entlang ziehen. *Ohe'O stream seven pools:* die sieben Becken (oder Teiche). Es handelt sich hier um einen Wasserfall, der in Stufen endet. Jede der sieben Stufen ist ein Kaltwasserbecken. Eine Legende (noch eine!) berichtet, daß die Mutter des Halbgottes Maui immer hier, im klaren Wasser dieser Becken, ihre Wäsche wusch und bleichte.

**9** Die Hawaiianer sind sehr gastfreundliche Menschen. Dies ist eine von ihren Vorfahren geerbte Sitte: durch die *Ohana* (die Großfamilie) war der Geist der *Aloha* (Zuneigung und Interesse für seinen Nächsten) und von *Kohua* (die immer hilfsbereite Hand) allgegenwärtig. Die Familie beschränkt sich nicht auf den uns bekannten Kreis. Sie umfaßt alle Mitglieder eines selben Dorfes, selbst eines Stammes.

**10** Der *Luau* ist der Anlaß für alle Familienmitglieder, sich zusammenzufinden und zu unterhalten. Die Polynesier genießen das Leben und vergnügen sich, sobald sich eine Gelegenheit bietet. Der *Luau* ist eine Art polynesisches Grillfest. Das ganze Dorf versammelt sich, um ein Schwein *(luau)* zu verzehren, welches zuvor in einem in der Erde gegrabenen Ofen *(imu)* gebraten wurde.

**11** Die jungen Frauen tanzen den *Hula* (dem Bauchtanz sehr ähnlich), und die jungen Männer steigen barfuß auf die Kokospalmen oder begleiten die Tänzerinnen mit ihren Trommeln und ihren *Ukulelen* (kleine viersaitige Gitarre). Anläßlich dieser großen Feste veranstalten die Hawaiianer Spiele, an denen alle teilnehmen: Speerwerfen, Kegeln…

**12** Hawaii, die „Große Insel", gab dem Archipel ihren Namen. Auf Hawaii sind die Vulkane immer noch tätig: der Kilauea ist einer der aktivsten der Welt, so meint Haroun Tazieff, der französische Vulkanforscher. In der gesamten vulkanischen Zone existiert praktisch keine Pflanzenwelt, und ein anhaltender Geruch nach faulen Eiern macht die Luft unerträglich. Die Lava-Flüsse des Vulkans Kilauea verbreitern ständig die Küstenfläche (zehn Hektar in fünf Jahren).

**13** Die Schwarzsand-Strände entstanden aus der heißen Lava, die im Kontakt mit dem kalten Wasser des Ozeans explodierte. Trotz ihrer Farbe sind diese Strände genauso sauber wie die weißen Sandstrände!

# HAWAII

**IN SHORT...**

**1** Honolulu is modern, with its soaring structures and broad thoroughfares. **2** The Memorial, above the sunken battleship, is a tribute to American fighting men. **3** "I tried surf-bathing once", Mark Twain wrote, "but made a failure of it". **4** The hula is the "heartbeat" of the Hawaiians. **5** There are three ways to eat in Hawaii: with forks, chopsticks or fingers. **6** Walking on a black-sand beach doesn't get your feet dirty!

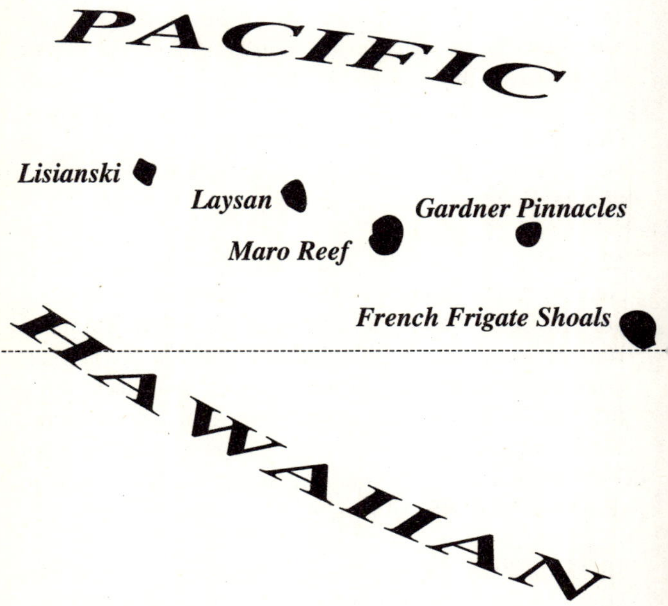

**IN KÜRZE…**

**1** Honolulu mit seinen hohen Bauten und breiten Avenuen ist eine moderne Stadt. **2** Das Gefallenen-Denkmal über dem Wrack ist ein Tribut an die amerikanischen Kämpfer. **3** „Ich versuchte einmal zu surfen", schrieb Mark Twain, „aber es war ein Mißerfolg". **4** Der Hula ist das „Herzklopfen" der Hawaiianer. **5** Es gibt drei Arten zu essen auf Hawaii: mit einer Gabel, mit Stäbchen oder mit den Fingern. **6** Auf einem Schwarzsand-Strand zu laufen macht Ihre Füße nicht schmutzig!

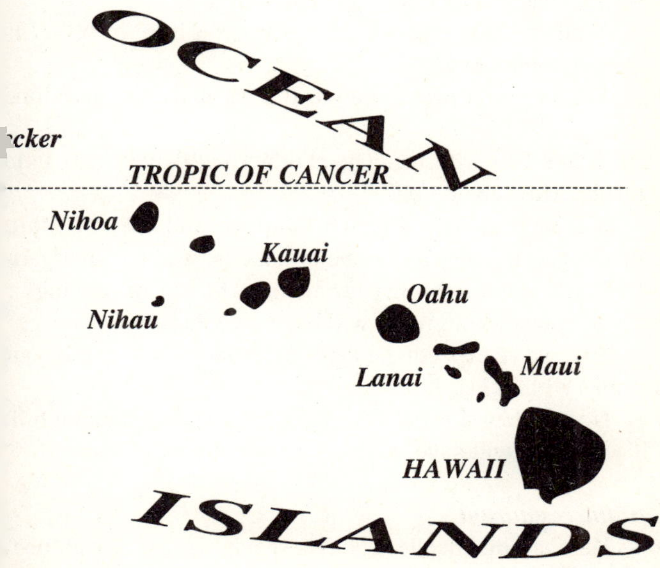

## Restaurants and Meals

**1** — You're a party of how many?
— We're eight.
— Do you want smoking or non-smoking?
— Smoking section, please.

**2** — There'll be a twenty-minute wait. Would you folks like to have a drink in the cocktail lounge while you wait? I'll call you when your table's ready.

**3** — That sounds good. What d'you think, you guys? Are the kids allowed?
— We'll make an exception for you.

### *At the cocktail lounge*

**4** — So what will it be for you folks tonight?
— Well, we don't know… What do you have to offer? Is there anything exotic?

**5** — I'll fix you a mean mai-tai. It's basically rum and lime juice.
— That's fine with me. The children will have Coke, hold the ice. How about you?

**6** — I'll have a frozen peach daiquiri, and so will Matt. Fred's parking the car, but he told me he wanted a margarita. Could you also bring us some munchies? I'm starving!

**7** — Of course. Your order will be ready in a jiffy.
— Say, we're expecting a table. Will we be able to take our drinks with us?

**8** — No problem. I'll put your bar tab on your restaurant bill. The hostess will page you as soon as your table is ready.

### *At the restaurant*

**9** — Here are the menus. Today's special is two boiled lobsters served with fresh vegetables. As a starter you might want a Butterfly shrimp salad.

### *Restaurants und Mahlzeiten*

1 — Wieviele Personen sind Sie?
— Wir sind acht.
— Wollen Sie Raucher oder Nichtraucher?
— Raucher, bitte.

2 — Sie müssen zwanzig Minuten warten. Wollen Sie inzwischen an der Bar etwas trinken? Ich rufe Sie, sobald Ihr Tisch bereit ist.

3 — Einverstanden. Leute, was haltet Ihr davon? Kann man die Kinder mitnehmen?
— Wir werden für Sie eine Ausnahme machen.

***An der Bar***

4 — Was darf es für Sie sein, heute abend.
— Wir wissen noch nicht... Was können Sie uns bieten? Haben Sie etwas Exotisches?

5 — Ich werde Ihnen einen tollen Mai-Tai mixen. Das ist mit Rhum und Saft aus grünen Zitronen.
— Das ist sehr gut für mich. Die Kinder nehmen Cola ohne Eis. Und Ihr?

6 — Für mich einen Daiquiri glacé mit Pfirsich und das selbe für Matt. Fred parkt den Wagen, aber er sagte mir, er wolle eine „Margarita". Könnten Sie uns auch einige Häppchen servieren? Ich sterbe vor Hunger!

7 — Aber sicher, Ihre Bestellung ist im Nu fertig.
— Sagen Sie, wir warten auf einen Tisch. Können wir unsere Gläser mitnehmen?

8 — Aber natürlich. Ich werde die Rechnung an der Theke auf die Rechnung des Restaurants übertragen.

***Im Restaurant***

9 — Hier die Karte. Das Gericht des Tages sind zwei Hummer mit frischem Gemüse. Als Vorspeise können Sie den „Schmetterlings-Salat" mit Krabben nehmen.

10 Are you ready to order now or do you want me to come back later? I'll get you some water and an ashtray right away.

11 — The lobster special really makes my mouth water. I guess I'll have it along with the salad. What about you, Joan?

12 — I'll give it a whirl too. I never had lobster before. Both our husbands will take the T-bone steak, very rare.

13 — The T-bone steak comes with either baked, hashbrown or mashed potatoes. The salad dressings are French, Italian, Thousand Islands or Blue Cheese.

14 — We'd rather have just plain oil and vinegar dressing. Is that possible?

— Italian dressing is close to it.

15 — We'll also have baked potatoes with sour cream and butter. The kids will all take your children's Blue Plate special. To drink we'll get coffee, and milk for the children.

16 — Shall I take your dessert order now?

— The kids have a sweet tooth, so they each chose a banana split and us, adults, we all are tempted by your pecan pie.

17 —Will that be all? Shall I put this on one check?

— No. We'd like separate checks.

Obwohl Rindfleisch, Kartoffeln, grüner Salat und Apfelkuchen immer noch die Hauptbestandteile der traditionellen amerikanischen Mahlzeit sind, werden doch immer mehr verschiedene Zutaten aus allen Teilen der Welt bei der Zusammensetzung der Mahlzeiten verwendet.
Italienische, mexikanische, japanische und chinesische Restaurants haben ihre Spezialitäten dem unruhigen Leben der Amerikaner angepaßt und bieten preisgünstige Schnell-

**10** Wollen Sie jetzt bestellen oder soll ich später kommen? Ich hole Ihnen gleich Wasser und einen Aschenbecher.

**11** — Der Hummer läßt mir das Wasser im Mund zusammenlaufen. Ich glaube, das werde ich nehmen, zusammen mit einem Salat. Und du, Joan?

**12** — Ich will es auch versuchen. Ich habe noch nie Hummer gegessen. Unsere beiden Männer nehmen das „T-bone-Steak", kurz angebraten.

**13** — Das T-bone-Steak hat als Beilage im Ofen gegarte Kartoffeln oder *hashbrown* oder Kartoffelbrei. Der Salat wird „französisch", „italienisch", „Thousand Islands" oder „Blue Cheese" angerichtet.

**14** — Wir möchten lieber eine Salatsoße mit Essig und Öl, ist das möglich?
— Das ist praktisch die italienische Art.

**15** — Wir nehmen auch Ofenkartoffeln mit Sauerrahm und Butter. Die Kinder nehmen alle Ihr Kindermenü. Als Getränk möchten wir Kaffee, und Milch für die Kinder.

**16** — Wollen Sie die Nachspeisen sofort bestellen?
— Die Kinder sind Leckermäuler, sie wählten alle ein Banana-Split. Uns, die Erwachsenen, lockt Ihre Pekannußtorte.

**17** — Wäre das alles? Soll alles auf dieselbe Rechnung gehen?
— Nein, wir wollen lieber getrennt bezahlen.

Mahlzeiten an, in den meisten Fällen zum Mitnehmen.
Auch die französische Küche ist gut vertreten, bleibt aber eine Exklusivität – ausgenommen einige „Croissanteries" (Hörnchenbäckereien) und einige renommierte Restaurants, die aber teuer sind.
Es ist undenkbar für jeden, der die Vereinigten Staaten besucht, das ausgezeichnete Rindfleisch nicht zu versuchen. Dieses Rindfleisch kommt aus den riesigen Ranchs, die

von den ersten Pionieren in den West-Staaten eingerichtet wurden. Es wird nicht auf die gleiche Weise wie in Deutschland geschnitten. Die Fleischteile sind also anders, und es beklagt sich niemand darüber…

**Die verschiedenen Mahlzeiten**

*Breakfast:* reichhaltige Mahlzeit, die die Amerikaner sowohl zu Hause als auch in den zahlreichen *diners* oder *coffee shops* einnehmen. Die *diners* waren ursprünglich alte Speisewagen *(dining-cars),* die man in Restaurants umgewandelt hatte. Leider sehen heute viele ihren Vorgängern nicht mehr ähnlich, hingegen sind sie weiterhin sehr geschätzt wegen ihrer ausgezeichneten billigen Mahlzeiten. Die *coffee shops* sind, wie ihr Name sagt, Lokale, in denen man Kaffee reicht. Man kann einfache Mahlzeiten oder Kuchen verzehren.

Aber woraus besteht ein solches Frühstück?

• Orangensaft (selten frisch!): unentbehrlicher Bestandteil jedes amerikanischen Frühstücks.
• Kaffee: Die Amerikaner trinken den ganzen Tag über Kaffee ohne großen Schaden für ihre Gesundheit, da er sehr schwach ist. *Coffee with cream:* Milchkaffe. In den meisten Fällen kann man sich die Kaffeetasse immer wieder nachfüllen lassen – dies ist die bekannte *bottomless cup,* die fast alle *coffee shops* anbieten.
• Milch: allgegenwärtig, die Milch ist das Hauptgetränk der Kinder aber auch vieler Erwachsener. *Skim-milk:* Magermilch.
Im Gegensatz zu den Engländern sind die Amerikaner keine großen Tee-Liebhaber.

• *Cereals:* eine große Auswahl an Getreideflocken und Müslis füllt die Regale der Supermärkte. Alle Familienmitglieder essen sie zu Hause zum Frühstück.
• *Eggs: fried* (Spiegeleier) – man muß angeben, ob man sie *sunny-side-up* (Eigelb oben) oder *over-easy* (auf beiden Seiten angebraten) wünscht. *Scrambled* (Rührei). *Hard-boiled* (harte Eier). *Soft-boiled* (weiche Eier). *Omelette* (als Omelette).
• *French toast:* Scheibe ungeröstetes Toast-Brot in eine Mischung von Milch und geschlagenem Ei getaucht und in der Pfanne gebraten. Wird mit Ahorn-Sirup gereicht.
• *Rolls: Cinnamon roll* (süßes Brötchen mit Zimt gewürzt). *Danish roll* (Brötchen mit Zuckerguß). *Bagels* (kleine Brotkränzchen, gesalzen – hiervon gibt es viele Arten: mit Zwiebeln, mit Mohn, mit Knoblauch...).
• *Doughnuts* (Krapfen, Fettgebäck): oft mit Marmelade oder Schokoladencreme gefüllt *(bismarcks).*
• *Pancakes* oder *Flapjacks:* kleine, dicke Pfannkuchen, beträufelt mit Ahorn-Sirup *(maple syrup).*
• *Waffle* oder *English muffin:* warmes, aufgeschnittenes Brötchen, das man mit Butter bestreicht.

*Hashbrown potatoes:* fein geschnittene Kartoffeln in der Pfanne mit Zwiebeln gebraten, Bratkartoffeln.
*Sausage:* Wurst (im allgemeinen sehr fett).
*Ham:* Der *Virginia Ham* ist der beste.
*Grits:* eine Art Maisgrießbrei, der meistens mit Salz und Butter gereicht wird. Eine Spezialität des Südens.

Die Amerikaner frühstücken gern außerhalb. Das *breakfast* ist eine regelrechte Mahlzeit, Geschäftsleute laden oft ihre Kunden zu *working breakfasts* ein, die in privaten Klubs oder in großen Hotels stattfinden. Die Einrichtung des „Geschäftsfrühstücks" ist so beliebt, daß manche Wallstreetmagnaten gleich zwei pro Tag einplanen, eines nach dem anderen, mit verschiedenen Kunden!

***Lunch:*** eine leichte und schnelle Mahlzeit.
Die für das Mittagessen vorgesehene Zeit ist kurz: höchstens eine halbe Stunde. Leute, die arbeiten, nehmen ihr Mittagessen in *lunchbags* mit zur Arbeit. Es besteht meistens aus einem Sandwich, etwas Obst und einem Getränk. Wer nichts dabei hat, findet fast überall Restaurants oder Imbißbuden oder auch die berühmt-berüchtigten *fast food-restaurants.*
Der *lunch* spiegelt das amerikanische Stadtleben wider. Die *drive-ins* servieren Ihnen eine Mahlzeit, die Sie in Ihrem Auto verzehren (sie wird über eine Sprechanlage bestellt und durch das Autofenster gereicht).
Die Vielfalt der in diesen verschiedenen Arten von Restaurants angebotenen Mahlzeiten ist erstaunlich. Sie werden immer und überall mit einem Glas gekühlten Wassers gereicht.

Und nun zu einem anderen wichtigen Bestandteil der nordamerikanischen Ernährung… Wir verdanken ihn dem getreuen Koch eines gewissen John Montagu, dem vierten Grafen von Sandwich: er erfand diese Art Mahlzeit, damit sein Herr und und Arbeitgeber nicht vom Spieltisch aufzustehen brauchte.
Sprechen wir nicht von den *hamburgers* und anderen *burgers,* die ja jetzt sogar in Europa jedes Kind schon im Vorschulalter kennt. Ein anderer Klassiker ist das *peanut butter and jelly sandwich,* das groß und klein glücklich

macht. Es wird daheim zu jeder Tages- und Nachtzeit gegessen. Die Erdnußbutter ist besonders bei den Vegetariern für ihren Proteingehalt hochgeschätzt. Ein paar andere Beispiele aus dem schier unerschöpflichen Arsenal: *Tunafish sandwich:* Thunfischsandwich. *BLT – Bacon Lettuce and Tomato sandwich. Lox and bagel:* jüdische Spezialität (ein kranzförmiges, mit Lachs belegtes Brötchen). *Reuben:* warmes Sandwich, es besteht aus: *pastrami, Swiss cheese, sauerkraut (!)* und *pumpernickel. Submarine:* der Name kommt von seiner Form; man kann alles Mögliche drauftun. Die *deli sandwiches* sind wirklich ausgezeichnet: Scheiben auf Landbrot, die, übereinander geschichtet, zwischen den Etagen Truthahnfleisch, Roastbeef, Gürkchen usw. enthalten. *Last but not least* das berühmte *club sandwich.* Wie Sie sehen, *sandwiches* können durchaus abwechslungsreich sein!

*Blue Plate Special:* eine Art „gemischte Platte“ für das Mittagessen der Geschäftsleute. Schnell und preiswert.

Ein Mittagessen auf amerikanische Art besteht, sowohl im Restaurant als auch zu Hause, aus zwei Elementen: *soup and salad* oder *soup and sandwich...*

***Dinner:*** dies ist die Hauptmahlzeit des Tages, im allgemeinen kommt die Familie zum Abendessen, das gegen 18 Uhr stattfindet, zusammen.

Es ist unmöglich, alle Gerichte ausländischer Herkunft, die in den Vereinigten Staaten gegessen werden, aufzuzählen . Wir werden uns also auf die herkömmlichen nordamerikanischen Spezialitäten beschränken.

Nur für die mexikanischen Spezialitäten, die in Europa weniger bekannt sind, von denen aber die Amerikaner – zu Recht – begeistert sind, müssen wir unbedingt eine Ausnahme machen: die *tacos* und *enchiladas* sind meist ziemlich scharf gewürzt und werden auf Maisfladen gereicht. Sie sind ein wichtiger Bestandteil der Schnellrestauration und machen den *burgers* aller Schattierungen Konkurrenz. Wir empfehlen einen Versuch…
Die Pizzas werden immer aus der Hand gegessen.

Die verschiedenen Gänge einer Familienmahlzeit werden alle gleichzeitig aufgetragen. Das Salatschüsselchen steht neben dem Teller. Es gibt Salatsoßen aller Art: *French* (leicht gesüßt), *Italian* (Essig, Öl, Pfeffer und Salz), *creamy Italian* (mit Sahne und Knoblauch), *Russian* oder *thousand islands* (mit Mayonnaise und Ketchup), *Blue Cheese* (Sahne und „Blauer" Käse)…

Wie wir schon sagten, ist das Rindfleisch wirklich ausgezeichnet. Wenn Sie Ihr Steak nur schwach gebraten möchten, heißt das *„rare"*, halb durchgebraten heißt *medium*, und gut durchgebraten heißt *well done*.
Es gibt ebenfalls viel Schweinefleisch: *pork chops* (Koteletts), *ribs* (Rippenstück, Leiterchen), *ham* (Schinken)…
Wie in Deutschland, so sind auch in den Vereinigten Staaten Kartoffelbeilagen zu (fast) jeder Mahlzeit unvermeidlich: *mashed* (als Püree), *baked* (in der Röhre gebacken), *fried* (Pommes frites), *hashed brown* (Rösti).
Als Nachtisch sind die *pies* sehr beliebt. Es handelt sich um (oft gedeckte) Torten, Köstlichkeiten in allen Variationen: *apple pie* (Apfeltorte) – man bietet sie Ihnen auch mit einem Bällchen Vanilleeis an *(„à la mode")* –, *pumpkin*

*pie* (Kürbistorte), *pecan pie* (Pekannußtorte)..., die unzähligen *ice creams* aller Geschmacksrichtungen, die in riesigen Portionen serviert und das ganze Jahr über gegessen werden, sind auch nicht zu verachten!

***Im Restaurant***

Am Eingang empfängt Sie ein Schild *„Please wait to be seated"*, das bedeutet, daß Ihnen eine Hosteß oder einfach die Kellnerin einen Tisch vorschlägt oder zuweist. Sie bringt Ihnen auch das Menü.

*Side order:* gehört nicht zum Menü und wird getrennt berechnet.

Das Trinkgeld *(tip)* ist nie im Preis inbegriffen. Es sollte ungefähr 15% der Rechnung betragen. Lassen Sie es auf der Rechnung dazuschreiben oder abgezählt auf dem Tisch liegen.

*Happy hour:* viele Restaurants bieten Ihnen am Ende des Nachmittags, bei Büroschluß, *drinks* zum halben Preis an.

*Frozen drinks:* Getränke mit oder ohne Alkohol, mit vielen Eiswürfeln gemixt.

*Smoking section:* Fast alle Restaurants sind in *smoking/non smoking sections* aufgeteilt, die letzteren gewinnen immer mehr Raum.

*Half-portions:* die in den Restaurants servierten Portionen sind mehr als reichlich (und die Preise bescheiden). Man findet immer öfter halbe Portionen zum halben Preis angeboten.

*A waiter, a waitress:* der Kellner oder die Kellnerin trägt einen *nametag.* Wenn Sie etwas brauchen, können Sie so die Bedienung mit ihrem Vornamen ansprechen.

*A check:* oft ist die Rechnung an der Kasse, am Ausgang des Restaurants, zu zahlen. *Please pay cashier.*

*A doggy bag:* eine „Hundetüte". Wenn Sie nicht alles essen konnten, bitten Sie die Bedienung, den Rest in eine *doggy bag* zu packen, die Sie mit nach Hause nehmen (für den Hund oder für Sie selbst). Genieren Sie sich nicht, es findet niemand etwas dabei!
Wenn Sie etwas bestellt haben, das Sie nicht mögen, serviert man Ihnen, ohne mit der Wimper zu zucken, etwas anderes. Der Kunde ist König!

Die Tischsitten in Amerika unterscheiden sich in manchem von denen in Europa: wenn Sie Ihr Messer zum Schneiden benutzt haben, legen Sie es auf den Tisch oder auf den Tellerrand, die Gabel wird jetzt in die rechte Hand genommen und man fängt zu essen an. Die linke Hand soll – nicht wie in Europa auf dem Tisch – sondern auf dem Oberschenkel ruhen.

*Brunch: breakfast + lunch.* Besonders am Wochenende ist diese reichliche und angenehme Mahlzeit, die Frühstück und Mittagessen miteinander verbindet, in den amerikanischen Familien sehr beliebt. Der *brunch* wird zu Hause, aber auch in Restaurants und Hotels eingenommen; er wird wirklich überall angeboten.

*Salad bar:* Salatbar. In volkstümlichen Restaurants sind die Salatbars häufig. So kann jeder seine eigene Salatplatte zusammenstellen.

*Dutch treat:* jeder zahlt seinen Anteil (gang und gäbe in den Vereinigten Staaten.

***Ein paar Sätze, die Ihnen nützlich sein können:***

*Waitress:*
— Can I take your order?
— Are you ready to order?
— Would you like anything else?
— Please pay at the cashier's desk.
— How do you like your eggs (cooked)?
— Have you had enough?
— Would you care to order now?
*Customer:*
— I'll have orange juice, pancakes… I'd like… Bring me… I'm full.
— Lots of ketchup, loads of mustard.
— Excuse me, I ordered the steak medium rare, not well done…
*Waitress:*
— I'm so sorry; I'll see that it is changed. There's been a mistake.

In manchen katholischen Familien spricht der Hausherr vor dem Essen ein Tischgebet.

## 193 RESTAURANTS

**IN SHORT…**

**1** We offer a selection of delicious entrées, which feature smaller-sized portions at reduced prices. **2** Cocktails, wine and/or beer may be served at this restaurant. Please ask your waiter. **3** All sandwiches and burgers are served with large-cut French fries and pickle chips. **4** Vegetable omelette: a fresh harvest of tomatoes, mushrooms, onions and green peppers together with cheddar cheese. **5** The waffle is covered with strawberry or blueberry topping and whipped cream. **6** In a hurry? Look for menu items marked with the stopwatch. These items will be served to you in 10 minutes or less - or they'll be free.

### NINA'S CORNER MENU

**BEVERAGES**

| | | | |
|---|---|---|---|
| Coffee | .80 | | |
| Hot Tea | .80 | | |
| Iced Tea | .90 | | |
| Milk (also nonfat or skim milk) | | | |
| Regular | .85 | Large | .95 |
| Lemonade | .90 | | |
| Soft Drinks | | | |
| Regular | .90 | Large | .95 |

**SANDWICH SPECIALITIES**

| | |
|---|---|
| The Club: sliced oven-roasted turkey breast, bacon, lettuce and tomato on toasted white bread | 4.95 |
| Grilled Cheese: four slices of American cheese on French bread | 3.05 |
| B.L.T.: bacon, lettuce and tomato served on white toast | 3.65 |
| Barbecue Chicken and Bacon: grilled breast of chicken with Swiss cheese, crisp bacon, tomato and lettuce on a hot grilled bun. Served with barbecue sauce | 4.95 |

**BREAKFAST**

| | |
|---|---|
| Two buttermilk hot cakes, two eggs, two strips of bacon and two sausage links | 3.65 |

**IN KÜRZE...**

**1** Wir bieten Ihnen eine Auswahl von Gerichten an, bei denen Sie sich für kleinere Portionen zu ermäßigten Preisen entscheiden können. **2** In diesem Restaurant können Cocktails, Wein und/oder Bier serviert werden. Bitte bestellen Sie bei der Bedienung. **3** Zu allen *sandwiches* und *burgers* gibt es Pommes frites und Essiggurkenstücke. **4** Gemüseomelette: frisch geerntete Tomaten, Pilze, Zwiebeln und grüne Paprikaschoten mit Cheddarkäse. **5** Die Waffel ist mit Erdbeer- oder Heidelbeersirup und Schlagsahne überzogen. **6** Sie haben es eilig? Suchen Sie die Gerichte, die mit einem Stoppuhrzeichen versehen sind. Diese Gerichte werden in spätestens zehn Minuten – oder kostenlos – serviert.

| | |
|---|---|
| New York Steak and Eggs: 1/2 lb of juicy U.S.D.A.[1] Choice New York steak, two large eggs served with hashed browns and choice of toast, buttermilk biscuit or English muffin | 7.05 |
| French Toast with Bacon or Sausage: extra-thick, batter-dipped, and perfectly browned. Served with two bacon strips or two sausage links, and warm, rich syrup | 3.95 |
| Steak and Shrimp: U.S.D.A. Choice top sirloin. With six large, golden-fried shrimp. Served with hot vegetable of the day and rice pilaf | 8.25 |
| **DESSERTS** | |
| Ice Cream Shakes: chocolate, vanilla or strawberry | 1.95 |
| Nina's Banana Split: choice of ice cream smothered[2] in hot fudge[3] strawberry and blueberry toppings, and crowned with whipped cream and nuts | 2.85 |
| Hot Fudge Sundag: two big scoops of vanilla ice cream smothered in rich hot fudge and topped with whipped cream and nuts | 2.05 |
| Pies: Pecan Pie, Apple Pie or Pumpkin Pie | 1.55 |

[1] U.S.D.A. = U.S. Department of Agriculture (gesundheitspolizeiliche Kontrolle)
[2] smothered = wörtlich: erstickt (hier emphatisch für „bedeckt mit")
[3] fudge = zähflüssige karamelähnliche Masse

**Phoenix, Arizona (1) (2)**

### *One Night at the Emergency Room* (3)

**1** — Wake up, Joe! Little Richy doesn't feel too well. He's complaining he has a headache. I just touched his forehead and he's burning with fever. **(4)**

**2** I wonder what's wrong with him. He looked okay this afternoon. In fact he kept on bugging me about getting him one of those turquoise belts they were selling at the Indian reservation. **(5)**

**3** — That sounds like him alright. He must have caught a cold in that restaurant. The air-conditioning was blowing right on his face. So what do you want me to do? Did you give him an aspirin? **(6) (7)**

**4** — No. I just checked in the medicine cabinet. We're out of them. I thought you wouldn't mind going to the supermarket or to the drugstore to get some. **(8)**

**5** — His temperature is well over the average for a simple cold. Let's take him to the emergency room at St Mary's. You wrap him in a blanket and I'll get the car started.

*At the Clinic*

**6** — What's the trouble with you, little fellow? Open your mouth, I'll examine your throat. I see... painful isn't it? **(9)**

**7** Nothing to worry about. Your son's got strep throat. I'll give him a penicillin shot right away. Keep on giving him aspirin every four hours. Here's a prescription for antibiotics. Two teaspoons before each meal for a week. He should stay in bed until he gets better. Let's say two or three days.

**8** — Thank you, Doctor. What shall we do about the bill? **(10)**

## Phoenix, Arizona

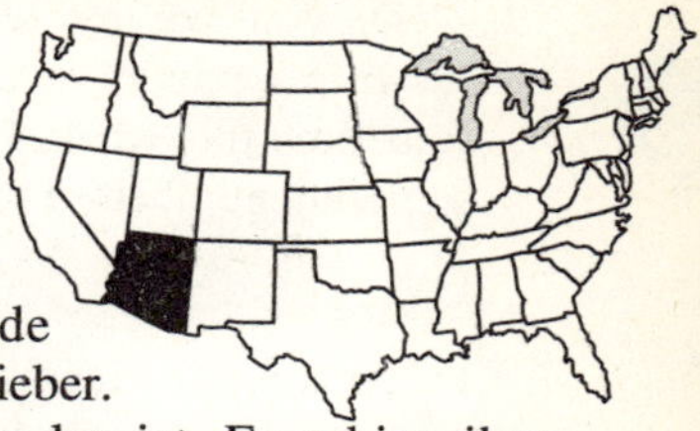

*Eine Nacht im Krankenhaus*

1 — Wach auf, Joe! Richie fühlt sich nicht wohl. Er klagt über Kopfschmerzen. Ich habe gerade seine Stirn berührt: er hat hohes Fieber.

2 Ich möchte wissen, was mit ihm los ist. Es schien ihm heute nachmittag gutzugehen. Er ist mir sogar die ganze Zeit auf die Nerven gegangen, damit ich ihm einen von den Gürteln kaufe, die mit Türkisen besetzt sind und die man im Indianerreservat bekommt.

3 — Das sieht ihm ähnlich. Er muß sich im Restaurant erkältet haben. Die Klimaanlage hat ihm direkt ins Gesicht geblasen. Also was soll ich machen? Hast du ihm Aspirin gegeben?

4 — Nein. Ich habe gerade in der Hausapotheke nachgeschaut. Wir haben keins mehr. Ich dachte, es würde dir nichts ausmachen, welches aus dem Supermarkt oder aus der Drogerie zu besorgen.

5 — Seine Temperatur liegt ganz schön über dem üblichen Durchschnitt für eine gewöhnliche Erkältung. Am besten bringen wir ihn in die „Notaufnahme“ im St. Mary's. Wickle ihn in eine Decke, und ich laß das Auto an.

*In der Klinik*

6 — Was ist los mit dir, mein Junge? Mach den Mund auf, ich will mir deinen Rachen ansehn. Aha… es tut weh, stimmt's?

7 Kein Grund zur Sorge. Nichts Schlimmes. Ihr Sohn hat Angina. Ich gebe ihm gleich eine Penizillinspritze. Geben Sie ihm anschließend alle vier Stunden ein Aspirin. Hier ist ein Rezept für Antibiotika. Zwei Teelöffel vor jeder Mahlzeit, eine Woche lang. Er muß im Bett bleiben, bis es ihm wieder besser geht. Sagen wir zwei oder drei Tage.

8 — Danke, Herr Doktor. Wie machen wir's mit der Rechnung?

**9** — Do you live in town? Yes, well there's no problem. Just fill in the papers at the desk and we'll send you the bill sometime this week. Don't forget to mention your insurance policy number. **(11)**

**1** Phoenix, die Hauptstadt von Arizona und zehntgrößte Stadt der Vereinigten Staaten, liegt mitten in der Sonoranwüste. Sie ist bekannt für ihr mildes Klima im Winter, aber sie gilt auch als die heißeste Stadt im Sommer. Während der Hochsaison (im Winter) steigen die Hotelpreise um 30 bis 50 %. Die Landschaft ist von den berühmten „Saquaros" geprägt, den Riesenkakteen, die zum Wahrzeichen Arizonas geworden sind.

**2** Arizona kommt von dem indianischen Wort „Arizonac", das „kleine Quelle" bedeutet. Viele Touristen besuchen Arizona. Hauptanziehungspunkte sind die großen Nationalparks (Monument Valley, Grand Canyon, Petrified Forest und Painted Desert).
Das grandiose Panorama des Grand Canyon bietet ein in der ganzen Welt einmaliges Schauspiel. Mit einer Länge von 450 km und einer Tiefe von 1 600 m versetzt er jedes Jahr Millionen von Besuchern in begeistertes Staunen über dieses Wunder der Natur. Die Magie des Sonnenuntergangs taucht das Felsental zuerst in goldene und dann in rote Glut.
Wer die sommerlichen Touristenmassen vermeiden will, tut besser daran, die Landschaft am Nordrand des Cañon *(north rim)* zu bewundern, die zwar weniger bekannt aber genauso eindrucksvoll ist.
Arizona ist reich an Natursehenswürdigkeiten. Vom Grand Canyon abgesehen, ist die „Gemalte Wüste" *(Painted Desert)* , deren Name von ihren wunderbaren vielfarbigen Ge-

9 — Wohnen Sie in der Stadt? Ja, gut also kein Problem. Füllen Sie im Büro die Papiere aus und wir schicken Ihnen die Rechnung im Laufe der Woche. Vergessen Sie nicht, die Nummer ihrer Versicherungspolice anzugeben.

steinsschichten herrührt, sicher das meistbesuchte Ferienziel. In dieser Wüste finden wir auch den *Petrified Forest National Park* (wörtlich: Nationalpark des versteinerten Waldes) mit den Resten von Tausenden von versteinerten Bäumen aus der Urzeit. Weiter nördlich, im Herzen der Navajoreservation, befindet sich *Monument Valley,* besonders bekannt durch die zahllosen hier gedrehten Wildwestfilme. Eine erstaunliche Erosion hat dieses Tal mit seinen steilen Gipfeln und Klippen geschaffen. Wie Florida hat auch Arizona viele Rentner angezogen.

**3** *Emergency room:* vielleicht am besten mit „Notaufnahmestation" zu übersetzen. Die Ärzte machen keine Hausbesuche. Deswegen wendet sich der Amerikaner, wenn seine übliche Arztpraxis geschlossen ist, meistens an eine Klinik oder an ein Krankenhaus. Die Adressen der Krankenhäuser findet man am einfachsten in den einschlägigen Seiten der Telefonbücher. Im allgemeinen sind die Krankenhäuser sehr sauber und sehr gut ausgestattet. Die Behandlung ist dort ausgezeichnet; das Personal ist freundlich und sehr tüchtig.

**4** Hier ein paar Ausdrücke, die verschiedene Arten des Unwohlseins beschreiben: *I don't feel well* (oder *I'm not feeling well), I'm feeling lousy* (fam.), *I feel dizzy / faint, I'm ill... I've got a headache / backache / toothache... I've got a sore throat / a runny nose / a bad cough.*
Vorsicht: *I'm sick / I feel sick.* US = ich bin krank, aber GB

= mir ist schlecht, was auf Amerikanisch *I feel nauseous* heißt. Gleicherweise, *stomach-ache / upset stomach.* US = Magenschmerzen, aber GB = Bauchweh.

**5** *Indian Reservation:* Indianerreservation. Arizona hat die größte Indianerbevölkerung der Vereinigten Staaten. Die Stämme der Navajos, Hopis, Apachen und Mescaleros leben in neunzehn über den ganzen Staat verstreuten Reservationen. Zahlreiche Höhlendörfer zeugen von der frühen Anwesenheit der Indianerstämme in diesen Regionen.
*Navajo National Monument:* die Navajoreservation, die im Norden bis zum Powellsee, in Utah und im Süden bis Growpoint in New-Mexiko reicht, ist die größte Reservation der Vereinigten Staaten. Hier stehen wir einer schmerzhaften Mischung von Modernismus amerikanischer Art und einer an die dritte Welt erinnernden Armut gegenüber… Die amerikanische Staatsbürgerschaft läßt die indianischen Bewohner kalt : die schlechte Behandlung, die sie von den verschiedenen Kolonisatoren erfahren haben (Spanier, Mexikaner, europäische Einwanderer), hinterließ bei ihnen eine Bitterkeit, die sich in einer anderswo ungewöhnlichen Ungastlichkeit allen Besuchern gegenüber ausdrückt. In zahlreichen Touristenläden werden die von den Indianern in Handarbeit hergestellten traditionellen Andenkenartikel verkauft. Der Türkis ist ein von den Indianern (und Mexikanern) viel verwendeter Schmuckstein.
Die religiösen Zeremonien, die von Sonnenaufgang bis Sonnenuntergang ablaufen, sind von sehr ernstgemeinten Ritualtänzen begleitet. Touristen sind als Zuschauer nur zugelassen, wenn sie in keiner Weise stören, korrekt gekleidet sind (weder Short noch Bikini usw.) und nicht foto-

grafieren.

6 *Air-conditioned:* wie wir bereits erwähnten, sind die meisten Wohnungen, Hotels, Büroräume usw. von den Klimaanlagen total unterkühlt, was durch den zu großen Kontrast mit den Außentemperaturen häufig Schnupfen, Halsweh und Erkältungen aller Art hervorruft.

7 *An aspirin:* Aspirin ist wieder große Mode in den USA, besonders seit neuere Forschungen ergeben haben, daß es in der Behandlung oder Vermeidung schwerer Krankheiten wie Krebs oder Herz-Kreislauferkrankungen eine Rolle spielen könnte. Trotz unerwünschter Nebenwirkungen bei zu häufiger Verwendung von Aspirin, ist es zum Wunderheilmittel geworden, das bei jeder kleinsten Unpäßlichkeit und sogar von manchen tagtäglich zur Vorbeugung eingenommen wird.

8 *Drugstore* oder *supermarket:* die Medikamente kauft man selbstverständlich in der Apotheke (*drugstore:* siehe Chicago, Anmerkung 13), aber auch im Supermarkt oder an der Tankstelle, wenn sie nicht rezeptpflichtig sind. Man findet immer ein Geschäft, das rund um die Uhr geöffnet ist.

9 *Little fellow:* wörtlich „kleiner Kamerad". *Fellow* (fam.): Kerl. *„For he's a jolly good fellow":* bekanntes Trinklied.

10 *The bill:* Die Rechnung. Jeder Deutsche, der in den USA krank wird, kann selbst feststellen, welche Bewunderung die oft geschmähte deutsche Krankenkasse im Vergleich zum amerikanischen System verdient!

**11** Das amerikanische Gesundheitssystem ist vollkommen privat. Jeder muß sich selbst darum kümmern, korrekt versichert und für alle Fälle gerüstet zu sein. Die Behandlungs- und Pflegekosten sind höher als in anderen Ländern. Nur die Allerärmsten werden kostenlos behandelt. Für die alten Leute (von 62 Jahren an) gibt es ebenfalls ein staatliches Versicherungssystem: *Medicare*. Dieses System deckt einen Großteil der Arzt- und Krankenhauskosten. Es erstattet jedoch nicht die durch lange Krankheiten entstehenden Auslagen. Viele Unternehmen versichern ihre Angestellten. Wenn das nicht der Fall ist, muß man sich persönlich (und oft sehr teuer) versichern. Diese privaten Versicherungen erstatten jedoch nicht immer alle Kosten oder decken nicht alle Krankheiten, die Spezialbehandlungen erfordern, ab. Krebs und Aids gehören zu diesen Krankheiten: wer gegen diese Geißeln der Menschheit nicht versichert ist, verliert dabei auch noch Haus und Hof. Solche Fälle sind leider nicht selten, was eine große Mehrheit der Amerikaner dazu treibt, sich „über" zu versichern. Die Ärzte erwarten von den Ausländern eine sofortige Zahlung, die meisten akzeptieren Kreditkarten.

Die Krankenhäuser sind ebenfalls sehr teuer. Kann man kein genügend gefülltes zahlkräftiges Bankkonto nachweisen, passiert es, daß sogar dringende Eingriffe aufgeschoben werden (die Kreditkarte gilt nicht als zufriedenstellender Beweis). Die Behandlung im Krankenhaus ist ausgezeichnet; aber vergessen Sie nicht, daß jede Visite, jede Behandlung und Pflege, jedes Medikament oder Material (selbst eine Packung Papiertaschentücher!) in Rechnung gestellt wird.

Die amerikanischen Ärzte neigen dazu, die Anzahl der nötigen Behandlungen zu übertreiben, und zwar aus Angst

vor unzufriedenen Patienten, die ihnen eventuell einen Prozeß wegen Vernachlässigung anhängen könnten, was häufig vorkommt, zumal sie von gewinnsüchtigen Rechtsanwälten, die an der zu erstreitenden Entschädigung prozentual beteiligt sind, kräftig dazu ermutigt werden.
Ob es sich um Arztbesuche, Krankenhauszimmerpreise oder Krankentransporte handelt, die Preise sind sehr hoch, um nicht zu sagen horrend. Es wird deswegen dringend geraten, sich vor einer Amerikareise einer Generaluntersuchung zu unterziehen und sich um eine ordentliche Reiseversicherung zu kümmern!

***Ein paar Ausdrücke:***
*Blood-pressure:* Blutdruck.
*A shot, an injection:* eine Spritze.
*A cold:* ein Schnupfen, eine Erkältung.
*Hayfever:* Heuschnupfen.
*Flu:* Grippe.
*A heart attack:* ein Herzanfall, ein Herzschlag.
*Medication (US) = drugs, medicine (GB):* Medikament(e).
*It hurts:* es tut weh.
*An X-ray:* eine Röntgenaufnahme.
*A toothache:* Zahnweh.
*A filling:* eine Plombe.
*A cavity:* ein Loch im Zahn, Karies.
*A pill:* eine Pille.
*A tablet:* eine Tablette.
*Ointment:* Salbe.
*Syrup:* Sirup (meistens Hustensaft).

**IN SHORT…**

**1** She has to take some medicine for her high blood-pressure. **2** Doctors don't make house calls in the United States. **3** Her insurance policy doesn't cover pregnancy, so she'll have to pay full price at delivery time. **4** The Grand Canyon offers a magnificent view from the north rim. **5** Whenever I go on a roller coaster ride, I feel nauseous. **6** The prescription says: two tablets every four hours for a week.

**Anecdote**

In 1871, the First National Bank of a big city notified the cashier of a bank in a different part of the state that his account was overdrawn[1]. In reply came the following telegram:
"See Matthew 15: 29"… to which the following was immediately telegraphed back: "Examine Matthew 5: 25-26".

Here is what the Bible says:

Matthew 15: 29:
"And his fellow servant fell down at his feet, and besought[2] him, saying: "Have patience with me, and I will pay thee[3] all."

Matthew 5: 25-26:
"Agree with thine[4] adversary quickly, whilst thou[5] art[6] in the way with him; lest[7] at any time the adversary deliver thee to the judge, and the judge deliver thee to the officer, and thou be cast into prison. Verily I say unto thee, thou shalt[8] by no means come out thence, till thou has paid the uttermost farthing."

[1] *overdrawn* = überzogen
[2] *besought* (lit.) Vergangenheit von *to beseech* = anflehen
[3 4 5] *thee, thine, thou = you, your, you*: veraltete Formen der zweiten Person Einzahl (biblisch und poetisch)
[6] *art = are* (veraltet)
[7] *lest* (gebräuchlich) = damit nicht; aus Furcht, daß (+ Konjunktiv)
[8] *shalt = shall, will* (veraltet)

**IN KÜRZE…**

**1** Sie muß Medikamente für ihren zu hohen Blutdruck nehmen. **2** Die Ärzte machen keine Hausbesuche in den Vereinigten Staaten. **3** Ihre Versicherung deckt nicht die Schwangerschaft, sie muß also die ganze Rechnung bei der Entbindung bezahlen. **4** Der Grand Canyon bietet eine wunderbare Aussicht vom Nordrand her. **5** Jedesmal wenn ich Berg- und Talbahn fahre, wird mir schlecht. **6** Auf dem Rezept steht: zwei Tabletten alle vier Stunden, eine Woche lang.

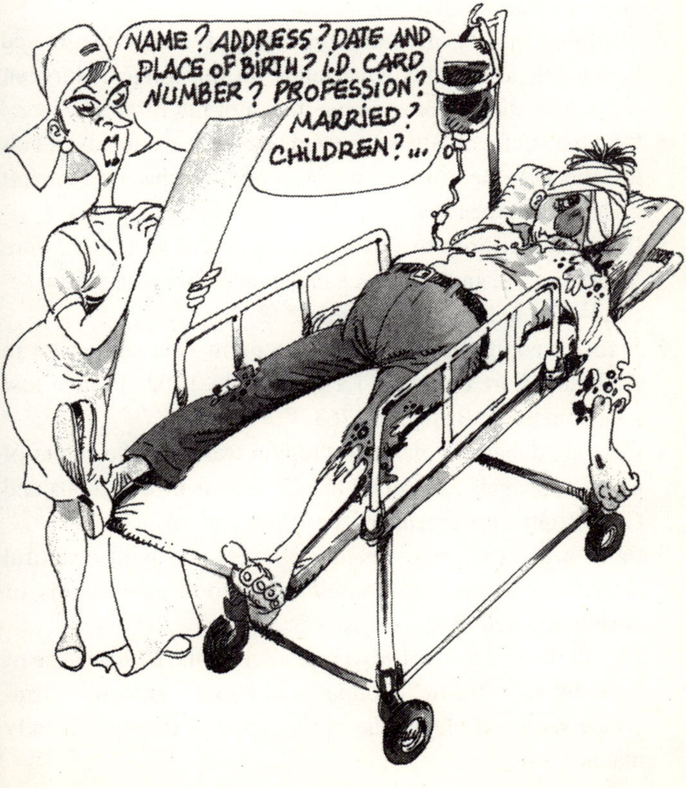

# ALABAMA

## *The Black Community* (1)

1 The monument of Dr. King, which stands in front of the African Methodist Episcopal Church in Selma, Alabama, reads:

2 "The demonstration that led to the most important advance in civil rights for millions of black Americans began here, March 21, 1965.

3 "It was the 50-mile march from Selma to Montgomery, Ala., the state capital.

4 "Defying threats of death, Dr. Martin Luther King Jr. led 400 black and white Americans on the longest, largest, most dramatic and most tragic march of his 13-year career.

5 "It gave southern Blacks the rights as citizens to cast a ballot and help determine and help operate the government under which they live.

6 "This is a tribute to those who planned, marched, were jailed, beaten, and died to change black Americans from second-class to first-class citizens." **(2)**

7 France was the first to establish a permanent settlement in Alabama–Fort Louis de La Mobile–in 1702. France lost Alabama to the British in 1763.

8 Central Alabama's plantation region was once the center of many upheavals, including the Civil War of the 1860s and Civil Rights movements of the 1950s and 60s.

9 Early settlers became wealthy planters and built beautiful mansions. These old homes have stood as symbols of Alabama's rich heritage. **(3)**

10 The 1930s and the 1940s were known as the Golden Age of Jazz: Eleanor "Billie" Holiday and Louis "Satchmo" Armstrong sang and played the blues in a soul-stirring masterly manner. **(4)**

*Die schwarze Bevölkerungsgruppe*

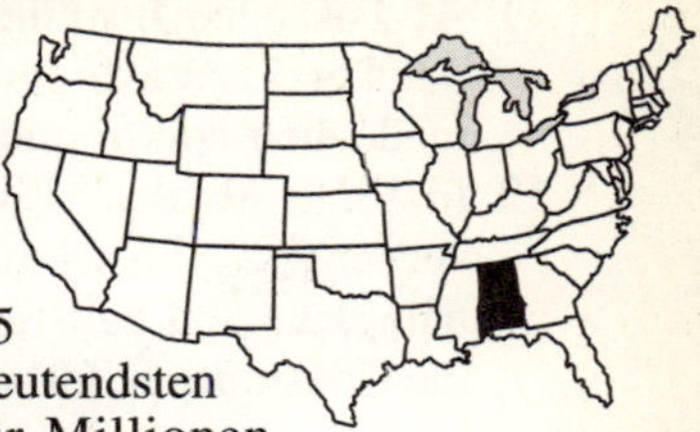

1 Auf dem Luther-Denkmal vor der Afrikanisch-Methodistischen Episkopalkirche in Selma (Alabama) steht zu lesen:

2 „Hier begann am 21. März 1965 jene Demonstration, die zum bedeutendsten bürgerrechtlichen Fortschritt für Millionen schwarzer Amerikaner führte.

3 „Es war der 50-Meilen-Marsch (80 km) von Selma nach Montgomery, Ala., der Hauptstadt des Staates.

4 „Todesdrohungen zum Trotz, führte Dr. Martin Luther King jr. den Zug von 400 schwarzen und weißen Amerikanern auf dem längsten und tragischsten Marsch seiner 13-jährigen Karriere.

5 „Diese Demonstration gab den Schwarzen des Südens das Recht, als Staatsbürger zu wählen und somit zur Bestimmung und zum Wirken der Regierung, unter der sie leben, beizutragen.

6 „Dies soll an jene erinnern, die organisierten, demonstrierten, ins Gefängnis kamen, geschlagen wurden und schließlich starben, damit die schwarzen Amerikaner aus Bürgern zweiter Klasse zu solchen erster Klasse werden konnten."

7 Frankreich hatte 1702 die erste bleibende Niederlassung in Alabama gegründet – Fort Louis de La Mobile. 1763 verlor Frankreich Alabama an die Engländer.

8 Die Plantagenregion Mittelalabamas war einmal das Zentrum zahlreicher Umwälzungen, wie der Bürgerkrieg in den 1860er Jahren und die Bürgerrechtsbewegung in den 1950er und 1960er Jahren.

9 Die ersten Siedler wurden zu reichen Pflanzern und bauten schöne Herrensitze. Diese alten Häuser sind zu Sinnbildern des reichen Erbes von Alabama geworden.

10 Die Dreißiger- und Vierzigerjahre unseres Jahrhunderts sind als das goldene Jazz-Zeitalter in die Geschichte eingegangen: Eleanor „Billie" Holiday und Louis „Satchmo" Armstrong haben den Blues auf erschütternde und meisterhafte Weise gesungen und gespielt.

**11** At Tuskegee Institute you can see where black scientists Booker T. Washington and George Washington Carver made their contributions to science and humanity.

**12** In 1858, Abraham Lincoln declared in a strong antislavery speech: "… This government cannot endure permanently half-slave and half-free." In 1865, the 13th Amendment to the Constitution, forbidding slavery, was ratified. **(4)**

**1** Die farbigen Amerikaner, die von afrikanischen Sklaven abstammen oder Afrikaner zu ihren Ahnen zählen, bezeichnen sich selbst mit Stolz als „black" *(Black ist beautiful!)*. So ist auch die deutsche Übersetzung „schwarz" gemeint.

**2** Die „schwarzen Kirchen" *(black churches)* haben in der amerikanischen Geschichte eine entscheidende Rolle gespielt und sind zu Grundsäulen des Glaubens und der Hoffnung für die schwarze Bevölkerung geworden.
Während der ganzen Zeit der Bürgerbewegung *(Civil Rights Movement)* der 50er und 60er Jahre war die schwarze Kirche von Alabama der Mittelpunkt des Kampfes. Die Kirchen dienten Massenversammlungen, Feldzügen zur Erkämpfung des Wahlrechts und wurden manchmal zum Zufluchtsort. Ihre Mitglieder fanden, dem schwer zu ertragenden sozialen und politischen Klima dieser Zeit gegenüber, dort gemeinsam Glauben und Hoffnung. Die große Bedeutung der schwarzen Kirche Amerikas ist kein Phänomen des 20. Jahrhunderts. Dieses Volk, durch die Sklaverei nach Amerika verschleppt, rechtlos und ohne Hoffnung inmitten der weißen Gesellschaft, hat in der religiösen Inner-

11 Im Tuskegee-Institut kann man jene Stätten besichtigen, an denen die schwarzen Wissenschaftler Booker T. Washington und George Washington Carver ihre Beiträge zu Wissenschaft und Menschlichkeit lieferten.

12 Im Jahre 1858 erklärte Abraham Lincoln in einer kämpferischen Rede gegen die Sklaverei: „...diese Regierung kann nicht ewig halb sklavisch und halb frei bleiben". 1965 wurde das 13. Amendement zur Verfassung ratifiziert, das die Sklaverei verbot.

lichkeit Kraft und Zuflucht gefunden. Die Kirche wurde zur Wiege der *spirituals* und der Freiheitslieder, zu einer Stätte, an der man von einem über die irdische Erfahrung hinausweisenden Leben sprechen konnte, in dem Hoffnungen und Träume Wirklichkeit werden konnten.
Die *Brown Chapel African Methodist Episcopal Church* ist die beste Illustration der Macht der schwarzen Kirche. Sie war 1965 das Hauptquartier von Reverend Marthin Luther King jr. im Kampf um das Wahlrecht für alle farbigen Amerikaner: denn obwohl der Kongreß 1964 den *„Civil Rights Act"* (der den Farbigen das Wahlrecht garantierte und die Rassentrennung in der Öffentlichkeit verbot) verabschiedet hatte, war im Bezirk Dallas (Alabama) nur einem verschwindend kleinen Prozentsatz (weniger als 1 %) von ihnen das Wahlrecht zuerkannt worden. Das Charisma Kings – dem 1964 der Friedensnobelpreis verliehen worden war – sein Mut und seine unermüdliche Energie prägten seine Zeit und verschafften den schwarzen Kirchen Eingang in die Geschichte Amerikas. Wochenlang zogen die Farbigen von der Brown Chapel zum Justizpalast des Bezirks Dallas. Die Demonstrationen und die darauffolgenden Massenverhaftungen zogen die Aufmerksamkeit der

ganzen Nation auf sich.
Am Sonntag, dem 7. März 1965, erreichte die Bewegung ihren Höhepunkt, als die Demonstranten die Pettusbrücke überschritten, wo die Polizei sie mit Schlagstöcken und Tränengas mit Gewalt nach Selma zurückdrängte.
Die Brown Chapel in der Martin Luther King-Straße ist sowohl historisch als auch architektonisch bedeutsam: diese 1908 im byzantinischen Stil erbaute Kirche ist das einzige erhaltene Bauwerk des schwarzen Bauunternehmers A. J. Farley. Noch heute versammeln sich hier Schwarze und Weiße am Todestag Martin Luther Kings. Vor der Kirche steht ein Denkmal zur Erinnerung an den historischen Marsch vom 21. März 1965 von Selma nach Montgomery.
In Montgomery, in einer einfachen Kirche, die auch als Schule diente und die später zur *King Memorial Baptist Church* wurde, hatte Martin Luther King 1955 sein erstes Amt angetreten. Hier organisierte er Protestaktionen gegen die Rassentrennung in den öffentlichen Transportmitteln, und hier wurde er zum Anführer der gewaltlosen Bürgerrechtsbewegung. Die Kirche ist 1980 restauriert worden. Ein im Kellergeschoß befindliches Fresko ist besonders interessant. Es zeigt die Ereignisse und Persönlichkeiten, die mit der Laufbahn Kings im Zusammenhang stehen, die Träume, Triumphe und Tragödien, die den Lebensweg dieses ungewöhnlichen Mannes begleiteten. (Ein besonders ergreifendes Detail dieses Freskos ist das Porträt von Rosa Park, die sich weigert, in einem Autobus einem weißen Mann ihren Sitzplatz zu überlassen.)
Seit 1986 wird das Andenken Martin Luther Kings am 15. Januar begangen, wo in den ganzen USA Feiertag ist.

**3** *The Old South,* der lange als arme, wenig industrialisier-

te Agrarregion galt (zumindest seit 1865, dem Ende des Sezessionskrieges), versucht heute, aus dieser Situation herauszufinden. Die Ansiedlung von Fabrikanlagen (Chemie, Papier, Textil, Gummi, Metallurgie usw.) verändern nach und nach das Industrieprofil Alabamas.
Der Staat hat die immensen Herrenhäuser im Kolonialstil der ehemaligen großen Baumwoll- und Tabakplantagen erhalten. Fast alle von ihnen wurden vom Staat aufgekauft und stehen dem Publikum offen, zur Freude der zahlreichen Besucher.

**4** Die afro-amerikanische Gemeinschaft pflegt ihr reiches kulturelles Erbe. Ein Wort gibt die ganze Erfahrung und das Kollektivgedächtnis der schwarzen Amerikaner am besten wieder: das Wort *soul.*
Es gibt *Soul Music, Soul Food, Soul Literature*... Die Farbigen sind sehr stolz auf ihre „Verschiedenheit", die sich in der *soul*-Kultur ausdrückt. Die „Verschiedenheit" findet auch in einer besonderen Sprache, die man *Black American* nennen könnte, ihren Ausdruck. Diese Sprache erlaubt es ihnen, ihre Identität, die sie mit Stolz kultivieren, zu pflegen und zu erhalten. Sie sind erfinderisch im Spott über das traditionelle „weiße" Englisch und springen sehr freizügig mit den Regeln der Grammatik um: *I says, I ain't, I don' do no more...*

**5** Wenn sich in Alabama die Spannungen zwischen den Rassen auch verringert haben, so bleibt die Integration jedoch weiterhin rein formell, und ihre Verwirklichung ist noch weit entfernt.
Die Rassenvorurteile der weißen Bevölkerung nach jahrhunderte langer Demütigung sind noch lebendig... Das

Problem ist komplex. Obwohl sich die Lage der Farbigen auf politischem, wirtschaftlichem und sozialem Gebiet entscheidend verbessert hat, beweisen die Statistiken, daß ihre Löhne langsamer steigen als die der Weißen und daß die Arbeitslosigkeit in der schwarzen Bevölkerungsgruppe doppelt so hoch ist wie in der weißen.
Dank der Beharrlichkeit ihrer *leader* im Kampf gegen die Segregation, besuchen immer mehr Farbige die Universitäten und nehmen wichtige Stellungen ein – manche sind sogar Bürgermeister großer Städte geworden…
Aber die Situation ist noch keineswegs rosig: in den 70er und 80er Jahren emigrierten zahllose junge Schwarze der südlichen Agrarstaaten in den Norden. Auf der Flucht vor der Arbeitslosigkeit und vor Enttäuschung über den zu langsamen Wandel der vorherrschenden „weißen" Mentalität zogen sie in die schwarzen Ghettos des Nordens, Elendsviertel, denen ihre Zuwanderung eine neue Gefahr mitbrachte: die Überbevölkerung (eine Gefahr, die durch die hohe Geburtenrate der Farbigen „multipliziert" wird: 4 % gegenüber 2 % bei der Gesamtbevölkerung).
Mit dem Ziel, die aus der Geschichte erwachsenen Ungleichheiten auszugleichen, werben große Universitäten und wichtige Firmen um schwarze Studenten und Mitarbeiter. Die *positive action programs,* in denen die Diskriminierung **zugunsten** der Schwarzen angewandt wird, sind Teil einer neuen Einstellungspolitik: bei gleichwertigen Diplomen und vergleichbarer Erfahrung soll der Arbeitgeber einem schwarzen Bewerber den Vorzug geben. Aber das Erbe von Generationen, die von der Armut und dem Ausschluß aus der Gesellschaft geprägt waren, ist nicht so leicht zu überwinden!
*Equal opportunities:* Chancengleichheit. In den letzten

dreißig Jahren haben die Bewegungen für die Verteidigung der Bürgerrechte auf die Arbeitgeber Druck ausgeübt, um die Diskriminierung der Farbigen zu verhindern, aber in der Praxis haben es viele Schwarze noch schwer, eine gutbezahlte Arbeit zu finden. Mehr als ein Drittel der Langzeitarbeitslosen sind Farbige, und der Lohn von zwei Dritteln der arbeitenden Schwarzen liegt unter der offiziellen Grenze der „Schwelle der Armut". Die Unterschiede zwischen den verschiedenen Staaten auf diesem Gebiet sind jedoch beträchtlich.
Der Oberste Gerichtshof hat die Abschaffung der Rassentrennung verfügt. Neue Gesetze wurden eingeführt. Das *busing* zum Beispiel, welches eine bessere Integration der farbigen Kinder zum Ziel hat. Schulbusse bringen jeden Morgen die Kinder der „schwarzen" in die Schulen der „weißen" Wohngegenden. Aus Gründen, die manchmal einander entgegengesetzt sind, ist dieses Gesetz bei allen Bevölkerungsgruppen umstritten.

***Vokabular***

*Civil Rights Movement:* Bewegung für die Verteidigung der Bürgerrechte. Die *National Association for the Advancement of Colored People (NAACP)* war zur Verteidigung der Rechte der Farbigen der Justiz gegenüber gegründet worden. Die NAACP ist eine friedliche Vereinigung. Ihre Aktion führte 1954 zur Abschaffung der (legalen) Rassentrennung in allen Staaten.
*Gospel:* volkstümliches Lied, in den schwarzen Kirchen gesungen.
*Soul Music:* Diese Musik erzählt vom Leben der Schwarzen und drückt, mit Stolz, eine gewisse Rückkehr zu den Quellen aus.

*Rhythm and Blues:* Mischung aus Jazz, „Soft"-Rock und Blues.
*Jazz:* Er blühte im letzten Jahrzehnt des 19. Jahrhunderts in New Orleans auf. Die (schwarze) Jazzband bestand aus zwei Trompeten, einer Posaune, einer oder zwei Klarinetten, einem Kontrabaß, einer Gitarre (oder einem Banjo), einem Schlagzeug und manchmal einem Klavier. Der Ursprung des Jazz liegt in den Gesängen der Sklaven, spanisch-amerikanische und französische Elemente kamen dazu (siehe Louisiana)!
*Spirituals:* religiöse Lieder der schwarzen Bevölkerung. Ihr Inhalt: Themen aus der Bibel.

**IN SHORT…**

**1** "Say, baby, you sportin' tonight?". "Heah, mama, if I find some-body to sport with!". **2** "Let the ofays have Wall Street to themselves." **3** A cat in black language means a man who dresses flashily, and os-tentatiously. **4** "I'm sittin' at the bus stop… just me an' these othe three dudes." **5** "… What we used to call the Righteous Jazz." **6** "Somebody ripped off my bike."

**IN KÜRZE…**

**1** „Sag mal, Baby, amüsierst du dich heute abend?". „Klar, Süße wenn ich jemand finde, mit dem ich mich amüsieren kann!". **2** „Über-laßt Wallstreet den Weißen ganz allein." **3** Einen *cat* (Kater) heiß man in der „schwarzen" Sprache einen Mann, der sich auffällig un großtuerisch anzieht. **4** „Ich sitze hier an der Bushaltestelle… bloß ic und drei andere Typen." **5** „… Was wir üblicherweise den rechtschaf-fenen Jazz nennen." **6** „Jemand hat mein Fahrrad geklaut."

Ein paar gebräuchliche Ausdrücke des „Black American“:
*Amen - Hey brother - c'm'ere, man (come here man) - y'all - thinkin' - gimme (give me) - you dig (you understand) - blood (a fellow black) - kinda (kind of) - yeah - whitey, ofay (a white person) - soul sister (black woman) - soul city (Harlem) - sister, mama, hammer (sexy woman)...*

***SAYING***

*The law may not make a man love me,*
*but it can restrain him from lynching me,*
*and I think that's pretty important.*

Martin Luther King Jr.

## The Hoosier State (1)

### *Indianapolis: Amateur Sports Capital of the World*

**1** Indianapolis, the capital of Indiana, has revitalized its downtown area, and its many sports facilities have awakened the city. It went from "Naptown", its prior nickname, to "City on the Move".

**2** Undoubtedly the game known in the United States as football traces its origins directly to the English game of rugby, though the modifications have been many. The first formal intercollegiate football game was the Princeton–Rutgers contest at New Brunswick, New Jersey, on November 6, 1869. **(2)**

**3** Going to the Pacers game or to the Colts game is as popular as watching the Indianapolis 500, the "greatest spectacle in sports". **(3)**

**4** Notre Dame's football team has been recognized many times as The National College Football Champions. Both Purdue and Indiana University have been ranked among the best collegiate teams in the nation. **(4)**

**5** On a football team, the quarterback is the player behind the forward line who directs his team on attack. He has one of the most prestigious roles in football playing. Tim Brown of the Notre Dame team was honored as the nation's outstanding college football player in 1987. **(5)**

**6** During a baseball game, if the ball goes into the crowd, it isn't thrown back (as it would be in cricket). Many people collect autographs or cards of famous baseball players. **(6)**

**7** In the winter of 1891-92, Doctor James Naismith created the game of basketball in order to provide indoor exercise and competition for students between the closing of the football season and the opening of the baseball season

## Der Hoosier State

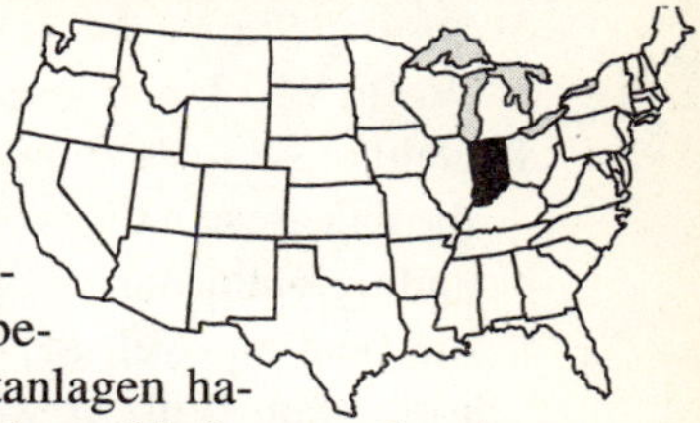

### *Indianapolis: Die Welthauptstadt des Amateursports*

**1** Indianapolis, Hauptstadt von Indiana, hat seine Innenstadt neu belebt, und seine zahlreichen Sportanlagen haben die Stadt (aus dem Dornröschenschlaf) geweckt. Aus dem „schlafenden Dorf" (sein früherer Spitzname) wurde die „Stadt in Bewegung" („Stadt im Kommen").

**2** Zweifellos stammt das, was in Amerika „Fußball" genannt wird, direkt vom englischen Rugbyspiel ab, wenn auch viele Änderungen daran vorgenommen worden sind. Das erste interuniversitäre Fußballspiel fand am 6. November 1869 in New Brunswick (New Jersey) zwischen Princeton und Rutgers statt.

**3** Es ist genauso populär, einem Match der *Pacers* oder der *Colts* beizuwohnen, als sich das 500 Meilen-Rennen von Indianapolis, das „größte Sportschauspiel" anzusehen.

**4** Die Mannschaft von Notre-Dame stand viele Male an der Spitze der nationalen Studentenmeisterschaften. Die Universitäten von Purdue und Indiana gehören zu den besten Mannschaften der Nation.

**5** In einer Fußballmannschaft dirigiert der *„quarterback"* (hinter der vorderen Linie) den Angriff seines Teams. Er spielt eine der ehrenvollsten Rollen beim Fußballspiel überhaupt. Tim Brown von Notre-Dame wurde 1987 zum besten universitären Fußballspieler der Nation ernannt.

**6** Beim Baseballspiel wird der Ball nicht zurückgeworfen, wenn er in die Zuschauerränge fällt (was bei einem Kricketspiel der Fall wäre). Viele Amerikaner sammeln Autogramme oder Fotos berühmter Baseballspieler.

**7** Im Winter 1891-92 erfand Doktor James Naismith das Basketballspiel, um den Studenten zwischen dem Ende der Fußballsaison und dem Anfang der Baseballsaison die Möglichkeit zu geben, Hallensport zu betreiben. Die ameri- 23

United States soldiers brought basketball to Europe in World War I, and it soon became a world-wide sport.

**8** Neither rain nor snow nor cold of football games will keep the cheerleaders from screaming their heads off with never-ending enthusiasm. Fifteen bouncing cheerleaders take to the field and yell the team to victory. Sometimes their efforts seem fruitless when the crowd does not join them in their excitement. Yet, they still cheer on. **(7)**

**1** Der Kongreß schuf das *Indiana Territory* 1800, als das Nord-West-Territorium geteilt wurde. Das Territorium von Indiana („Indianerland") wurde 1816 zum Staat von Indiana, mit Indianapolis als Hauptstadt (1820).
Der Spitzname *„Hoosier State"* wird noch heute ganz verschieden ausgelegt. Manche glauben, daß das Wort aus der Pionierzeit stammt, wo nächtliche Besucher mit *Who's yere? (Who's there?)* empfangen wurden.
Andere meinen, daß er von *Hoosier Men,* Spitzname der Arbeiter des Unternehmers Sam Hoosier käme. Wie dem auch sei, der Name Hoosier klebt an dem Staat: *the Hoosiers* = Einwohner von Indiana. *Hoosier hospitality* bezieht sich auf den herzlichen Empfang, den die Hoosiers den Besuchern entgegenbringen. *Hoosier hysteria* wird der Lieblingssport der Einwohner, der Basketball, genannt. Die *Hoosier Group* ist die berühmte Schule der amerikanischen Impressionisten, die von den Landschaften von Brown County zwischen Bloomington und Columbus inspiriert wurden.
Indiana hat noch andere inoffizielle Namen: *the crossroads*

kanischen Soldaten brachten den Basketball während des Ersten Weltkrieges nach Europa; bald wurde er weltweit gespielt.

**8** Weder Regen noch Schnee noch Kälte während eines Fußballspiels können die *cheerleaders* daran hindern, sich mit unermüdlicher Begeisterung die Seele aus dem Hals zu schreien. Fünfzehn muntere *cheerleaders* besetzen das Feld und feuern ihr Team zum Sieg an. Manchmal sind ihre Bemühungen umsonst, wenn die Menge an ihrer Erregung nicht teilnimmt. Trotzdem geht ihr Beifallsgeschrei zur Ermutigung weiter.

*of America.*
(Die großen Seen im Norden, sowie die Bergkette der Appalachen im Süden, begünstigten den Ost-West Verkehr quer durch den Staat, der über das größte Straßennetz der Vereinigten Staaten verfügt.)
Ein anderer dieser inoffiziellen Namen: *Amateur Sports Capital* wegen der zahlreichen Sporteinrichtungen sowie der Sportbegeisterung der Hoosiers, sowohl als Teilnehmer als auch als Zuschauer.
Indiana hat eine professionelle Basketballmannschaft: die *Pacers,* eine professionelle Baseballmannschaft: die *Indians* und eine professionelle Fußballmannschaft: die *Colts.* Das populärste Sportereignis ist natürlich das Autorennen „Indianapolis 500“. Die Baseball- und Fußballmannschaften der Universitäten von Indiana sind in den ganzen USA renommiert: Notre Dame, Purdue, Indiana University…

**2** Am Anfang herrschte soviel Gewalt auf den amerikanischen Fußballplätzen, daß manche Universitäten diese

Sportart aufgaben. Das Spiel war so rauh, daß 1906 der Präsident Theodore Roosevelt die Vertreter von Yale, Harvard und Princetown zu sich bestellte in der Hoffnung, die Regeln zu zivilisieren und zu verbessern. Das erste professionelle Match fand 1895 statt. Die Nationale Fußballiga wurde 1921 gegründet.

**3** Das alljährliche Automobilrennen "Indianapolis 500" (805 km), das auf dem *Indianapolis Motor Speedway* abläuft, hat Indianapolis Weltruhm eingebracht. Das Rennen, das am Sonntag vor dem *Memorial Day* (30. Mai) stattfindet, ist eine der populärsten (und bekanntesten) Autosportveranstaltungen. Die ovale Rennbahn ist 1909 gebaut worden und hat eine Länge von 4 km (2,5 Meilen).

**4** Der Sport genießt in den USA die moralische und finanzielle Unterstützung der gesamten Bevölkerung. Jede andere Haltung stößt auf Unverständnis und Ablehnung. Es ist deshalb empfehlenswert für jeden USA-Besucher, wenigstens die Grundregeln der vier Nationalsportarten (amerikanischer Fußball, Basketball, Hockey und vor allem Baseball) zu kennen.
Es ist bemerkenswert, daß der *soccer* genannte europäische Fußball im amerikanischen Sportsleben einen immer größeren Raum einnimt. Golf, Tennis, Fahrradrennen und Bowling sind ebenfalls sehr beliebt. Basketball ist in den Vereinigten Staaten sowohl Universitäts- als auch Professionalsport, während er in den anderen Ländern hauptsächlich Amateursport bleibt. Sportwettkämpfe und -veranstaltungen aller Art werden ausführlich im Fernsehen gezeigt und kommentiert. Es handelt sich um einen regelrechten Industriezweig, der jährlich Millionen von Dollars ver-

schlingt.
Jeder Sport hat seine Saison: Fußball wird im Herbst bis zum Januar gespielt, das Finale heißt *"Superbowl"*. Hockey und Basketball werden vom Winter bis zum Frühling gespielt, Baseball vom Frühling bis zum Ende des Sommers. Für den Baseball sind die Konkurrenten hauptsächlich Kanada, Japan und Kuba. Im amerikanischen Fußball gibt es praktisch keine ausländische Konkurrenz, was die Amerikaner nicht daran hindert, Benennungen wie *„World Champions"* (Fußball) oder *„World Series"* (Baseball) für die Endspiele, in denen sich die besten Nationalmannschaften gegenüberstehen, zu benutzen.
Man muß sich die Eintrittskarten *(tickets)* lange im voraus sichern, besonders wenn zwei „Rivalen" gegeneinander spielen (z. B. Boston-New York). Die Nationalhymne leitet den „Kampf" ein: die Zuschauer erheben sich, und singen aus voller Brust, mit der Hand auf dem Herzen, die erste Strophe *(Oh say can you see…)*. Wenn Ihnen diese Demonstration patriotischer Gefühle auch übertrieben vorkommt, zeigen Sie Ihren guten Willen und stehen Sie auf…

**5** Es ist natürlich schwierig, alle Regeln und Feinheiten einer Sportart zu resümieren. Der amerikanische Fußball ähnelt dem Rugby, aus dem er sich entwickelt hat. Hier ein paar Regeln, die es Ihnen ermöglichen sollen, mit Millionen von Amerikanern ein Spiel zu verfolgen, das böse Zungen als „Kreuzung zwischen dem Rugby und dem Zweiten Weltkrieg" bezeichnet haben (die Spieler tragen Schutzhelme und Knie- und Ellenbogenschützer).
Jede der beiden Mannschaften besteht aus elf Spielern, die im allgemeinen in zwei Gruppen aufgeteilt sind – die Angreifer und die Verteidiger. Das Spiel dauert eine Stunde,

die in vier *quarters* aufgeteilt ist, mit einer Halbzeitpause nach dem zweiten *quarter.* Die Stoppuhr zählt nur die Zeit des tatsächlichen Spiels. Und ein Match kann mehr als drei Stunden dauern, wenn Verlängerungen nötig sind.
Das Los entscheidet (*to flip a coin* = Kopf oder Schrift), wer wählen darf, ob er „*kick*" will oder "*receive*", und das Spiel beginnt. Es geht darum, den Ball (oval, aber kleiner als beim Rugby) mit allen Mitteln hinter die Torlinie der Gegenpartei zu bringen (rennend, weitergebend oder kikkend), ohne dem Gegner Gelegenheit zu geben, dasselbe zu tun.
Jede Partei hat vier Versuchsstöße *(down),* die den Ball mindestens um zehn *yards* weiterbringen müssen (laufend oder zuspielend, oder direkt in Richtung der gegnerischen Verteidigung kickend). Der Ball bleibt in derselben Mannschaft, es sei denn, sie verliert ihn durch Ungeschick oder wenn ihn ein Gegenspieler abfängt.
Wenn eine Mannschaft den Ball hinter die Torlinie der Gegenmannschaft gebracht hat, hat sie ein Tor *(touchdown),* das 6 Punkte einbringt. Wenn sie anschließend über die Stange schießt, bekommt sie einen Punkt mehr. Es ist *transformation.* Jedes ohne *transformation* geschossene Tor erbringt 3 Punkte *(field goal).* Die Verteidiger dürfen den Gegner, der den Ball hat, fassen *(tackle)* und die anderen Spieler bedrängen, ohne sie jedoch mit den Händen zu berühren.
Das Spiel wird jeweils unterbrochen, wenn ein Tor geschossen oder der Ballträger angegriffen wurde. Im letzteren Fall wird das Spiel von der Linie des Handgemenges aus wieder aufgenommen: der *center* schickt den Ball nach hinten, zwischen die Beine des *quarterback...*
Wir überlassen Ihnen das Vergnügen, die anderen Subtili-

täten dieses aufregenden Spiels selbst zu entdecken.

**6** Bei einem Baseball-Match geht es im allgemeinen viel ruhiger zu als bei einem amerikanischen Fußballspiel. Die Regeln sind jedoch genauso kompliziert für den uneingeweihten Zuschauer… Hier die Grundregeln: Es geht darum, *runs* zu erzielen. Der *batter* (der Spieler, der mit seinem Schlagholz – *bat* – den Ball schlagen soll) muß bei allen *bases* der Reihe nach vorbeilaufen *(1st, 2nd, 3rd* und *home base).*
Die Partie besteht aus 9 Runden *(innings)* und wird zwischen zwei Mannschaften von je 9 Spielern ausgetragen: Das *home-team* beginnt mit der Aufstellung seiner 9 Spieler in den 9 Verteidigungspositionen (siehe Seite 381). Das *visiting team* schickt seinen ersten *batter* zu *home plate,* wo er versucht, den ihm vom *pitcher* der Gegenpartei zugeworfenen Ball zu schlagen. Wenn der Ball gut gezielt in der erlaubten Zone – zwischen den Knien und der Brust des *batter* – ankommt, dieser aber den Ball nicht trifft, ist das ein *strike.* Drei *strikes* eliminieren den *batter (out),* jede Mannschaft hat ein Recht auf drei *outs* pro *inning.* Wenn der *batter* den Ball hochschlägt, dieser jedoch abgefangen wird *(caught on a fly)* ist das ein *out:* der *batter* darf nicht in die *first base* und muß zu seinen Mitspielern an den Rand des Spielfeldes *(dugout).*
Wenn jedoch der Ball den Boden berührt, ohne daß ihn die Gegenpartei abgefangen hat (oder wenn ihm der *pitcher* vier „schlechte“ Bälle zugeworfen hat), versucht der *batter* den *run* (oder *home run).* Wenn ein Spieler der Gegenpartei ihn mit dem Ball trifft, bevor er die erste *base* erreicht oder wenn der Ball vor ihm dort ankommt, ist der *batter out.* Wenn drei Spieler der „schlagenden“ Partei *out*

sind, werden die Rollen getauscht.

**7** Bei einem Match findet das Schauspiel genausogut in den Rängen der Zuschauer wie auf dem Spielfeld statt: Die *cheerleaders* (Gruppen junger Frauen, die meistens im Funkenmariechenstil angezogen sind) fordern die Zuschauer auf, die Spieler anzufeuern. Die Anhänger tragen

**IN SHORT...**

**1** When three batters are out, the team at bat exchanges places with the team in the field. **2** American football is a violent sport; any players can be tackled, even if they're holding the ball. **3** Football and base-ball games draw thousands of fans to the stadium. **4** There is much cheering and yelling, but even if the spectators become very agitated there is rarely any violence. **5** The World Series is the championship game for the best team in professional base-ball. **6** There are 18 golf courses and 148 tennis courts scattered throughout Indianapolis.

**ANECDOTES AND SAYINGS**

*Pro football is like nuclear warfare. There are no winners, only survivors.*

Gifford, former player

*Say this for big league baseball; it's beyond any question the greatest conversation piece ever invented in America.*

Bruce Catton

die Farben ihrer Mannschaft, schwingen Spruchbänder und Fahnen und schreien sich die Seele aus dem Leib. Ambulante Hot dog, Popcorn und Getränke (Soda)-Verkäufer (Alkohol ist verboten) tragen das ihre zu dieser fast unwirklichen Kakophonie bei… und die Orchester, die die Spieler unterstützen, hören während der ganzen Spielzeit nicht auf, „Musik" zu produzieren!

**IN KÜRZE…**

**1** Wenn drei Schläger *out* sind, tauscht der Schlägerteam mit dem Team im Feld die Plätze. **2** Der amerikanische Fußball ist ein sehr brutaler Sport; alle Spieler können angegriffen werden, sogar wenn sie den Ball haben. **3** Der amerikanische Fußball und der Baseball ziehen Tausende von Fans in die Stadien. **4** Es wird viel Beifall gerufen und geschrien, aber trotz der Erregung der Zuschauer kommt es selten zu Gewalttätigkeiten. **5** Die *World Series* ist das Finale, das die beste Berufsbaseballmannschaft ermittelt. **6** Es gibt 18 Golfplätze und 148 Tennisplätze, die in ganz Indianapolis verstreut sind.

*To see some of our best-educated boys spending the afternoon knocking each other down, while thousands cheer them on, hardly gives a picture of a peace-loving nation.*

Lyndon Baines Johnson
36th President of the United States of America

# EDUCATION

## *Colleges and Universities* (1)

**1** — Guess who I saw at the college reunion last week? Doug was there. He came with his wife Mary Grant. She belonged to the Alpha Kapa Sorority. **(2) (3)**

**2** — I remember her. She got straight *A*s in every subject. Pretty girl, popular both among students and faculty. **(4) (5)**

**3** — Lucky Doug! He deserves what he's got, though. He's had such a tough life as an undergrad. He worked so hard to write his term papers while others were having fun attending their fraternity parties or joining extra-curricular activities. **(6) (7) (8) (9)**

**4** — Why is that?

**5** — He was a good student in high school, so he was granted a scholarship, but it wasn't enough to pay for his tuition, so he applied for a night job at a nearby gas station. **(10) (11)**

**6** — What does he do now?

**7** — Well, he works for the Mayo Clinic as a cardiologist. Supposed to be good at it too. He often gives lectures across the country… **(12) (13)**

**8** Someone else was there, couldn't believe it. Joe Klink showed up! He's now a respectable college teacher! **(14)**

**9** — Are you serious? Joe was always fooling around in high school and everyone thought he'd be a college dropout. **(15)**

**10** — He's obviously settled down. He attended Harvard University and successfully completed his Ph.D. He said he'd ask for a sabbatical, next year. **(16) (17)**

**11** He's requested a position abroad through a special teaching program with the Peace Corps. He says it's a good opportunity before his kids enter kindergarten. **(18) (19)**

*Universitäten*

**1** — Rate mal, wen ich auf dem Mitschüler-Treffen letzte Woche getroffen habe? Doug war da. Er kam mit seiner Frau Mary Grant. Sie gehörte dem Frauenkreis Alpha Kapa an.

**2** — Ich erinnere mich an sie. Sie hatte die besten Noten in allen Fächern. Ein hübsches Mädchen, sehr beliebt, sowohl bei den Studenten als auch bei den Lehrern (Professoren).

**3** — Doug ist ein Glückspilz! Aber er hat es verdient. Als Student hatte er ein hartes Leben. Er hat es schwer gehabt, seine Vierteljahresarbeiten zu schreiben, während die anderen sich auf ihren Bruderschaftsversammlungen oder sonstwo amüsierten.

**4** — Und warum?

**5** — Weil er ein guter Oberschüler war, hatte er ein Stipendium bekommen; aber da es für das Schulgeld nicht reichte, bewarb er sich für Nachtarbeit an einer Tankstelle in der Nähe.

**6** — Was macht er jetzt?

**7** — Nun, er ist Herzspezialist an der Mayo-Klinik. Er soll sogar gut sein. Er hält Vorträge im ganzen Land…

**8** Es war noch ein anderer da. Ich konnte es kaum glauben: John Klink! Er ist jetzt ein ehrbarer Universitätsprofessor!

**9** — Im Ernst? Joe hat in der Oberschule nur Unsinn getrieben, und keiner hat gedacht, daß er je sein Studium abschließen würde.

**10** — Offensichtlich ist er seriös geworden. Er hat an der Harvard-Universität studiert und seinen Doktor gemacht. Er sagt, er wolle für das kommende Jahr Bildungsurlaub beantragen.

**11** Er hat sich für einen Posten im Ausland beworben, für ein spezielles Lehrprogramm mit dem *Peace Corps*. Er meint, die Gelegenheit ist günstig, bevor seine Kinder in den Kindergarten kommen.

**12** — You're cheering me up! Matt might be a future college graduate after all. His report can't be worse than Joe's.

**13** — Don't fret! He's only in junior high! You seem to forget about your own behaviour at school. Your mother's told me a couple stories…

**14** — Don't you dare reveal any of this to our son. I keep on telling him what an exemplary student I was!

**1** Cambridge ist die amerikanische Universitätsstadt *par excellence.* Ihre zwei Universitäten, Harvard und das MIT *(Massachusetts Institute of Technology),* haben Weltruf. Sie zählen zu den besten des Landes. Die Aufnahmebedingungen sind sehr streng, nur Kandidaten mit den allerbesten Bewertungen haben eine Chance, aufgenommen zu werden, und die Schulgebühren sind für den gewöhnlichen Sterblichen unbezahlbar.
Ein Geistlicher, John Harvard, hinterließ 1636 eine große Summe Geld für die Erbauung einer Universität. Harvard ist somit eine der ältesten Universitäten der Vereinigten Staaten. Ihre Bibliothek ist berühmt. Sie enthält mehr als zehn Millionen Titel! Harvard gehört zu den *Ivy League Universities,* den Prestige-Universitäten, wie auch Yale, Princeton, Columbia, Amherst. Dieser Name hängt zweifellos mit dem üppigen Efeu, mit dem die roten Backsteinmauern dieser Universitäten bewachsen sind, zusammen.

**2** *College reunion:* Diese Zusammenkünfte ehemaliger Schüler sind sehr üblich. Viele Teilnehmer kommen regelmäßig. Wenn einer der ehemaligen Schüler sich einem anderen vorstellt, nennt er, nach seinem Namen, systematisch

12 — Du machst mir wieder Mut! Wer weiß, vielleicht wird aus Matt noch ein Akademiker. Seine Zeugnisse können kaum schlechter sein als die von Joe.

13 — Mach dich nicht verrückt! Er ist erst in der Unterstufe! Du scheinst dein eigenes Benehmen in der Schule vergessen zu haben! Deine Mutter hat mir einiges erzählt…

14 — Unterstehe dich, unserm Sohn irgendwas davon zu enthüllen. Ich bleibe jedenfalls bei meiner These von der beispielhaften Schülerin, die ich war!

die Jahreszahl seiner *graduation.*

**3** *Alpha Kapa Sorority:* Frauenzirkel Alpha Kapa. Die *sororities* und die *fraternities* (Schwestern- und Bruderschaften) sind ein wichtiges Element des studentischen Lebens auf den meisten amerikanischen Universitätsgeländen *(Campus).* Diese Klubs sollen den Studenten aus der Anonymität heraushelfen, die eine so große Anzahl von Studenten automatisch zur Folge hat (manche Universitäten nehmen bis zu fünfzigtausend Studenten auf!). Ihre Namen sind immer aus griechischen Buchstaben zusammengesetzt, die die geistige Überlegenheit ihrer Mitglieder symbolisieren sollten. In Wirklichkeit war die Zugehörigkeit zu einer sozialen oder religiösen Gruppe, zumindest in der Vergangenheit, entscheidend. Die falsche Rassen- oder Geschlechtszugehörigkeit schloß einen solchen Kandidaten von vornherein aus…
Noch heute braucht man, wenn man „Bruder" oder „Schwester" *(brother or sister)* werden will, einen „Paten" zur Einführung, und dann muß man sich dem „Urteil" der Bruderschaftsmitglieder aussetzen. Wenn man akzeptiert ist, muß man sich noch mehreren Mutproben (*initiation*

oder *rush*) unterziehen. Die Häuser der *fraternities* oder *sororities* stehen auf dem Universitätsgelände oder ganz in der Nähe. Die Mitglieder wohnen darin. Ihre Anzahl ist von Campus zu Campus verschieden.

**4** *As:* Das Notensystem reicht von A bis E (A ist die beste Note), von der Vorschule an bis zur Universität. Ein *A student* ist ein ausgezeichneter Schüler.
*Subject:* Materie, Fach. Die Grundlage des amerikanischen Schulsystems sind die *credits.* Die *credits* beherrschen nicht nur die Universität, sondern auch das Gymnasium: Für das Abschlußdiplom zum Beispiel braucht man eine gewisse Anzahl davon, die man während der drei Oberschuljahre angesammelt haben muß, ein festgelegtes Minimum in den (obligatorischen) Hauptfächern (Mathematik, Englisch, Biologie, Geschichte und Erdkunde), den Rest in den Wahlfächern.
Die Flexibilität dieses Unterrichtssystems erlaubt den Fleißigsten (oder Begabtesten), mehr *credits* in den „schwierigen" Fächern zu „machen" und so zum Universitätsniveau aufzusteigen. Dieses System erlaubt es auch den Schülern, die nicht weiterstudieren wollen oder können, die Schule mit einem Abschlußzeugnis zu verlassen ohne „Sitzenbleiben" oder „Durchfallen". Die Wahlfächer sind weitgestreut und vielfältig: sie reichen von Fremdsprachen bis Automechanik, vom Schreibmaschinenschreiben bis zur Erlernung der Taubstummensprache, vom Kochen bis zum Bergsteigen!
Sport wird überall großgeschrieben. Ein mittelmäßiger (bis schlechter) Schüler kann an die Universität, wenn er ein guter Sportler ist (besonders im amerikanischen Fußball). Mitglied einer Studentenmannschaft im amerikanischen

Fußball zu sein ist, obwohl die Spieler nicht bezahlt werden, eine beneidenswerte Position, die zusätzlich zum Prestige (die Spiele werden im Fernsehen gebracht, genau wie die der professionellen Mannschaften!) viele materielle Vorteile bringt (Autos, Wohnungen…).

**5** *Students and faculty:* Schüler und Lehrkörper. Das englische Wort *pupil* wird im Amerikanischen nicht verwendet. Man wird als Erstkläßler *student* und bleibt es bis zum Ende des Studiums. Die Gesamtheit der Lehrer und der für den Unterricht Verantwortlichen bilden die *faculty.*
Für den Unterricht in der Volksschule und in der Oberschule braucht ein Lehrer die gleiche Ausbildung. Die Gehälter sind die gleichen. Die Schulen werden teils vom Staat, teils von den Gemeinden unterhalten. Deswegen liegt das Unterrichtsniveau im allgemeinen in den armen Gemeinden niedriger als in den reichen, was die schon erheblichen sozialen Unterschiede weiter verschärft.

**6** Ein *undergraduate student* ist ein Student, der noch nicht sein *Bachelor's Degree* (unterster akademischer Grad) hat. Es gibt davon zwei: den B.A. *(Bachelor's of Arts)* und den B.S. *(Bachelor's of Science).* Ein Student braucht 120 bis 125 Semestereinheiten mit einer Mindestnote von C (Durchschnitt), um diesen ersten akademischen Grad zu erreichen. Er hat ungefähr fünfzehn Stunden Vorlesungen pro Woche; er muß Aufsätze und Dissertationen schreiben und schriftliche und mündliche Prüfungen ablegen.
Im ersten Jahr heißen die Studenten *Freshmen,* im zweiten Jahr *Sophomores,* im dritten *Juniors* und im vierten *Seniors: I'm a freshman in English literature at Purdue,*

ich studiere englische Literatur an der Purdue Universität und bin im ersten Studienjahr. In der *Senior High School* gelten die gleichen Bezeichnungen, *sophomores* für die Schüler der 10. Klasse, *juniors* für die der 11., und *seniors* für die der 12. (Abschlußklasse).
Das *Master's (degree):* M.A. oder M.S. entspricht etwa dem Magister-Grad.

**7** *Term paper:* Vierteljahresarbeit. Man sagt auch *History paper* (Aufsatz in Geschichte) usw. In vielen Universitäten ist die Studienzeit in Trimester und nicht in Jahre eingeteilt; man kann in einem Jahr ein, zwei, drei oder vier Trimester hinter sich bringen. Wer seine Studienzeit schnell beenden will, kann alle vier Trimester lang die Vorlesungen besuchen. Es ist jedoch ebenso möglich, nur ein oder zwei Trimester im Jahr zu studieren, wenn man zum Beispiel in der restlichen Zeit arbeiten muß, um sein Studium zu bezahlen.

**8** *Fraternity* (siehe Anmerkung 3): Bruderschaft. Diese Zirkel oder Klubs waren in den 50er Jahren große Mode, in den 60er Jahren galten sie als zu konservativ und reaktionär. Heute haben sie hauptsächlich wegen der Zimmerknappheit *(dorms)* wieder Zuspruch.
Die *dorms (dormitories)* sind Gebäude auf dem Campus oder in seiner Nähe. Sie gehören der Universität. Die Studenten mieten die Zimmer, die sie mit ihren Zimmergenossen *(room-mates)* teilen. Die Verhaltensregeln in den *dorms* sind oft sehr strikt, um das Gemeinschaftsleben zu respektieren. Die jungen Amerikaner akzeptieren diese Regeln und im allgemeinen herrscht eine angenehme und fröhliche Stimmung.

**9** *Extra curricular activities:* außerschulische (oder freiwillige) Aktivitäten.
Sie sind sehr populär: Sport, Theater, Musik, Diskussionen, Vorträge... Jedes Gymnasium, auch das bescheidenste, hat seine Theatertruppe, seine Blaskapelle, seinen Chor und ein Orchester, das sich hören lassen kann.

**10** *High school:* Oberschule. *Junior high:* Unterstufe. *Senior high:* Oberstufe. Mit 12 Jahren kommt man in die *Junior high,* in den *7th grade.* Die Bezeichnung der Klasse geht von der ersten bis zur zwölften. Die *Junior high* dauert drei Jahre *(7th, 8th and 9th grade).* Dann kommt die *Senior high (10th, 11th and 12th grade).* Am Ende der 12. Klasse ist man *graduate,* das heißt, man bekommt sein Abschlußzeugnis im Laufe einer *graduation ceremony* überreicht (mit unserem Abitur vergleichbar). Diese Feier hat eine große Bedeutung im Leben des Absolventen, eine ähnliche Feier findet bei der Verleihung des *Bachelor's Degree* statt. Diese Schüler oder Studenten sind mit einer langen, dunklen Toga bekleidet und tragen ein gleichfarbiges Barett, das mit einer Quaste verziert ist, welche nach der Überreichung des Diploms auf der anderen Seite getragen wird. Diese Feier, das *commencement* (!), ist von langen Ansprachen der Mitglieder des Lehrkörpers begleitet. Die ganze Familie und die Freunde sind eingeladen. Ein Bankett beschließt die Feier.

**11** *Scholarship:* Stipendium. Die besten Oberschüler können Stipendien bekommen, die ihnen das Studieren ermöglichen. Firmen bieten den „meistversprechenden Elementen" Kredite an (siehe DES MOINES, Anmerkung 7).
Obwohl die staatlichen Universitäten wesentlich billiger

sind als die privaten, überrascht die Höhe der Studiengebühren viele Europäer.

**12** *Mayo clinic:* die Mayoklinik ist in Rochester, Minnesota. Diese Klinik, an der ungefähr 3 500 Ärzte praktizieren, und die zahlreichen Krankenhäuser, in denen sich die Kranken aufhalten, machen Rochester zum „Mekka" der modernen Medizin.

**13** *Lectures:* Vorträge. Von den Studenten sehr geschätzt. Sie werden nicht nur von den Professoren gehalten.

**14** *College teacher:* Universitätsprofessor. Das *college* ist entweder eine kleine Universität, die bis zum *Bachelor's Degree* führt, oder an einer großen Universität die Abteilung für *„undergraduates"* (die Studenten, die noch nicht diplomiert sind). Es gibt auch *junior colleges* oder *community colleges,* für *freshmen* und *sophomores,* die ein Diplom erteilen: das A.A. *(Associate in Arts).*
*To show up* wird oft mit „auftauchen" übersetzt. Wir haben statt der wörtlichen Übersetzung vorgezogen, den Text sinngemäß wiederzugeben.

**15** *To drop out:* sich zurückziehen, aufgeben. Ein *dropout* ist ein Schüler oder Student, der sein Studium vor dem Abschluß aufgibt. Dies ist vor allem in der Oberschule sehr häufig, besonders in den unterprivilegierten Schichten der Bevölkerung. Viele Anstrengungen werden gemacht, um dieses Phänomen zu verringern. Einer unbarmherzigen Verbrauchergesellschaft gegenüber und bei einem immer größer werdenden Abstand zwischen den Reichen und den Armen, verlassen viele enttäuscht die Schule in der Überzeugung, daß ihnen das Lernen sowieso nichts nütze. Für manchen von ihnen ist das leichtverdiente Geld des Drogenhandels das einzige Mittel, „es zu etwas zu bringen".

**16** *Ph.D.:* Doktorat. Immer mehr Studenten führen ihr Studium bis zum *Master's* oder gar bis zum *Ph.D. (Philosophical Doctorate),* ein Zeichen der Zeit. Die Amerikaner sind stolz auf ihre Diplome. Sie hängen sie eingerahmt im Büro oder im Wartezimmer (Ärzte und Rechtsanwälte) auf.

**17** *Sabbatical year:* den Lehrern nach je 6 Jahren Arbeit zugestanden. Sie beziehen während dieses Jahres die Hälfte ihres Gehalts weiter.

**18** Das *Peace Corps* (mehr oder weniger Entwicklungshilfe), 1961 von der Bundesregierung gegründet, schickt junge Leute auf freiwilliger Basis in die Entwicklungsländer, wo sie auf den verschiedensten Gebieten (Landwirtschaft, Medizin, Lehrwesen...) an Entwicklungsprojekten mitarbeiten.

**19** *Kindergarten:* für Kinder von 4 bis 6 Jahren. Diese Kindergärten sind meistens privat und sehr teuer; nur wenige Eltern können sie sich leisten. Gewisse Gemeinden sind bestrebt, dieser Lage abzuhelfen und „Vorschulen" einzurichten, die sie subventionieren mit dem Ziel, die *day-care-centers* zu ersetzen, die eher Kinderbewahranstalten als ordentliche Kindergärten oder Vorschulen sind.

**IN SHORT…**

**1** A modular schedule is used in Jefferson high school and it's working out very well. **2** I don't like the food at the school cafeteria, so I bring my own lunchbag. **3** He graduated last year in education; now he is a French teacher at John Marshall Junior High. **4** For most members, belonging to a fraternity means climbing up the social ladder. **5** Many high school drop-outs come from a poor social background. **6** Her report cards were so good, she received a scholarship for her future studies.

*I come from the city of Boston, the home of the bean and the cod, where Cabots*[1] *speak only to Lowells*[2], *and Lowells speak only to God.*

Samuel C. Bushnell

[1 2] Cabot et Lowell = Familien der Bostoner *high society.*

**N KÜRZE...**

1 Das Jefferson-Gymnasium hat den Modulzeitplan eingeführt, und las funktioniert sehr gut. **2** Ich mag das Essen der Schulkantine nicht, leswegen bringe ich mein eigenes Essen mit. **3** Er hat letztes Jahr eine Lehramtsprüfung gemacht und ist jetzt Französischlehrer an der ohn Marshall Junior High. **4** Für die meisten Mitglieder einer Bruderschaft bedeutet diese Mitgliedschaft den sozialen Aufstieg. **5** Viele on denen, die die Oberschule vor dem Abitur verlassen, stammen aus iner armen Sozialschicht. **6** Ihre Zeugnisse waren so gut, daß sie ein Stipendium für ihr zukünftiges Studium bekam.

237

# FLORIDA

## Part one

### *The Sunshine State* **(1) (2)**

**1** Talking about the weather is as popular in the United States as it is anywhere else. It always provides a good subject to anyone who wants to start a conversation… or an argument!

**2** — Nice weather, wouldn't you say? **(3)**

**3** — A bit too hot and muggy. I guess I'll never get used to that humidity! **(4)**

**4** — Don't always complain, Maggy. It must be in the low 80's and thanks to the sea breeze we hardly have any humidity. **(5)**

**5** — Of course you never feel anything. At night you sleep like a log while I can't get comfortable I'm so hot. **(6)**

**6** — Oh c'mon. The fan's on all night and the waterbed's nice and cool. **(7)**

**7** — The fan's noisy and the bed's wavy! **(8)**

**8** — What's wrong, Maggy? We're in our golden days, enjoying our retirement… We live in a nice condo by the sea… **(9) (10)**

**9** — That's something else, I'm so scared another hurricane might come through again…

**10** — You shouldn't worry so much. Anywhere you live there's bound to be something happening.

**11** Look at the Sheffields up north. Every winter they have to put up with blizzards. The Griffins in Iowa, they just went through two severe tornado watches…

**12** And even worse, the Creightons in California had to move because their house was damaged by the last earthquake! It seems to me we're pretty safe here! **(11)**

25

**13** — Well, you're right as usual, Jim. How about a nice walk along the beach? Look at who's coming! Hi Julie!

## Erster Teil

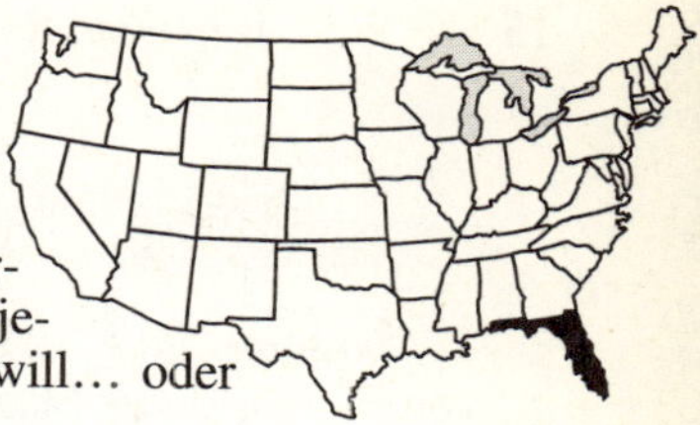

### *Der Staat in der Sonne*

1 Über das Wetter zu reden ist in den Vereinigten Staaten genauso populär wie überall sonst. Es ergibt immer ein gutes Thema für jeden, der ein Gespräch beginnen will… oder einen Streit!

2 — Schönes Wetter, nicht wahr?

3 — Ein bißchen zu heiß und zu schwül. Ich werde mich nie an diese Feuchtigkeit gewöhnen.

4 — Beklag dich nicht immer, Maggy. Wir haben vielleicht 26 oder 27 °C, und dank der Brise vom Meer her haben wir so gut wie keine Feuchtigkeit.

5 — Natürlich, du spürst nie etwas. Nachts schläfst du wie ein Holzklotz, während ich es vor lauter Hitze nicht aushalten kann.

6 — Komm, hör auf. Der Ventilator ist die ganze Nacht an, und das Wasserbett ist angenehm kühl.

7 — Der Ventilator macht Krach, und das Bett macht Wellen!

8 — Was hast du nur, Maggy? Wir sind in den besten Jahren und profitieren von unserm Ruhestand… Wir leben in einer schönen Wohnung am Meer…

9 — Ein schöner Vorteil! Ich lebe in der Angst vor einem neuen Orkan…

10 — Du solltest dir nicht so viel Sorgen machen. Wo du auch lebst, es passiert überall etwas.

11 Sieh dir die Sheffields im Norden an: jeden Winter müssen sie die Schneestürme ertragen. Die Griffins in Iowa hatten gerade zweimal hintereinander ernsthaften Wirbelsturmalarm…

12 Und, noch schlimmer, die Creightons in Kalifornien mußten umziehen, weil ihr Haus von dem letzten Erdbeben beschädigt worden war. Ich meine, wir sind hier eher in Sicherheit!

13 — Das stimmt, du hast recht, wie immer, Jim. Was hältst du von einem schönen Spaziergang am Strand entlang? Schau mal, wer da kommt. Hallo, Julie!

**14** — Hi Jim, hi Maggy! Nice day isn't it? **(12)**
**15** — Well, it's too… too good to be true!

**1** *„Sunshine State":* „Sonnenscheinstaat" ist der Beiname von Florida. Jeder Staat hat einen solchen Beinamen, der ihn definiert. Man findet diese Beinamen sogar oft auf den Nummernschildern der Autos. Arizona ist der *„Grand Canyon State"*, Louisiana ist der *„Sugar State"*, Minnesota das *„Land of 10.000 Lakes"* usw.

**2** Florida erhielt seinen Namen von Ponce de Leon, der es am Palmsonntag (auf spanisch *Pascua Florida*) entdeckte.

**3** *Nice weather, wouldn't you say?* ist eine der gängigsten Redensarten, wenn man ein Gespräch anfangen will. Es gibt noch mehr davon:
*It's going to be a beautiful day, isn't it?*
*It's turning out to be a lovely afternoon.*
*It's such a wonderful day.*
*What a beautiful sunset!*
*What bad weather!*

**4** *Muggy:* schwül. In Florida ist die Luftfeuchtigkeit sehr hoch im Sommer, was eine schwer erträgliche Schwüle zur Folge hat. Deswegen ist der Winter die Haupttouristensaison.

**5** *80's:* zwischen 26° und 32° Celsius. In den Vereinigten Staaten werden die Temperaturen in Grad Fahrenheit gemessen. Um die Grad Fahrenheit in Grad Celsius umzu-

**14** — Hallo, Jim, hallo, Maggy! Ein schöner Tag heute, nicht wahr?
**15** — Nun ja, er ist zu… zu schön um wahr zu sein!

rechnen, muß man von der Zahl der Fahrenheit-Grade 32 abziehen und das Ergebnis mit 5/9 multiplizieren. Weil das etwas kompliziert ist, genügt es vielleicht zu wissen, daß 32 °F = 0 °C, 98,6 °F = 37 °C (die normale Körpertemperatur) und 70 °F = 21 °C ergeben.

**6** *Hot* = heiß; *warm* = warm; *lukewarm* = lauwarm (nur beim Wasser); *cool* = kühl; *cold* = kalt; *chilly* = frostig; *freezing* = eiskalt, gefroren.

**7** Es gibt zwei Methoden, die Luft in einem Haus zu kühlen *(to cool off)*. Eine davon, die modernere, ist das *air conditioning*, das die Amerikaner lieben und oft mißbrauchen. Die Geschäfte, die Autos und Häuser sind praktisch alle damit ausgestattet. Aber Vorsicht: Halsschmerzen und Erkältungskrankheiten aller Art sind durch die allzugroßen Temperaturunterschiede zwischen drinnen und draußen gang und gäbe! Die andere Methode, die älter und natürlicher (wenn auch nicht so wirksam) ist: der an der Decke befestigte Ventilator mit seinen großen Schraubenflügeln.

**8** *Waterbed:* Das Wasserbett ist große Mode in den Vereinigten Staaten. Diese mit Wasser gefüllte Matratze ist sehr schmiegsam und paßt sich der Körperform an. Aber Sie riskieren, seekrank zu werden, besonders wenn Ihr/e Bettgenosse(in) sich zu sehr hin- und herwälzt!

**9** *Retirement:* Ruhestand. *To retire:* in den Ruhestand treten. Seit mehr als fünfzig Jahren kommen viele Amerikaner nach Florida und nehmen hier ihren bleibenden Wohnsitz, nach dem sie lange Jahre davon geträumt haben. Diese Binnenwanderung der *senior citizens* (Senioren) hat Städte wie Fort Myers oder Clearwater vollkommen verändert. Sie haben sich ganz auf die Dienstleistungsindustrie für Senioren umgestellt. Aber auch junge Paare auf der Hochzeitsreise kommen gern hierher, was dem Staat Florida den zweischneidigen Ruf „das Land der Neuvermählten und der Fast-Toten" *(the land of the newlywed and the nearly dead)* zu sein, einbrachte. Man sagt, daß die Bevölkerung Floridas vergleichbar ist mit dem, was die Vereinigten Staaten um 2010 sein werden. Aber diese Bevölkerung von Rentnern sucht hier zweifellos (wie Ponce de Leon) den berühmten Jungbrunnen. Wenn man die Geschichten glaubt, die man darüber hört, sind sie nicht umsonst gekommen… Die *Fountain of Youth of Memorial Park* soll gewisse Eigenschaften haben… Sie können sie testen… gegen klingende Münze, natürlich!

**10** *Apartment (flat* in G.B.*):* Wohnung. *Condo* oder *Condominium:* Eigentumswohnung. Die *condos* sind auf anspruchsvolle Bewohner ausgerichtet; meist sind die Gebäudegruppen, zu denen sie gehören, mit Schwimmbädern, Saunas, Gymnastik- und Gemeinschaftsräumen ausgestattet, auf deren Benutzung die Miteigentümer ein Anrecht haben. Viele dieser Gebäude für Senioren nehmen keine jungen Paare mit Kindern auf. So bilden sich ganze Viertel, in denen nur alte Leute wohnen, die keinerlei wirklichen Kontakt zur Jugend haben. Manche Gemeinden lehnen es sogar ab, Schulen zu bauen, um junge Paare fernzuhalten.

Glücklicherweise handelt es sich um eine Minderheit, und selbst in diesen Luxusghettos fängt man an zu begreifen, daß hier unnatürliche Verhältnisse geschaffen wurden.
Seit einigen Jahren entwickelt sich das *Time-sharing* mit Riesenschritten: Man kauft eine möblierte Luxuswohnung für ein paar Tage oder Wochen im Jahr. Diese Formel ermöglicht den Wohnungstausch, und man kann auf diese Weise ohne große Kosten die Ferien in den verschiedensten Gegenden verbringen.

**11** *Hurricane* (Orkan, Wirbelsturm), *blizzard* (Schneesturm), *tornado* (Tornado), *earthquake* (Erdbeben)… Alle diese Naturereignisse sind sehr häufig in den Vereinigten Staaten. Die Orkane betreffen nur die Küstenregionen, vor allem im Südosten. Manchmal verursachen sie alles verwüstende, todbringende Flutwellen. Den Blizzard finden wir in den Nordstaaten. Diese starken Schneestürme begraben in kurzer Zeit Bäume, Autos und Häuser.
Die Tornados suchen ganz Nordamerika heim und zerstören alles, was auf ihrem Weg liegt. Die Wetterberichte *(weather report, weather forecast)* interessieren deswegen jeden. Es gibt sogar ein Programm (im Kabelfernsehen), das sie rund um die Uhr ausstrahlt. Wenn ein Blizzard, Tornado oder Orkan im Anzug ist, überträgt das Fernsehen eine Warnung mit Angabe der *counties* mit dem höchsten Risiko. Wenn man in einer der erwähnten Regionen wohnt, muß man in Hörbereitschaft bleiben. Die *warnings* (in Radio und Fernsehen) werden immer häufiger und werden *watch* (Alarm) genannt, wenn die Voraussagen sich bestätigen. In diesem Fall muß man die nötigen Vorsichtsmaßregeln befolgen: in den Keller gehen, unter den Tisch oder das Klavier kriechen oder die für solche Katastrophen ge-

bauten öffentlichen Schutzräume aufsuchen.

**12** Ein paar Vokabeln, die Ihnen helfen sollen, den Wetterbericht besser zu verstehen:
*five below:* 5° unter Null (Fahrenheit natürlich = minus 20° Celsius)
*drought:* Trockenheit
*snowfall:* Schneefall
*trade-winds:* Passatwinde
*waterspour:* Wasserhose (auch Wolkenbruch)
*storm:* Sturm, aber auch Gewitter

**IN SHORT…**

**1** Once, the temperature dropped down to 30° below. We were freezing! **2** Under a tornado watch, you should bring your children down to your basement. **3** He just bought a beautiful condominium in the suburbs. **4** How long is it till you retire? **5** Don't wake him up. He is sleeping like a log. **6** I don't mind the weather just so it's warm and sunny all day.

Once an old woman looked at her old man and said:
– What's wrong? You haven't stirred from that rockin' chair for days!
– Well, replied the old one, I don't know what's the matter.

So the old woman took her husband to the doctor…
After examining him, the doctor sent him back to the waiting room.

25 He then said to the old woman:

*heat wave:* Hitzewelle
*hail:* Hagel
*dry season:* Trockenzeit
*rainy season:* Regenzeit
*sleet:* Graupelregen, Eisüberzug
*wind speed 30 MPH (miles per hour):* Windstärke 30 Meilen pro Stunde (eine Meile = 1 609,33 m = ca. 1,6 km)
*wind chill:* Außentemperatur ohne Windschutz

**IN KÜRZE...**

**1** Einmal ist die Temperatur unter 30 F° (minus 34 °C) gesunken. Wir wären bald erfroren! **2** Bei Tornado-Alarm soll man die Kinder in den Keller bringen. **3** Er hat gerade eine schöne Wohnung in einem Vorort gekauft. **4** Wie lange dauert es, bis Sie in Rente gehen? **5** Wecken Sie ihn nicht (weckt ihn nicht auf), er schläft wie ein Murmeltier. **6** So lang es den ganzen Tag warm und sonnig ist, soll mir jedes Wetter recht sein.

– Not too serious if you're being careful. What you should do is attend to his wishes every minute of the day, cook him very fine meals and never argue with what he says.
– What would happen if I didn't do all these things? asked the woman, worried.
– He would slowly but surely die…

The old couple went back home and the old man asked:
– So, what did the doctor say?
– He said you'd slowly but surely die…

**Part two**

### *A Few Dates*

**Cubans**

**1973** On April 7th, the "Freedom Flights" from Cuba come to an end, after seven and one half years (with nearly 231,000 refugees). The airlifts bringing refugees into Miami at the rate of 48,000 a year transformed the ethnic make-up by adding at least 100,000 Cubans to the 150,000 already there.

**1987** Bob Martinez is the first person of Spanish ancestry to become governor of Florida since the Spanish period. **(1)**

**N A S A**

**1958** The National Aeronautics and Space Administration begins operation at Cape Canaveral. Explorer I, first U.S. earth satellite, is launched.

**1969** July 16, Apollo 11 lifts off from Cape Kennedy to carry the first men to the moon.

**1986** The Kennedy Space Center witnesses America's worst space tragedy, when the space shuttle "Challenger" explodes after take-off. All seven astronauts aboard are killed.

**1988** Florida once again becomes the center for America's space program. **(2)**

**The Keys**

**1935** A storm sweeps a mid-section of the Florida keys and kills nearly 400 people.

**1983** Thirty-eight overseas highway bridges from Key Largo to Key West are completed under the Florida Keys Bridge Replacement Program.

**1986** Treasure hunter Mel Fisher continues to salvage vast amounts of gold and silver from his discovery of the Spanish galleon *Nuestra Señora de Atocha,* which sank in 1622 during a hurricane off Key West. **(4)**

**Zweiter Teil**

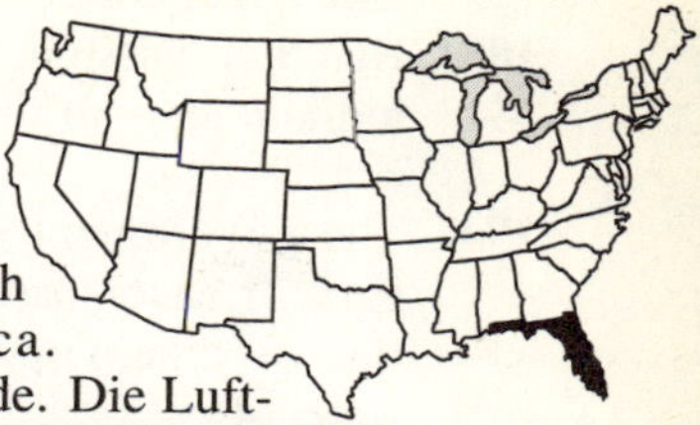

### *Ein paar Daten*

**Die Kubaner**

**1973** Am 7. April nahmen die „Freiheitsflüge" von Kuba aus nach siebeneinhalb Jahren (mit ca. 231 000 Flüchtlingen) ein Ende. Die Luftbrücken brachten jährlich 48 000 Flüchtlinge nach Miami und veränderten seine ethnische Zusammensetzung durch das Hinzukommen von mindestens 100 000 Kubanern zu den 150 000 schon vorher ansässigen.

**1987** Bob Martinez ist der erste Gouverneur spanischer Abstammung seit der spanischen Periode.

**Die NASA**

**1958** Die nationale Luft- und Raumfahrtbehörde beginnt mit ihrer Arbeit in Cape Canaveral. Explorer I, der erste U.S.-Erdsatellit, wird auf die vorgesehene Umlaufbahn gebracht.

**1969** Am 16. Juli startet Apollo 11 in Cape Kennedy, um die ersten Menschen zum Mond zu bringen.

**1986** Das Kennedy Space Center ist Zeuge der größten Raumfahrttragödie der Vereinigten Staaten, als der Raumpendler „Challenger" nach dem Start explodiert. Die sieben Astronauten an Bord kommen ums Leben.

**1988** Florida wird wieder zum Mittelpunkt der amerikanischen Raumfahrtprogramme.

**Die Keys**

**1935** Ein Sturm fegt über die Hälfte der Keys von Florida und tötet 400 Menschen.

**1983** Dank des Florida Key-Brückenersatzprogramms werden achtunddreißig Brücken über dem Meer gebaut, die Key Largo mit Key West verbinden.

**1986** Der Schatzsucher Mel Fischer hebt weitere große Mengen Gold und Silbers der spanischen Galeone *Nuestra Señora de Antocha,* die 1622 bei einem Orkan vor Key West gesunken war.

**The Everglades**

**1881** Hamilton Disston, a Philadelphia industrialist, buys four million acres of the Everglades, at twenty-five cents an acre.

**1947** The government establishes the Everglades National Park. It encompasses 1.4 million acres or most of Florida's southern tip – an area larger than the state of Delaware. **(4)**

**Amusement Parks**

**1966** The 700-million-dollar Walt Disney World, to be built in the Orlando area, is announced.

**1971** Walt Disney World opens October first.

**1980** Tampa opens its own water theme park, Adventure Island.

**1982** The 800-million-dollar Epcot Center opens at Walt Disney World.

**1** *Little Havana:* Wie es auch in vielen anderen amerikanischen Metropolen geschah, wurde das Stadtzentrum *(downtown)* von Miami von seinen weißen Bewohnern verlassen, die sich in vornehmeren und sichereren Vororten niederließen. So wurde Platz frei für eine wachsende schwarze Bevölkerung und für eine „Invasion" von Tausenden von kubanischen Flüchtlingen.
Das Herz Miamis, *Little Havana,* schlägt im Rhythmus Lateinamerikas (besonders Kubas). Seit der Machtübernahme 1959 durch Fidel Castro ist Spanisch die meistgesprochene Sprache in Miami. Wundern Sie sich nicht, wenn Sie, trotz Ihrer Anstrengungen, Englisch zu sprechen, immer wieder auf ein verlegenes Lächeln stoßen: vom

**Die Everglades**

**1881** Hamilton Disston, ein Industrieller aus Philadelphia, kauft vier Millionen *acres* (*one acre* = ca. 4 046 m²) der Everglades zu fünfundzwanzig Cents pro Acre.

**1947** Die Regierung erklärt die Everglades zum Nationalpark. Der Park umfaßt 1,4 Million *acres,* praktisch die ganze Südspitze Floridas: eine Fläche, die größer ist als der Staat Delaware.

**Vergnügungsparks**

**1966** Der Bau der *Walt Disney World* in der Gegend von Orlando , der 700 Millionen Dollars kostet, wird offiziell angekündigt.

**1971** Die *Walt Disney World* öffnet am 1. Oktober ihre Pforten.

**1980** Tampa eröffnet seinen eigenen Wasservergnügungspark, Adventure Island.

**1982** Der Epcot Center, der 800 Millionen Dollars kostet, wird in *Walt Disney World* eröffnet.

Tankwart bis zum Gepäckträger, jeder probiert es zuerst auf Spanisch, bevor er ein Englisch versucht, in dem das rollende „R" die Muttersprache verrät... Alle Reklameschilder sind in Spanisch abgefaßt, die Speisekarten sind zweisprachig, und das *„English Spoken"* an den Ladentüren unterstreicht diese Realität doppelt.

Das Jahr 1959 stand am Anfang einer gewaltigen Wanderung der kubanischen Flüchtlinge: die Reichen kamen zuerst, mit Linienflügen oder Privatflugzeugen. Andere folgten später heimlich per Flugzeug oder Schiff. Noch später kamen diejenigen, die nicht die gleichen Mittel hatten, auf Floßen, aufgeblasenen Auto- und Lastwagenschläuchen *(inner tubes)* usw. über die gefährlichen Strö-

mungen des Golfs zwischen Kuba und den Keys.
Aber die Kubaner sind nicht die einzigen: Guatemalteken, Kolumbianer, Argentinier und Puertoricaner sind ebenfalls nach Miami gekommen, in der Hoffnung auf ein besseres Leben. So kann man, wenn man ein geübtes Ohr hat, aus einem Meer von Kubanern eine Insel „Klein-Bogota“ oder „Klein-Buenos Aires“ oder auch „Klein-Guatemala“ heraushören. Auf diese Weise wird Miami zum *melting pot* der verschiedenen lateinamerikanischen Kulturen. Trotz der zahlreichen Schwierigkeiten, mit denen sie zu kämpfen hatten, ist es den meisten von ihnen gelungen, sich durch harte Arbeit einen Platz im Wirtschaftsleben Floridas zu erkämpfen. Der Anfang war schwer: für die Mehrheit der Schock des Exils, mangelnde Berufsausbildung und Sprachschwierigkeiten waren und sind Handicaps, die sie auf untergeordnete Arbeitsplätze verweisen und dort festnageln.
Der ganze südliche Teil der Vereinigten Staaten steht dem Problem dieser neuen Immigration (die Haitianer gehören auch dazu) gegenüber, Florida ist ihm jedoch am stärksten ausgesetzt. Die Neuankömmlinge vergrößern die Zahl der Arbeitsuchenden und rufen damit eine gewisse Agressivität bei den „Eingeborenen“ hervor.
Sobald sie einigermaßen Fuß gefaßt hatten, wußten die lateinamerikanischen Immigranten ihre Rechte geltend zu machen: ihre sozialen und politischen Forderungen fanden bei den Politikern ein offenes Ohr, oft zum Nachteil der schwarzen Bevölkerung, die auch zahlreiche dringende Probleme zu lösen hat. Diese Umstände haben zwischen den beiden Gruppen eine gewisse Spannung hervorgerufen. 1980 erlaubte Fidel Castro den Strafgefangenen und zahlreichen Geisteskranken die Ausreise nach den Vereinigten

Staaten, falls sie dies wünschten. Diese neuen Immigranten, die *Marielitos,* werden zum großen Teil für die Atmosphäre der Gewalttätigkeit, die im Stadtzentrum von Miami herrscht, verantwortlich gemacht und haben die bereits vorher existierenden Probleme verschlimmert.

**2 NASA**

Auf einem Landstreifen zwischen dem Indian River im Westen und der Atlantikküste im Osten liegt der *John F. Kennedy Space Center.* Das Raumforschungszentrum nimmt nur etwa 7 % der der NASA gehörenden Landfläche ein. Die anderen 93 % haben ihren Wildnischarakter behalten und geben vielen zum Teil vom Aussterben bedrohten Tierarten Lebensraum. Die Vögel finden hier Zuflucht, trotz des ohrenbetäubenden Lärms (eine Untersuchung soll ergeben haben, daß gewisse Vögel tatsächlich taub geworden sind!), den die Raketen beim Start verursachen. Es gibt hier mehr als 250 Vogelarten: zum Beispiel Reiher, Störche, Ibisse, Adler (besonders Kahlkopfadler = *bald eagles,* die Wappentiere der Vereinigten Staaten) und viele andere. Ungefähr 200 Manatis (Sirenen), 14 000 Hirsche, aber vor allem 5 000 Krokodile und Alligatoren bevölkern diese Zufluchtsstätte der Natur. Man behauptet, es sei gefährlich, sich den Wasserstellen mit weißen Tennisschuhen zu nähern, weil die Alligatoren daran gewöhnt sind, mit *marshmallows* der gleichen Farbe gefüttert zu werden…

Diese natürliche Umgebung kontrastriert mit dem futuristisch aussehenden Raumforschungszentrum, auf das die Amerikaner, trotz der Tragödie von 1986, die ihre bis dahin einhellige Überzeugung, sie seien unfehlbar, ein wenig ins Wanken gebracht hat, sehr stolz sind.

Wenn eine Rakete startet, sind die Stände in der Nähe voller Touristen, die aus ganz Amerika und sogar aus der ganzen Welt gekommen sind. Wenn kein Start vorgesehen ist, kann man den Center kostenlos besichtigen. Alle Raketengenerationen vor dem Raumpendler (1981), sowie die Mondsonden sind dort ausgestellt. Die *Hall of History* ist ein Museum, in dem die gesamte Entwicklung der Raumfahrtprogramme gezeigt wird. Zu den interessantesten Sehenswürdigkeiten des Centers gehört der riesige Kinosaal: für einen relativ bescheidenen Eintrittspreis kann man auf einer überdimensionalen Leinwand (die höchsten Ränge bieten die beste Perspektive) einen Film sehen, der teilweise von den Astronauten im Weltraum gedreht wurde und *The Dream Is Alive* heißt. Jeden Tag kommen die Weltraumfans mit Bussen zu der Abschußrampe gefahren... Überall wird man belehrt und informiert, bekommt Auskunft und Kommentare. Manche Führer verkleiden sich sogar als Weltraumfahrer und werden von Schwärmen von Kindern umringt und aus allen Kameras beschossen. Aber hier, wie überall in den Vereinigten Staaten, verlieren die Tourismusspezialisten nie ihr Lächeln und versuchen immer, Ihnen so gut wie möglich zu helfen oder Auskunft zu geben. Die Kommentare sind immer enthusiastisch, ohne jede Kritik; die patriotische Ader der Amerikaner kommt voll zum Zug. Keiner erwähnt hier im Raumfahrtzentrum die „Challenger"-Tragödie – es sei denn, Sie fragen danach.

Diese „Geisteshaltung", die dem europäischen Besucher manchmal auf die Nerven geht, hat es den Amerikanern verschiedenster Herkunft ermöglicht, eine Nation zu bilden. Der Präsident Lyndon Johnson änderte 1963 den Namen von *Cape Canaveral* in *Cape Kennedy* und taufte das Zentrum *John F. Kennedy Space Center*, zu Ehren des in diesem Jahr ermordeten Präsidenten. Heute heißt es *Kennedy Space Center Spaceport, U.S.A.*

**3 Die Keys** bilden die südlichste Spitze der Vereinigten Staaten. Diese Gruppe kleiner Inseln ist ein vielbesuchtes Touristenzentrum. Key West, die bekannteste von ihnen, liegt an der äußersten Spitze. Viele berühmte Leute haben hier gewohnt, zum Beispiel der Schriftsteller Ernest Hemingway. Riesige Brücken überspannen die klaren Gewässer des Golfes von Mexiko. Über diese Brücken führt eine Straße, welche die Inselchen mit dem Kontinent verbindet. Sie ist 160 Kilometer lang und heißt *The Overseas Highway.*
Das Wort *key* ist eine Deformation des spanischen Wortes *cayo* (= Inselchen). Die Bewohner der winzigen Inselchen weiter nördlich sind oft Goldsucher. Die zahlreichen gesunkenen Schiffe, die seit langer Zeit hier auf Grund liegen, haben sie angezogen. Wenn auch die meisten von ihnen nur von Träumen leben, kommt es doch hin und wieder vor, daß einer ein Wrack entdeckt und sein Glück macht. Die Bewohner dieser südlichen Inseln gelten als lässig und unbekümmert. Je weiter man nach Süden kommt, desto höher sind die Preise. Aber nach einem Aufenthalt in Miami tut es gut, sich auf einer dieser Inseln zu erholen, wo das Leben sich ganz in der Sonne und ohne jede Hetze und Eile abspielt. Viele Besucher kommen der berühmten Korallenbänke wegen und um die Schönheit des Meeresgrundes zu bewundern.
Der Name von *Key West,* der anziehendsten der Inseln, hat nichts mit der geographischen Lage zu tun. Er kommt von ihrem spanischen Namen *Cayo Huesos* (Knocheninsel): die indianischen Ureinwohner seien Kannibalen gewesen, und

die Spanier hätten bei ihrer Ankunft hier überall Reste von Menschenknochen gefunden… Die Lage zwischen dem nordamerikanischen Festland und den Antillen hat dieser Insel, die durchaus einen eigenen Charakter entwickelt hat, zur Bereicherung durch die verschiedenen kulturellen Einflüsse verholfen.
Zigarrenfabrikanten, Schwammfischer und Schatzsucher waren ihre ersten nicht indianischen Bewohner. Heute leben die Nachkommen dieser Pioniere harmonisch mit so von ihnen verschiedenen Bevölkerungsgruppen zusammen wie den *hippies,* den *gays,* den reichen Leuten der amerikanischen *jet-set* oder den vielen Künstlern, die die unkonventionelle Lebensart und der landschaftliche Reiz der Insel angezogen hat.
Hier endet die Straße, aber andere Inseln, eine schöner als die andere, setzen die Kette fort. Man kann sie nur per Schiff oder per Flugzeug erreichen.
Die erstaunlichste von ihnen ist vermutlich die Insel Tortugas (Schildkröteninsel), wo im 19. Jahrhundert ein Fort gebaut worden war. Dieses Fort wurde später als Gefängnis benutzt und ist jetzt Nationaldenkmal.

**4 Die Everglades**

Die Everglades, im äußersten Süden Floridas, sind ein riesiges mit Wasser bedecktes Territorium, wo nur große Gräser (Seggen) und ein paar Zypressen oder Mangroven wachsen. Ein englischer Forscher nannte diese Gegend *„river-glades“* (*glades* = grasbewachsene Sumpfniederungen); die Kartographen machten *„ever-glades“* daraus. In Wirklichkeit handelt es sich um eine weite, vom Überlauf des großen Okeechobee-Sees überschwemmte Ebene. Mehr als 300 Vogelarten, 600 Fischarten und viele Säuge-

tiere bevölkern die Everglades. Allein im Wasser wachsen mehr als fünfundvierzig verschiedene Pflanzenarten. Aber dieses Wunder der Natur ist heute durch Menschen gefährdet. Der fette Boden, den die Jahrhunderte mit faulendem Gras angereichert haben, lockt viele Farmer an, die hier Zuckerrohr oder Gemüse anbauen und so zur Zerstörung eines schon gestörten ökologischen Gleichgewichts beitragen. Wassermißbrauch (Schwimmbäder, Waschmaschinen, Toiletten…) führt zum schnellen Austrocknen des Territoriums. Spezialisten (wir hoffen, daß sie zu pessimistisch sind) behaupten, daß die Everglades in zwanzig Jahren nicht mehr existieren werden.
Es ist den Besuchern nicht geraten, sich allein auf die trüben Gewässer zu wagen. Es gibt Anlagen und Einrichtungen, die es Ihnen ermöglichen, die natürliche Schönheit dieser Gegend auf angenehme und gefahrlose Weise zu genießen: Mit Propellern ausgestattete Gleitboote stoßen bis tief in die Moore vor, und ausgezeichnete Führer zeigen und erklären Ihnen Flora und Fauna aus nächster Nähe.

**5 Die Vergnügungsparks**
Für die Europäer ist die Walt Disney World zweifellos der bekannteste Vergnügungspark Floridas. Aber es gibt noch viele andere: Cypress Gardens, Bush Gardens, Sea World…
Nach Disney Land (Los Angeles) schuf die *Walt Disney Company* Disney World. Vor seiner Erbauung waren die 28 000 *acres* des Parks von Sümpfen bedeckt. Nun kommen jedes Jahr mehr als 125 Millionen Menschen hierher, was den Park zur meistbesuchten Touristenattraktion der Welt macht. Die beiden Hauptanziehungspunkte sind das *Magic Kingdom* und der *Epcot Center.* Sie beschäftigen, je

nach Saison, 16 000 bis 22 000 Personen. Im Epcot Center verbinden sich Futurismus und Spitzentechnologie. Die Kommentare sind klar genug für die Kinder und gleichzei-

**IN SHORT…**

**1** To keep visiting stomachs full, Walt Disney has the capacity to dish out 142,000 meals an hour. **2** Land around Orlando that had been selling for 200 dollars an acre sold for 200,000 dollars an acre immediately after Walt Disney's first announcement of his plans in Florida. **3** The first white man to roam the Everglades appears to have been Escalante de Fontaneda, a Spanish shipwrecked youth who lived among the Indians for seventeen years. **4** Jules Verne described with uncanny prescience today's launching site and spacecraft name more than a century ago. **5** More than 125,000 refugees entered Florida in 1980, during the massive "Freedom Flotilla". **6** Hemingway wrote "For Whom The Bell Tolls", "A Farewell to Arms" and "The Snows of Kilimanjaro" while living in Key West. **7** In the middle of Florida orange and grapefruit groves spread over 200 square miles.

*It was so cold, the wolves were eating the sheep just for the wool…*

(anonymous)

– *It's raining cats and dogs!*
– *I know, I've just stepped into a poodle*[1]*!*

(anonymous)

[1] (phonetisches) Wortspiel zwischen *poodle* (Pudel) und *puddle* (Wasserpfütze)

tig realistisch und technisch genug, um die Erwachsenen zu interessieren… Sogar die Allerskeptischsten werden hier überzeugt und verlassen den Center voller Bewunderung. .

**IN KÜRZE…**

**1** Damit die Besucher nicht mit leerem Magen herumlaufen müssen, kann die Disney World bis zu 142 000 Mahlzeiten pro Stunde auftischen. **2** Das Land um Orlando herum, das vorher 200 Dollars pro Acre kostete, war sofort nach dem Bekanntwerden von Walt Disneys Projekt in Florida 200 000 Dollars pro Acre wert. **3** Wie es scheint, war der erste weiße Mann, der die Everglades durchstreifte, Escalante de Fontaneda, ein schiffbrüchiger junger Spanier, der siebzehn Jahre lang mit den Indianern lebte. **4** Jules Verne beschrieb, mehr als ein Jahrhundert vorher, mit unglaublichem Weitblick, die Abschlußbasis und den Namen der heutigen Raumfahrzeuge. **5** Mehr als 125 000 Flüchtlinge kamen während der massiven Aktion *„Freedom Flotilla"* nach Florida. **6** Hemingway schrieb, während er hier in Key West lebte: „Wem die Stunde schlägt", „In einem anderen Land", und „Schnee vom Kilimandscharo". **7** In Mittelflorida dehnen sich Orangen- und Grapefruitpflanzungen über mehr als 200 Quadratmeilen aus.

Doctor: *You're going to live to be eighty.*
Patient: *I am eighty!*
Doctor: *What did I tell you!*

– *I refuse to admit I am more than fifty-two, even if that does make my sons illegitimate.*

Nancy Astor

## American Farmers

***Another side of American life***
***Kentuckians are speaking* (1)**

**1** — Weather's got to be *daimp* to work *tobacca. Cain't you do this?... You doing jist fahn.*

**2** — This country was *hurtin'* in 1940. We had very little, except pride. It was *lahk buildin'* a house one brick at a *tahm.* **(2)**

**3** Jerry, indulging in his summer pastime–*settin' out in the front yard*–tells what has been the big change in central Kentucky:

**4** — The roads. *Whah,* I remember when you couldn't hardly get *outta* this country. Two-ten *wa'nt* paved 'til *nahnteen*-forty. It was mostly mud. When *mah* great-grandpa *dahd* in '21, I went to bring back *mah* daddy. That was some trip! Taken all day!

**5** — *Lordy, yes: whah,* this was *pore* country. Most this land was *plumb wore* out. I stayed 'cause I *lahked* it, I *reckon. Neva'* thought 'bout goin' nowhere else.

**6** — Now it's the only way a young farmer can get a start. With the cost of land and equipment, if your daddy *don't* own the farm, there's no way you can afford it. If they don't stop using prime farmland for houses, the whole country's *gonna* be in trouble. **(3)**

**7** — Wherever different races exist, there has been discrimination. But here, the dignity of man was manifested in daily actions, no matter what color he was.

**Amerikanische Farmer**

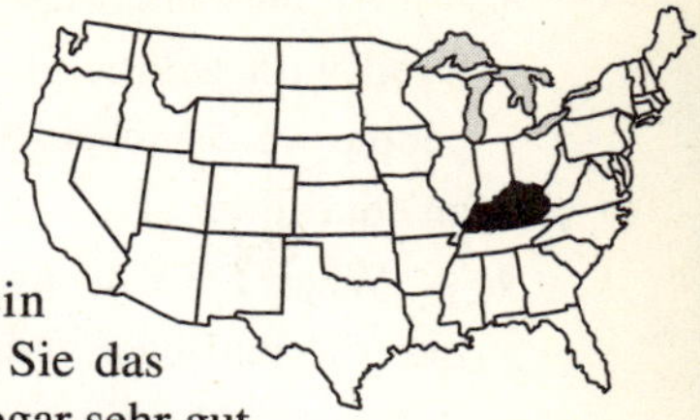

***Eine andere Seite des amerikanischen Lebens Leute aus Kentucky sprechen***

1 — Das Wetter muß feucht sein zum Tabak verarbeiten. Können Sie das nicht machen?… Sie können es sogar sehr gut.

2 — Diese Gegend hat 1940 gelitten. Außer unserm Stolz hatten wir nicht viel. Es war wie langsam ein Haus zu bauen, Ziegelstein um Ziegelstein .

3 Jerry, der draußen im Vorgarten sitzt (das ist seine liebste Sommerbeschäftigung), erzählt, was sich in Mittelkentucky am meisten verändert hat:

4 — Die Straßen. Ja, ich erinnere mich, daß man kaum aus dieser Gegend rauskonnte. Die Straße Nr. 210 ist erst 1940 gepflastert worden. Es war hauptsächlich Schlamm. 1921, als mein Großvater starb, bin ich meinen Vater holen gegangen. Das war vielleicht eine Reise! Der ganze Tag ist draufgegangen!

5 — Mein Gott, ja, das hier war eine arme Gegend. Der Boden war ausgelaugt. Ich bin geblieben, weil ich an diesem Fleckchen Erde hänge, nehm ich an. Ich hab nie dran gedacht, woanders hinzugehn.

6 — Jetzt ist das die einzige Möglichkeit für einen jungen Farmer, einen Start zu kriegen. Bei den Bodenpreisen und den Kosten der Geräte, wenn da dein Vater nicht der Besitzer der Farm ist, kannst du's nicht schaffen. Wenn sie nicht aufhören, das gute Ackerland als Bauland zu benutzen, wird's hier in der Gegend bald Probleme geben.

7 — Wo es verschiedene Rassen gibt, hat es immer Diskriminierung gegeben. Aber hier kam die Würde des Menschen in seinem täglichen Handeln ungeachtet seiner Hautfarbe zum Ausdruck.

**8** — We only had *waht* neighbors, that's the way it was. We lived with *wahts,* played with *waht* children. But black people were encouraged to own their own land and to get an education. **(4)**

**9** — When I finish my studies, I'm comin' back because I like the laid-back atmosphere. I prefer to practise where instead of "I object, your Honor", I can say "Now your Honor, that *jist ain't raht*". **(5)**

**10** — American values are alive and well here. The family is the most important institution, the church a close second. The work ethic is strong, and everyone is friendly. Security is not in fine cars and homes, but in the maintenance of these values. **(6)**

**11** — We made what we had to have. We produced our own doctors, lawyers, dentists and craftsmen because, unlike in the West, none ever came this way. When people want to do somethin' here, they don't *borra* from the gove'ment.

**12** — If I expanded *mah* business, it would cut down on *mah* huntin' and fishin' *tahm. Besahds,* the handmade quality would be lost. **(7)**

**13** — People *jist* don't leave, and if they do they often come back. Take the old *fella* who bought a train ticket from Greensburg to Whitewood. He got off there and walked fifteen *mahls* back to Fry Ridge and said: "If the world's as big in the other direction as it is in this one, it *shore* is a big place".

**14** — If you're offered somethin' and want it, you say "I *ain't carin',*" that means "yes". This is the friendliest place in the world. Everyone is somebody, here.

**8** — Wir hatten nur weiße Nachbarn, das war eben so. Wir lebten mit den Weißen, spielten mit weißen Kindern. Aber die Schwarzen wurden dazu angehalten, eigenes Land zu kaufen und Bildung zu erwerben.

**9** — Wenn ich mit meiner Ausbildung fertig bin, komm ich zurück. Ich arbeite lieber da, wo ich statt „Ich erhebe Einspruch, Euer Ehren", sagen kann „Das ist aber wirklich ungerecht, Euer Ehren".

**10** — Die amerikanischen Werte sind hier wirklich lebendig. Die Familie ist die wichtigste Institution, dann kommt gleich die Kirche. Das Arbeitsethos ist stark entwickelt, und die Leute sind freundlich. Sie finden ihre Sicherheit nicht in schönen Autos und Häusern, sondern in der Hochhaltung dieser Werte.

**11** — Wir haben das, was wir brauchten, selbst geschaffen. Wir haben unsere eigenen Ärzte, Rechtsanwälte, Zahnärzte und Handwerker ausgebildet, weil – nicht wie im Westen – keiner je hierher kam. Wenn die Leute hier etwas unternehmen wollen, pumpen sie nicht die Regierung an.

**12** — Wenn ich mein Geschäft vergrößern würde, hätte ich weniger Zeit zum Jagen und Fischen. Außerdem würde die Qualität der Handarbeit dabei flöten gehn.

**13** — Die Leute gehn hier einfach nicht weg, und wenn sie's tun, kommen sie oft zurück. Nehmen Sie den alten Mann, der eine Eisenbahnfahrkarte von Greenburg nach Whitewood kaufte. Er stieg dort aus, ging zu Fuß die zehn Meilen zurück nach Fry Ridge und sagte: „Wenn die Welt in die andere Richtung auch so groß ist wie in die, dann ist sie wirklich groß".

**14** — Wenn man Ihnen etwas anbietet, was Sie wollen, und Sie sagen „das ist mir egal", dann heißt das „ja". Dies ist die freundlichste Gegend der Welt. Hier ist jeder wer.

# KENTUCKY

**1** Das Wort „Kentucky“ ist indianischen Ursprungs, es kommt aus dem Irokesischen: *Ken-tah-ten:* das Land von morgen. Kentucky liegt ganz in der Mitte der Vereinigten Staaten und gehörte bis 1792 zu Virginia. Seine Haupteinnahmequellen sind der Tabak (25 % der Zigaretten der USA), die Kohle und, in neuerer Zeit, die Erdölförderung, außerdem (aus Weizen) der berühmte Bourbon.
Die Hauptstadt ist Frankfort; die wichtigste Stadt ist Louisville, wo jeden ersten Samstag im Mai das berühmte *Kentucky Derby* stattfindet. Diese Pferderennen ziehen Tausende von Besuchern an, und die Rennbahn – *Churchill Downs* – bleibt das ganze Jahre über eine der Hauptattraktionen. Das *Kentucky Derby* dauert eine Woche und endet am Samstag mit *Run for the Roses*-Rennen. Die Pferdeliebe ist zur Staatsaffäre geworden: die Stadt Lexington hat sich so auf Pferdezucht und alles, was mit Pferden zusammenhängt, spezialisiert, daß man sie die *„Horse Capital of the World“* nennt…
Im *Mammoth Cave National Park,* hundert Kilometer weiter südlich, befinden sich die längsten unterirdischen Höhlengalerien der Welt, die sich über eine Länge von 520 km hinziehen. Aber was einem an Kentucky am meisten gefällt, ist der herzliche Empfang vonseiten seiner Bewohner und die liebliche Landschaft mit ihren grünen Hügeln.

**2** Eine der größten Zigarettenfabriken der Welt, die Philip Morris, USA, befindet sich in Louisville. Hier werden die berühmten Marlboro, Benson & Hedges, Virginia Slim usw. hergestellt. Von Montag bis Freitag finden stündlich Führungen für Besucher statt.

**3** Die zunehmenden wirtschaftlichen Schwierigkeiten

führten in manchen Gebieten dazu, daß die Kleinbauern ihr Land an die großen, besser ausgestatteten Betriebe verkaufen mußten. Sie flüchteten in die Städte in der Hoffnung auf eine Arbeitsstelle, die sie in ihrer Heimat nicht finden konnten. Zudem treibt die Verstädterung die Grundstückspreise in die Höhe und veranlaßt die alten Bauern, ihr Land zu veräußern. Oft ist der meistbietende Käufer zudem eine Siedlungsgesellschaft, die auf relativ kleinem Raum viele Wohnungen baut…
Da jedoch, wo für den Anbau keine größeren Flächen nötig sind und wo die familiären Bindungen sich als stärker erwiesen haben, sind die Bewohner geblieben und bewahren ihre herkömmliche Lebensart. Manche Bauern machen aus ihrer handwerklichen Begabung eine zusätzliche Einkommensquelle (Holzschnitzerei, Malerei usw.). Die zunehmende Entwicklung des Tourismus ermöglicht die weitere Ausdehnung der Handwerkskunst.

**4** In den ländlichen Gebieten des Nordens leidet die nicht sehr zahlreiche schwarze Bevölkerung (ca. 5 %) weniger unter der Segregation als in Städten oder in den Staaten des Südens. Hier gibt es keine Ghettos.
Jeder arbeitende Mensch, ganz gleich welcher Hautfarbe, genießt die gleiche Achtung. Ihr geringer Anteil an der Gesamtbevölkerung hat sich auf die Integration der Schwarzen günstig ausgewirkt, schon deshalb, weil sie keine Bedrohung darstellten.

**5** Immer mehr Jugendliche besuchen die Universität und neigen dazu, „städtische" Berufe zu wählen. Aber viele sind zurückgekehrt, weil sie mit dem hektischen Leben in der Großstadt nicht zurechtkamen. So kommt es, daß in

Mittelkentucky (dies trifft auch auf andere Gegenden des Midwest zu) etwa 50 bis 70 % der Jugendlichen in ihrem Heimatort *(hometown)* bleiben oder dahin zurückkehren…
*Where are you from?* ist, wie wir schon wissen, eine der ersten Fragen, die ein Amerikaner einem Neuankömmling stellt. Die Antwort könnte lauten: *I was born in New Jersey, then I moved to California, Oregon and lived in Ohio for a while, but actually my family came from Germany!* Die Bauern von Kentucky würden antworten: *I'm from Kentucky* oder *My hometown is Mankato.*
Die amerikanischen Bauernhöfe sind in der Regel ziemlich weit voneinander entfernt. Meistens liegen sie mitten in den Feldern. Um nicht völlig isoliert zu sein, kommen die Bauern abends zum Kartenspiel zusammen oder am Wochenende (nach der Messe) zum Grillen oder für ein Baseballspiel.
Wenn auch die Modernisierung der landwirtschaftlichen Geräte und der Betriebsführung den Kleinbauern zum Verhängnis wurde, so hat sie andererseits auch wieder das Interesse der Jugend geweckt, die vorher durch die Perspektive einer allzu harten Arbeit abgeschreckt war, und so für manch einen die Rückkehr ermöglicht.

**6** Die große Mehrheit der ersten weißen Emigranten kam auf der Flucht vor Armut und religiöser Verfolgung in ihrer Heimat nach Amerika. Oft einfacher und bäuerlicher Herkunft, fanden sie auf dem neuen Kontinent unbebautes Land, das man ihnen kostenlos zur Verfügung stellte.
Die Strenge des Klimas, die schwere Arbeit und die unvermeidliche Isolation haben zur Verstärkung der familiären und religiösen Bindungen geführt. Die drei wichtigsten „amerikanischen Werte“ waren damals Familie, Religion

und Arbeit.
– Es gab viele kinderreiche Familien; ohne die Arbeitskraft der Kinder war die Feldarbeit kaum zu bewältigen. Der Bauernhof vererbte sich vom Vater auf den Sohn. Alle Familienmitglieder lebten unter einem Dach oder bewirtschafteten Farmen in der Nachbarschaft; die gegenseitige Hilfe war ein wichtiger Überlebensfaktor.
– Die Religion gewährte Trost und Unterstützung, wenn den Neusiedlern die zahllosen tagtäglich anfallenden Probleme über den Kopf zu wachsen drohten. Die Kirche war Gotteshaus und Versammlungsort zugleich. Sie half, auf der Grundlage der gemeinsamen religiösen Tradition eine neue Gemeinschaft zu schmieden.
– Schließlich und endlich war die Arbeit das entscheidende Element. Von ihr hing der Erfolg (oder der Mißerfolg) des Neubeginns ab, und die Bauern mußten neben der Landwirtschaft meist noch einen zweiten Beruf ausüben (Schreiner, Schneider usw.), um überleben zu können.
Diese Werte, die in den Großstädten und in den industriereichen Gebieten als überlebt angesehen und einer weit zurückliegenden Vergangenheit zugeordnet werden, sind noch heute in vielen Agrarregionen die Grundlagen des einfachen Lebens ihrer Bewohner.

**7** Die Verwaltungsbezirke Larue, Green und Taylor im Herzen Kentuckys sind typisch für das traditionelle Amerika. Die Einwohner dieser *counties,* die meist von Tabak- und Maisanbau leben, sind – wie alle amerikanischen Bauern – stolz darauf, als *stubbornly independent, resourceful and hardworking* zu gelten (unabhängig zu sein bis zur Starrköpfigkeit, sich immer zu helfen zu wissen und hart zu arbeiten. Obwohl sich ihr Leben hauptsächlich um

Familie und Religion dreht, sind die Bewohner Kentuckys sehr gastfreundlich. Sie sind einfach und fröhlich, und man trifft bei ihnen auf eine unerwartete Mischung aus Vergangenheit und Gegenwart. Sie akzeptieren die Errungenschaften der Moderne, aber nicht um jeden Preis. Sie halten viel von den angenehmen Beschäftigungen der guten alten Zeit: Kartenspielen, Picknicken, Jagen und Fischen; und ganz

**IN SHORT...**

**1** Older Kentuckians' favorite pastime is to sit in a comfortable rocking-chair on the front porch and watch the clouds roll over the bluegrass hills. **2** Stubbornly independent, resourceful and hardworking, they have built a solid economy. **3** Abraham Lincoln was born near Hodgenville, Kentucky, and spent his first years there. **4** The practice of marrying someone in the same neighborhood continues. Everyone has known everyone else's family for generations. **5** The caves, in Mammoth Cave National Park, were formed over the past several million years by seepage that feeds the Green River. **6** "Makin' Bacon" is an annual rite when december frosts set in on the Central Kentuckian farms.

*The way his horses ran could be summed up in a word: last.*

*He once had a horse who finished ahead of the winner of the 1942 Kentucky Derby.*

*Unfortunately, the horse started running in the 1941 Kentucky Derby.*

Groucho Marx

besonders gern sitzen sie abends vor dem Haus unterm Vordach und schauen der Sonne beim Untergehen zu... Geteerte Straßen ersetzen nach und nach die Feldwege, hier und da machen sich moderne Neubauten breit; aber die Bewohner Kentuckys leisten gewissen Werten der Moderne, die nicht die ihren sind und von denen sie nicht viel halten, noch lange und erfolgreich Widerstand.

**IN KÜRZE...**

**1** Die Lieblingsbeschäftigung der älteren Leute in Kentucky ist es, in einem bequemen Schaukelstuhl auf der offenen Veranda zu sitzen und den Wolken beim Überrollen der viehgrasbewachsenen Hügel zuzusehen. **2** Mit ihrer starrköpfigen Unabhängigkeit, ihrem Einfallsreichtum und ihrer harten Arbeit haben sie ein solides Wirtschaftsgefüge geschaffen. **3** Abraham Lincoln ist in der Nähe von Hodgenville, Kentucky, geboren und verbrachte dort seine ersten Lebensjahre. **4** Jemanden aus der Nachbarschaft zu heiraten, ist noch immer gang und gäbe. Die Familien kennen einander seit Generationen. **5** Die Höhlen des Mammoth Cave National Parks wurden im Laufe von Jahrmillionen durch das zum Green River fließende Sickerwasser geschaffen. **6** „Makin' Bacon" ist ein alljährliches Ritual, wenn auf den Farmen in Mittelkentucky die Dezemberfröste einsetzen.

## Alaska (1)

### *A Continent…*

**1** — Are you doing anything tomorrow? Maybe we could go to Kenai, and if weather permits, we could go fishing for a while near Soldotna. **(2)**

**2** — That sounds like a great idea! Isn't it in Soldotna where a 10,000-dollar reward is offered to anyone catching a salmon over the record 97 pounds? **(3) (4)**

**3** Despite the many massacres and slaughters undergone, the Alaskan wildlife remains abundant and varied. **(5)**

**4** The rivers teem with salmon and halibut, large colonies of seals proliferate on the rocky shores, many kinds of bears compete with wolves and lynx for food and territory. Walrus, caribou and moose are also part of this magnificent land. **(6) (7)**

**5** Only a few natives still subsist on the land's resources. Most Eskimos have adopted the American way of life, but their myths, beliefs and crafts are still alive. **(8) (9)**

**6** Alaska means "The Great Land". It's also called "the last frontier", "Seward's icebox" or "Seward's folly". **(10)**

**7** Jack London's "To Light A Fire" only relates reality. You can't underestimate the harsh weather in this land of permafrost. **(11) (12)**

**8** A local humorist once said: "There are four seasons here: June, July, August and winter".

**9** The words "fall" and "spring" are unknown to the everyday language, instead the terms "freeze up" and "break up" are commonly used. **(13)**

## Alaska

*Ein Kontinent…*

1 — Unternehmt ihr morgen irgendwas? Vielleicht könnten wir nach Kenai fahren und, wenn das Wetter es erlaubt, eine Zeitlang in der Nähe von Soldotna fischen.

2 — Das scheint mir eine ausgezeichnete Idee! Ist das nicht in Soldotna, wo eine Belohnung von 10 000 Dollars ausgeschrieben ist für jeden, der einen Lachs von mehr als 97 Pfund (Rekordgewicht) fängt?

3 Trotz der zahlreichen Massaker und Gemetzel, die sie erlitten hat, ist die Wildfauna Alaskas noch reich und vielfältig.

4 Die Flüsse wimmeln von Lachsen und Heilbutten; große Robbenkolonien vermehren sich an den felsigen Küsten, viele Bärenarten konkurrieren mit Wölfen und Luchsen um Nahrung und Revier. Auch Walrosse, Rentiere und Elche gehören zu diesem wunderbaren Land.

5 Nur eine Handvoll Einheimischer lebt noch von den Erwerbsquellen des Landes. Die meisten Eskimos haben sich auf den *„American way of life“* umgestellt; aber ihre Mythen, ihre Anschauungen und ihre Kunst sind noch lebendig.

6 Alaska bedeutet „das große Land“. Man nennt es auch „die letzte Grenze“, „Sewards Kühlschrank“ oder „Sewards Wahn“.

7 Das Buch von Jack London, *„To Light A Fire“*, beschreibt nur die Wirklichkeit. Man darf das rauhe Klima in diesem Land des Permafrosts nicht unterschätzen.

8 Ein Humorist aus dieser Gegend sagte einmal: „Hier gibt es vier Jahreszeiten: Juni, Juli, August und den Winter“.

9 Die Wörter „Herbst“ und „Frühling“ sind unbekannt in der Alltagssprache, stattdessen benutzt man gewöhnlich 28
*„freeze up“* und *„break up“*.

# ALASKA

**1** Alaska, „die letzte Grenze“, ist mit seinen 1 520 000 Quadratkilometern der größte der 50 Staaten; er ist doppelt so groß wie Texas.
Die größte Stadt des Staates ist Anchorage mit etwa 250 000 Einwohnern. Ihr Flughafen, 4 000 km von Seattle entfernt, ist die Drehschreibe des internationalen Luftverkehrs.
Die Hauptstadt, Juneau, hat nur ca. 25 000 Einwohner. Alaska hat das größte Erdölvorkommen der Vereinigten Staaten. Eine riesige, mehr als 1 300 Kilometer lange Pipeline befördert das Rohöl der Ölfelder von Prudhoe an der Nordküste nach Valdez an der Südküste, von wo aus es auf Riesentankern zu den Raffinerien an der Westküste der Vereinigten Staaten transportiert wird.

**2** Kenai (eine Halbinsel in der Mitte der Südküste) wird „Kini“ ausgesprochen. Soldotna, auf Russisch „Soldat“, erinnert uns daran, daß Alaska, bevor es amerikanisch wurde, in russischem Besitz war. (Der Name Alaska kommt aus der Eskimosprache und bedeutet „Kontinent“.) Es wurde am 30. März 1867 für die bescheidene Summe von 7 200 000 Dollars an die Amerikaner verkauft. Alaska sollte erst 1959 ein Staat (der 49.) werden.

**3** *That sounds like a great idea!:* Das halte ich für eine großartige Idee! Die englischen Verben geben oft genaue Hinweise auf die Umstände. So erlaubt das Wort *sound* den Schluß, daß die Nachricht *to go fishing* mündlich erfolgte, weil das Verb den Gebrauch des Gehörs beinhaltet. Wenn die Nachricht gelesen (das heißt geschrieben) worden wäre, hätte man statt *to sound* zweifellos *to look* benutzt: *it looks like a great idea. Look* beinhaltet das Sehen, so wie *to feel* die Berührung voraussetzt, *to smell* den Geruchssinn und *taste* den Geschmack. Wenn Ihnen alle diese Verben auch kompliziert vorkommen *(look),* werden auch Sie bald lernen, mit ihnen umzugehen und sie richtig zu interpretieren.

**4** Alljährlich schwimmen Zehntausende von Lachsen zum Laichen flußaufwärts. Der Lachs- und der Krebsfang stellen den Hauptanteil der Fischerei in Alaska: 1984 zum Beispiel wurden 30 Millionen Lachse in den Küstengewässern und an den Flußmündungen gefangen.

**5** *Wildlife:* (wilde) Tier- und Pflanzenwelt. *WWF (World Wildlife Fund):* internationale Organisation, die den Schutz der Tiere, besonders der vom Aussterben bedrohten Tierarten zum Ziel hat.

**6** Manche Fischnamen werden im Plural ohne *s* geschrieben: *salmon* (Lachs), *trout* (Forelle), *squid* (Tintenfisch)... Aber wenn sie im Sinne der Mehrzahl gebraucht werden, nimmt das sie begleitende Verb die Pluralform an; das gleiche gilt für andere Tiernamen wie: *moose* (Elch), *walrus* (Walroß), *caribou* (Rentier)...

**7** In jeder Gegend lebt eine andere Bärenart: auf der Insel Kodiak der berühmte Kodiak-Braunbär, im Norden der Eisbär, in Zentralalaska der Grizzli (Braunbär) und der schwarze Bär.

**8** Einige Eskimostämme – die Aleuten und die Inuit (Inuit = Mensch) – leben noch wie ihre Vorfahren von Fischfang und Jagd. Neuerdings werden in manchen Gegenden in den

Schulen die Eskimosprachen gelehrt; aber leider macht das Fernsehen diese Bemühungen zur Erhaltung der ursprünglichen Kultur Alaskas fast zunichte.

**9** Einer der großen Eskimomythen besagt, daß der Rabe am Anfang der Erschaffung der Welt stand.

**10** William Seward (Staatssekretär) wurde mit den Verhandlungen zum Kauf Alaskas beauftragt. Er war einer der eifrigsten Verfechter dieser Idee, ihren damals zahlreichen Gegnern zum Trotz. Wem würde es heute einfallen, die Wichtigkeit Alaskas für die Vereinigten Staaten zu bestreiten?

**IN SHORT…**

**1** I saw a book in the library. It looked quite interesting: I should read it. **2** According to the law, hunting bears is forbidden throughout the state. **3** I always feel relieved on the break up of a meeting. **4** Many wildlife organizations are campaigning against "wild hunting" in Alaska. **5** Because of the harsh weather, the river has frozen up. **6** On the phone, he always sounds happy. **7** Salmon tend to be bigger than trout.

**11** Jack London war einer der wenigen Schriftsteller, die sich nach Alaska wagten. *„To Light A Fire“* handelt von der Tragödie eines Indianers, der sich im *bush* verirrte und der eisigen Kälte zum Opfer fiel.

**12** *Permafrost:* Dauerfrostboden.

**13** *To freeze up:* gefrieren, zu Eis werden.
*„The river is / has frozen up“:* der Fluß ist zugefroren.
*To break up:* aufbrechen.
*„On the break up of the meeting“:* beim Aufbruch am Ende des Treffens, der Versammlung. Im Text: Ausgang des Winters.

**IN KÜRZE...**

**1** Ich habe in der Bibliothek ein Buch gesehen, das mir ziemlich interessant zu sein scheint: ich sollte es lesen. **2** Dem Gesetz nach ist die Bärenjagd im ganzen Staat verboten. **3** Ich fühle mich immer erleichtert am Ende einer Versammlung. **4** Viele Tierschutzvereinigungen ziehen gegen die „wilde Jagd“ in Alaska zu Felde. **5** Wegen des rauhen Wetters ist der Fluß zugefroren. **6** Am Telefon hört er sich immer an, als ob er glücklich wäre. **7** Die Lachse sind meistens größer als die Forellen.

**California: Silicon Valley (1)**

## *How to Succeed*

**1** "For us, computers have always been around. That's what separates us guys from you guys. You were born B.C.-before computers. And it's because of this place, I was born here. When I was fourteen, I was asking famous computer engineers questions. Apple came out of the microprocessor created in this valley, just five miles from here." (Steve Jobs, cofounder of Apple) **(2)**

**2** The Silicon Valley phenomenon touches thirteen cities. The income per capita ranks among the highest in the United States. Yet, housing costs have increased tremendously, and many companies are now moving to other states where land and labor come cheaper.

**3** The spirit of innovation, creativity and mobility are the keys to Silicon Valley's success and may become more and more needed as Japan's competitiveness increases.

**4** Money is not the only goal to many of these venturesome entrepreneurs. Challenge is what their fathers and grandfathers came to seek in the New World and is what they are mainly aspiring to. **(3)**

**5** Very often, companies award their employees' creativity and loyalty with new cars and big bonuses.

**6** Steve Wozniak, cofounder of Apple Computer Company, was an early telephone hacker. He used the "Blue Box" invented by John Draper to make free phone calls anywhere in the world. He's been said to have called the Vatican, demanding the Pope be awakened. **(4)**

**7** "THINK" is IBM's key-word, devised by Thomas Watson, founder of the company. "The trouble with everyone of us", he said, "is that we don't think enough. We don't get

## Kalifornien: Silicon Valley

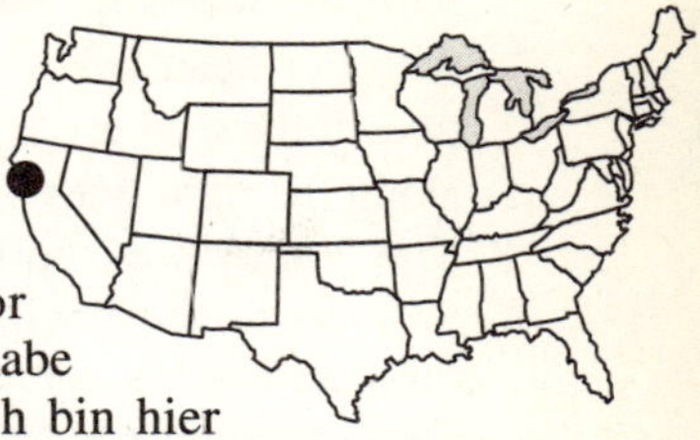

### *Wie man es schafft*

1 „Für uns hat es immer Computer gegeben. Das ist es, was uns von euch unterscheidet. Ihr seid vor der Computerzeit geboren. Das habe ich diesem Ort zu verdanken, ich bin hier geboren. Mit vierzehn Jahren fragte ich berühmte Computeringenieure aus. Apple verdankt seine Entstehung dem Mikroprozessor, der in diesem Tal entstanden ist, gerade fünf Minuten von hier entfernt." (Steve Jobs, Mitbegründer der Apple Computer Company)

2 Das Silicon Valley-Phänomen umfaßt dreizehn Städte. Das Pro-Kopf-Einkommen ist eines der höchsten in den Vereinigten Staaten. Schon sind die Grundstückspreise ungeheuer gestiegen, und viele Unternehmen ziehen in andere Staaten um, wo das Land und die Arbeitskräfte billiger sind.

3 Innovationsgeist, Kreativität und Mobilität sind die Schlüssel zum Erfolg von Silicon Valley und werden, der wachsenden japanischen Konkurrenz gegenüber, immer notwendiger.

4 Geld ist nicht das einzige Ziel dieser abenteuerlustigen Unternehmer. Sich einer Herausforderung stellen, das war es auch, was ihre Väter und Großväter in der Neuen Welt suchen kamen, und das ist ihr Hauptehrgeiz.

5 Sehr oft belohnen Firmen Erfindergeist und Treue ihrer Angestellten mit neuen Autos und dicken Prämien.

6 Steve Wozniak, Mitbegründer der Apple Computer Company, war in seiner Jugend „Telefonhacker". Er benutzte die von John Draper erfundene „Blue Box" zum kostenlosen Telefonieren in die ganze Welt. Man behauptet sogar, er habe den Vatikan angerufen und verlangt, man solle den Papst wecken.

7 „DENKE" ist das Schlüsselwort von IBM (als Devise), gewählt von Thomas Watson, dem Gründer der Firma. „Das Problem mit uns allen ist, daß wir nicht genug denken. Wir

paid for working with our feet–we get paid for working with our heads. Any man on the selling force could make two dollars where he now makes one if he would think along the right lines". **(5)**

**8** The Valley's exceptional soil and climate attracted fruit growers at the beginning of the century. Now, only ten thousand acres remain, and the quality that comes out doesn't seem to be as good as before… **(6)**

**1** Der Ursprung des Namens Silicon Valley geht auf 1955 zurück. In diesem Jahr forderte Professor William Shockley, Nobelpreisträger und Miterfinder des Transistors, ein Dutzend neugebackene Physiker und Chemiker auf, mit ihm in einem „Schuppen" die Eigenschaften des Siliziums zu erforschen: die Leitfähigkeit von reinem Silizium kann durch Zusatz von Spuren chemischer Produkte verändert werden (das „Doping") und ermöglicht auf diese Weise die Umschaltung von Stromkreisen mit hoher Geschwindigkeit. Damit war der Prototyp des „Chip" geboren und mit ihm der Halbleiter, der von nun an die Speicherung von Informationen in einer winzigen Rechenmaschine ermöglichte. So hat ein winziges Siliziumteilchen dem grandiosen Silicon Valley, das heute ein Fünftel der Weltproduktion liefert (mit ungefähr achtzig Chip-Herstellern) seinen Namen gegeben…
Es ist dem Laboratorium William Shockleys 1955 jedoch nicht gelungen, ein marktreifes Produkt zu entwickeln. Aber dank der Ausdauer der Forscher beschloß die Fairchild Camera and Instrument schließlich, die nötigen Kredite zur Verfügung zu stellen: 1957 wurde die Fairchild Semiconductor ins Leben gerufen, die erste lebensfähige Halbleiter-Herstellerfirma. Gegen Ende der sechziger Jahre

werden nicht dafür bezahlt, daß wir mit unseren Füßen arbeiten, wir werden dafür bezahlt, daß wir mit unseren Köpfen arbeiten. Jeder Verkäufer könnte da zwei Dollars verdienen, wo er jetzt nur einen verdient, wenn er nur richtig denken würde".

**8** Der gute Boden und das außergewöhnliche Klima des Tales zogen zu Beginn des Jahrhunderts die Obstbauern an. Heutzutage verbleiben nur noch viertausend Hektar (zehntausend *acres*), und die Qualität der Früchte scheint auch nicht mehr so gut zu sein wie vorher.

etablierten sich weitere Fabrikanten in San José, in der Gegend von Palo Alto. Ihre Fertigbauten waren geradezu ideal für diese sich in ständigem Wandel befindliche Industrie und ziehen sich jetzt über dreißig Kilometer hin.
Heute ist Silicon Valley ein Netz von Lieferanten, Kunden, risikofreundlichen Kapitalgebern, Wissenschaftlern, Forschungsinstituten, Computerfirmen und Schulen. Es wimmelt von „Kopfjägern": diese Abwerber versetzen die „Gehirne" mit atemberaubender Geschwindigkeit von einem Unternehmen ins andere. Dieselbe atemberaubende Geschwindigkeit ist eine der Hauptquellen der ansteckenden Vitalität des Tales. Für viele zum Synonym für Computerparadies geworden, verkörpert Silicon Valley das, worum viele Länder Amerika beneiden: Modernismus, Kreativität, anmaßender Erfolg, Raum und Mittel… Um jedoch in dieses Paradies einzudringen und dort Fuß fassen zu können, muß man folgende fünf „Gebote" beachten:

- Du wirst nicht scheitern!
- Du wirst nicht zur Ruhe kommen!
- Du wirst nicht der Konkurrenz unterliegen!
- Du wirst reich werden!
- Du wirst Risiken eingehen!

Außerdem hängt die japanische Konkurrenz wie ein Damo-

klesschwert über den Köpfen... Unerschwingliche Mietpreise zwingen die ca. 250 000 Angestellten, weit weg zu wohnen von ihrem Arbeitsplatz und tagtäglich fürchterliche Staus über sich ergehen zu lassen, die eine verheerende Luftverschmutzung zur Folge haben...
Gleichzeitig muß man ein „Gewinnerprofil" zur Schau tragen, rund um die Uhr verfügbar sein und noch dazu sozialen Umgang pflegen und ein beispielhaftes Familienleben führen...
Das Zusammentreffen all dieser Faktoren ruft einen oft unüberwindlichen Streß hervor, und gar mancher verfällt dem Alkohol und versinkt in Depression...
Inzwischen schrecken die Umweltverschmutzung, der Ballungseffekt und das Steigen der Immobilienpreise und Lohnkosten viele Industrielle ab, die sich lieber in anderen Staaten niederlassen... Trotzdem tragen optimistische Geldgeber zur Wiederbelebung der Anziehungskraft des Tales bei, indem sie neues Kapital in junge Computerfirmen, wo der *„chip"* weiterhin König ist, investieren.

**2** *B.C.* ist natürlich die Abkürzung für *Before Christ* (vor Christus)... Steve Jobs gefällt sich hier in der Rolle des Provokateurs...

**3** Zahlreiche Beispiele illustrieren den durchschlagenden Erfolg von in Silicon Valley arbeitenden Männern und Frauen: Sandy Kurtzig gründete die Firma ASK mit 2 000 Dollars Anfangskapital und wurde einige Jahre später zum *leader* in *software.* Nolan Bushnell, Gründer der Firma Atari ist wahrscheinlich eine der typischsten Persönlichkeiten von Silicon Valley. Seine Leidenschaft für die Elektronik stammt aus der Zeit, in der er als Zehnjähriger einen

Amateursender betrieb. Später, als Student an der Universität von Utah, arbeitete er in seiner Freizeit in einem Vergnügungspark. Seine mittelmäßigen Noten an der Universität verschlossen ihm die Türen der Walt Disney-Unternehmen, wo er gern gearbeitet hätte. Er fand einen *„job"* bei Ampex. Dort langweilte er sich so sehr, daß er sein erstes elektronisches Spiel, „Pong", entwickelte, das einen unerwarteten und fast augenblicklichen Erfolgt hatte. Durch diesen ersten Erfolg ermutigt, verließ er Ampex und gründete 1972, mit 29 Jahren, sein eigenes Unternehmen, Atari (was auf Japanisch „Ich werde dich angreifen" bedeutet). Bushnells gesamtes Startkapital belief sich auf 500 Dollars. Er kaufte sein Material auf Kredit, verlangte aber von seinen Kunden die sofortige Bezahlung der gelieferten Spiele, um seine Lieferanten bezahlen zu können. Im ersten Jahr verkaufte Atari mehr als 1 000 Videospiele zu je 1 200 Dollars. Drei Jahre später verkaufte Bushnell das Unternehmen für 28 Millionen Dollars an Warner Communications!
Nolan Bushnell gibt gerne zu, daß er ein besserer Unternehmensgründer als -verwalter ist. Viele Firmen, die er später gründete, bestanden nicht lange. Obwohl er gern in neue Firmen investierte, hat er zweifellos die Gelegenheit seines Lebens versäumt, als er eines schönen Tages, 1976, einen gewissen Steve Jobs mitsamt seinem Computer in dessen Garage zurückschickte.

**4** Steve Jobs, Mitgründer von Apple Computer, war 13 Jahre alt, als sein Naturkundelehrer von seinen Schülern die Erarbeitung eines Projektes verlangte. Steve sollte ein Frequenzgmeßgerät zum Messen der Geschwindigkeit elektronischer Pulsionen bauen. Die nötigen Einzelteile waren zu teuer für den jungen Schüler, der sich jedoch keineswegs entmutigen ließ. Einfallsreich wie er war, wandte er sich an Computerfirmen. Er hatte das Glück, direkt an Bill Hewlett (Hewlett-Packard) zu geraten, den er um ein paar Einzelteile bat. Bill Hewlett war von dem Jungen so beeindruckt, daß er ihm anbot, im nächsten Sommer in einer seiner Fabriken zu arbeiten…

„Apple I" wurde in der Garage der Eltern von Steve Jobs in Los Altos gebaut. Der *chip,* mit dem er funktionierte, hatte 20 Dollars gekostet…

Zu Beginn ihres gemeinsamen Unternehmens bauten Steve Jobs und Steve Wozniak Computer für ihre Freunde vom Computerclub „Homebrew" an der Stanford Universität. Ihr erster Auftrag lautete auf vierzig Computer. Um die nötigen Teile bezahlen zu können, mußten Jobs seinen alten Minibus und Wozniak seine Rechenmaschine verkaufen. Das war 1976. Im folgenden Jahr stieg der Umsatz auf mehr als 800 000 Dollars, sieben Jahre später betrug er 1,5 Milliarden Dollars! In weniger als fünf Jahren wurde die Firma Apple zu einer der fünfhundert größten Gesellschaften der Welt und schlug damit alle Rekorde…

**5** Thomas Watson verwandelte die *Computing-Tabulat-*

**IN SHORT…**

**1** Chip: a small piece of silicon that is a complete semiconductor device or integrated circuit. **2** BIT: an abbreviation of "binary digit", one of the two numbers 0 and 1 used to encode computor data. **3** RAM (Random Access Memory): a memory in which any piece of information can be independently stored or retrieved; its contents are only held temporarily. **4** ROM (Read Only Memory): a memory chip in which information is permanently stored during the manufacturing process. **5** Transistor: a semiconductor device that acts primarily either as amplifier or as a current switch.

*ing-Recording Company,* die damals fast konkursreif war, in eine der größten Computergesellschaften überhaupt: IBM *(International Business Machines).*

Er brachte an den Wänden der Büros von IBM und auch bei sich zu Hause Plakate mit der Aufforderung: „*THINK*" an, eines der fünf Schlüsselworte *Read - Listen - Discuss - Observe - Think.*

In den Anfängen der Firma hatte er andere Formeln benutzt wie:

- *There is no such a thing as standing still.*
- *We must never feel satisfied.*
- *Time lost is time gone forever.*
- *Teaching is valueless unless somebody learns what is taught.*
- *We forgive thoughtful mistakes.*

**6** Zu Beginn des zwanzigsten Jahrhunderts war die Gegend ein einziger riesiger Obstgarten, der zum Beispiel die Hälfte der Weltpflaumenproduktion lieferte. Bis in die sechziger Jahre machten Birn-, Aprikosen- und Kirschbäume daraus eine der fruchtbarsten Regionen der Vereinigten Staaten. Heute ist nur ein Zehntel der 50 000 bebauten Hektare übrig geblieben…

**IN KÜRZE…**

**1** *Chip:* kleines Stück Silizium, das ein komplettes Halbleiterbauelement (oder „integrierter Schaltkreis") ist. **2** *BIT:* Abkürzung von „*binary digit*" (binäre Ziffer), eine der beiden Nummern 0 oder 1, die bei der Kodifizierung der Informationen angewandt werden. **3** *RAM (Random Access Memory):* ein Speicher, dessen Inhalt beibehalten oder verändert werden kann; dieser Inhalt wird nur eine Zeitlang aufbewahrt. **4** *ROM (Read Only Memory):* ein Speicherchip, in welchem die Informationen gleich bei der Erstellung permanent gespeichert werden. **5** Transistor: ein Halbleiterbaustein, der in erster Linie entweder als Verstärker oder als Stromschalter benutzt wird.

# OREGON

## *Moving to Portland* (1)

1 — Nice to meet you, John. Is this your first trip to Portland? Come over and I'll introduce you to Allan Carlson, our sales manager. **(2)**

2 We're having a party tomorrow. We'd be glad to have you over. It starts at 6. **(3) (4) (5)**

3 It's a very casual gathering. We'll barbecue ribs… **(6)**

4 Let's get down to business. The meeting is at 2. Don't forget your nametag. Then we have an appointment at 3. **(7) (8) (9)**

5 Hey! What's up Don? Headache's gone? Remember our racketball game tonight. Beware, I feel in good shape! **(10)**

6 Do you have any plans for this weekend? Scottie plays his first baseball game on Sunday. I've got to be there. He is a very good first baseman. **(11)**

*At the party*

7 — Let me fix you a drink. Gin and tonic, okay? Help yourself with the munchies.

8 — What would be the proper thing to wear if I were to work in a manager's office?

9 — The typical office getup: double-knit pants, white short-sleeved shirt, clip-on tie and jacket (very useful when the air-conditioning is on!). **(12)**

10 Forget about your sneakers and jeans now that you have advanced up the ladder. The steps are getting thinner and weaker, you need a better-fitted outfit!

11 — T.G.I.F.! **(13)**

### *Neues Ziel: Portland*

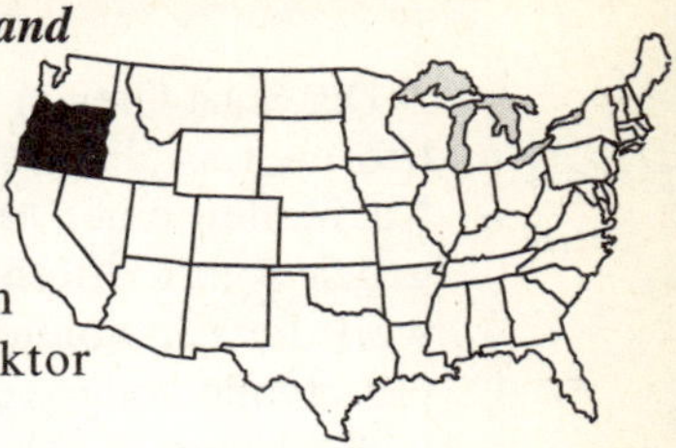

1 — Ich freue mich, Sie kennenzulernen, John. Ist dies Ihre erste Reise nach Portland? Kommen Sie mit, und ich werde Sie Allan Carlson, unserem Verkaufsdirektor vorstellen.

2 Wir haben für morgen Freunde eingeladen. Wir würden uns freuen, wenn Sie kämen. Es fängt um achtzehn Uhr an.

3 Es wird ganz einfach. Wir grillen Schweinerippchen…

4 Reden wir vom Geschäft. Die Besprechung ist um vierzehn Uhr. Vergessen Sie Ihr Namensschild nicht. Anschließend haben wir eine Verabredung um fünfzehn Uhr.

5 Na! Wie geht's, Don? Keine Kopfschmerzen mehr? Denken Sie an unser Racketballspiel heute abend. Vorsicht, ich fühle mich in Hochform!

6 Haben Sie Pläne für dieses Wochenende? Scottie spielt am Sonntag sein erstes Baseballmatch. Ich muß unbedingt dabei sein. Er ist ein sehr guter erster Malspieler.

### *Auf der Party*

7 — Ich werde Ihnen einen Drink mischen. Gin Tonic, ist Ihnen das recht? Nehmen Sie von den Häppchen.

8 — Was wäre die passende Kleidung für die Arbeit in einem Büro der Direktion?

9 — Die typische Bürokleidung: Tergalhosen, ein weißes kurzärmliges Hemd, Krawatte und Jacke (sehr nützlich, wenn die Klimaanlage an ist!).

10 Vergessen Sie Turnschuhe und Jeans, jetzt wo Sie die Leiter hochgeklettert sind. Die Sprossen der Leiter werden immer dünner und schwächer. Da brauchen Sie eine besser angepaßte Ausstattung!

11 — Gott sei Dank, heute ist Freitag!

**1** Der Staat Oregon, der zwischen Washington und Kalifornien an der Ostküste liegt, blieb lange von den Nachteilen einer allzugroßen Beliebtheit verschont, gerade weil Kalifornien ganz in der Nähe liegt und auch weil die Einwohner Oregons eine außerordentlich prachtvolle Natur verbissen gegen den Tourismus verteidigt haben.
Die Landschaft hier gleicht der von Nordkalifornien.
Das Klima der Küste ist mild.
Der Lauf des Columbiaflusses führt nach Norden, an Portland vorbei, durch viele herrliche Gegenden.
Die Hauptstadt des Staates ist Salem, aber Portland ist bedeutender und besonders für seine zahlreichen Parks und Brunnen bekannt.

**2** Der mittlere und höhere amerikanische Angestellte ist im allgemeinen sehr umgänglich und stellt Neuankömmlinge mit Begeisterung seinen Bekannten vor. Dieses freundschaftliche Verhalten ist selten geheuchelt.

**3** Die Einladungen zum Abendessen sind seltener als die zum Mittagessen und eher gesellige als geschäftliche Zusammenkünfte. Trotzdem werden viele Verträge beim Abendessen unterzeichnet, weil die Gastfreundlichkeit des Gastgebers und seiner Familie die geschäftlichen Beziehungen günstig beeinflußt. Besucher aus einer anderen Stadt werden häufiger eingeladen als Einheimische. Auswärtige Besucher werden abends selten sich selbst überlassen. Das wäre ein Verstoß gegen die Tradition der amerikanischen Gastfreundschaft.

**4** Pünktlichkeit wird großgeschrieben. Wenn man zu

einer Party bei Freunden ein bißchen zu spät kommt, ist das nicht so schlimm. Unpünktlichkeit bei einer geschäftlichen Besprechung oder einem Essen mit Geschäftspartnern hingegen gilt als unverzeihlich. Eine Einladung ist schon ab achtzehn Uhr möglich, und man kann sich, ohne als unhöflich zu erscheinen, bereits ab zweiundzwanzig Uhr verabschieden.

**5** *Party* ist ein Wort, das nicht leicht zu übersetzen ist. Es wird für die verschiedensten Gelegenheiten angewandt: *birthday party, house-warming party* (Wohnungseinweihung), *BBQ party (barbecue party), BYOB party (bring your own bottle!)* usw. Die Amerikaner sind scharf auf *parties* aller Art und lassen sich keine Gelegenheit entgehen, eine zu veranstalten: Ankunft, Abschied, Geburt, Umzug…

**6** *Casual ≠ formal. Parties* sind im allgemeinen *casual* (einfach, ohne großen Aufwand): man kann sich anziehen, wie man will. Wenn man hingegen ins Restaurant oder zum Konzert eingeladen ist, gehört es sich, im Kleid oder mit dunklem Anzug zu erscheinen. Wenn Sie Zweifel haben, ist es keineswegs unfein zu fragen, ob der Abend *casual* oder *formal* gedacht ist!

**7** *Business* ist eines der wichtigsten Wörter in der Welt der Arbeit. Arbeitszeit ist kostbar und wird nicht vergeudet. Privatgespräche während der Arbeitszeit sollten immer kurz bleiben.

**8** Geschäftliche Zusammenkünfte aller Art sind häufig und wichtig, ob es sich um ein Arbeitsfrühstück *(work-*

*ing breakfast)* oder um einen großen Kongreß *(convention)* handelt. Die Amerikaner stehen (oder sitzen!) einander mit Vorliebe „Auge in Auge" gegenüber. Solche Zweierbesprechungen sind gang und gäbe, aber auch hier wird keine Zeit verloren. Lassen Sie sich nicht von der lockeren und freundschaftlichen Atmosphäre täuschen. Es geht immer ums (harte) Geschäft. *Business* ist allgegenwärtig.

**9** Das Namenschild *(nametag)* ist unumgänglich. Wo es auch sei, Sie dürfen nirgends anonym sein. Ihr Name (oder zumindest der Vorname) ist stets an Ihre Brust geheftet. Nehmen Sie es gelassen hin, von wildfremden Leuten mit dem Vornamen angeredet zu werden. Auf der Bank, im Laden, in der Firma bekommt jeder Angestellte sein *nametag,* und es wird von ihm erwartet, daß er es während seiner ganzen Arbeitszeit trägt.

**10** Der *racketball* ähnelt dem *squash* und dem Tennis und wird von den Geschäftsleuten (besonders in den Nordstaaten) mit Vorliebe gleich nach dem Büro gespielt. Wenn man mit Arbeitskollegen Golf oder Racketball spielt, handelt es sich um eine Form der Geselligkeit, nicht um eine Verlängerung der beruflichen Beziehung.
Wissen Sie, was das Wort *squash* sonst noch bedeutet?
• *Squash:* Fruchtsaft mit Fruchtfleisch.
• *Squash:* Kürbis. In allen Formen und Farben steht der Kürbis auf dem Speisezettel der Amerikaner: als Püree zu Geflügel und Fleisch, in Stücken, als Suppe, auf Torten usw.

**11** Das Wochenende wird heiliggehalten. Es gehört der Familie und ist der Entspannung und vielen Freizeitbeschäftigungen gewidmet. Die Amerikaner ziehen eine strikte Demarkationslinie zwischen den sehr intensiven Arbeitsstunden und der Freizeit. Die Eltern beschäftigen sich ausgiebig mit ihren Kindern. Es wird viel Sport getrieben. Viele Eltern werden während des Wochenendes zu begeisterten Anhängern der Baseball-, (amerikanischen) Fußball- oder Hockey-Schulmannschaft ihrer Sprößlinge...

**12** Die Kleidung soll korrekt sein. Die Regeln sind jedoch weniger strikt als in Europa. Es gibt eine Art Wertskala, die der beruflichen Rangordnung folgt und fast Uniformcharakter hat: sobald Sie in die höheren Sphären aufgestiegen sind, dürfen Sie sich keine Fantasie mehr erlauben.

**13** *TGIF (Thank God It's Friday)* ist eine in jedem Büro gern gebrauchte Redensart und zeigt deutlich, daß – wie überall – die Aussicht auf das kommende Wochenende für jeden eine Erleichterung ist!

**IN SHORT…**

**1** Allan and Nancy invited us to their housewarming party on Saturday. **2** What are your plans for the future? **3** The proper thing to do would be to introduce the Carlsons to the Williams. **4** Her nametag reads Heather. What a pretty name! **5** Could you fix me a drink, please? **6** The racket used in racketball is smaller than the one used in squash, but its head is wider. **7** The managers' meeting will be held in the convention hall at six sharp.

– *I don't want any yes-men around me. I want everybody to tell me the truth, even if it costs them their jobs.*

Samuel Goldwyn

– *Whenever you're sitting across from some important person, always picture him sitting there in a suit of long, red underwear. That's the way I always operated in business.*

Joseph P. Kennedy

George Eastman, the founder of Kodak, ended his life by shooting himself. He left a note saying:
*"The work is done. Why wait?"*.

The name of the settlement that was to become Portland was settled by flipping a coin. Francis Pettygrove from Portland, Maine, and Asa Lovejoy from Boston, Massachusetts, both wanted to name the settlement after their own hometown. Francis Pettygrove was obviously more lucky than Asa Lovejoy!

**IN KÜRZE...**

**1** Allan und Nancy haben uns zu ihrer Einweihungsparty am Samstag eingeladen. **2** Was sind eure Zukunftspläne? **3** Man sollte die Carlsons mit den Williams bekanntmachen. **4** Auf ihrem Namensschild steht „Heather". Was für ein hübscher Vorname! **5** Könnten Sie mir bitte ein Getränk einschenken? **6** Der Racketballschläger ist kleiner als der Squashschläger, aber seine Schlagfläche ist breiter. **7** Die Sitzung der Direktoren ist in der Kongreßhalle für Punkt sechs anberaumt.

*A letter from Charleston, West Virginia*

Dear Nancy **(1)**

**1** So we're finally back from our one-week stay in West Virginia. We did find a house, but we also discovered a lot about the state and its people. **(2)**

**2** Southern hospitality is still alive. We were impressed by the warmth and friendliness of the people over there. We were invited to several outings, events and dinners. **(3)**

**3** As we got to the airport, we called your friends the Jenkins. Charming folks. They came to pick us up and drove us right away to the real estate agency. **(4)**

**4** The realtor had already made a selection of houses for us. We had planned on visiting them all in the afternoon, but the very first one turned out to be exactly what we were looking for. **(5)**

**5** We fell in love with it at first sight. It's a small older cottage located on the edge of town. It was built at the beginning of the century. It has an attractive wooden front porch. **(6)**

**6** On the first floor there is a living-room and a dining-room covered with parquet floor. Behind the staircase is the kitchen, which is amazingly modern and complete with electrical appliances.

**7** There's also a small hallway leading on the left to a half-bathroom and on the right to a delightful den overlooking the backyard through French bay windows. **(7)**

**8** On the second floor there are two bedrooms with a full bathroom. The basement includes a laundry room and a family room with plush carpeting.

***Ein Brief aus Charleston, West Virginia***

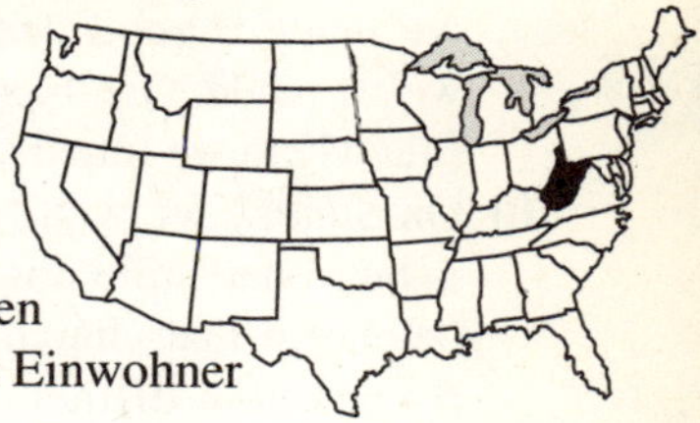

Liebe Nancy,

1 So sind wir schließlich von unserm einwöchigen Aufenthalt in West-Virginia zurück. Wir haben ein Haus gefunden, aber wir haben auch viel über den Staat und seine Einwohner dazugelernt.

2 Die Gastfreundschaft des Südens ist noch lebendig. Wir waren beeindruckt von der Wärme und Freundlichkeit der Leute dort. Wir waren zu verschiedenen Ausflügen, Veranstaltungen und Essen eingeladen.

3 Als wir am Flughafen ankamen, haben wir Deine Freunde, die Jenkins, angerufen. Nette Leute. Sie sind uns abholen gekommen und haben uns gleich zum Immobilienmakler gefahren.

4 Der Makler hatte schon Häuser für uns ausgesucht. Wir hatten uns vorgenommen, sie alle am Nachmittag zu besichtigen, aber es hat sich erwiesen, daß das allererste genau das war, was wir suchten.

5 Es war Liebe auf den ersten Blick. Es ist ein altes Häuschen am Stadtrand. Es ist zu Beginn des Jahrhunderts gebaut worden. Es hat nach vorne eine hübsche Veranda aus Holz.

6 Im Erdgeschoß ist das Wohnzimmer und das Eßzimmer, mit Parkettboden. Hinter der Treppe liegt die Küche, die erstaunlich modern und mit allen elektrischen Geräten ausgestattet ist.

7 Ein kleiner Hallengang führt links zum Baderaum und rechts zu einem entzückenden Rotondenvorbau mit großen Fenstern mit Blick zum Garten hinterm Haus.

8 Im ersten Stock sind zwei Schlafzimmer und ein Bad. Im Kellergeschoß ist eine Waschküche und ein Wohnraum mit dickem Teppichboden.

9 Prices are rather low compared to other states, so we felt we made a good deal. But this wasn't the only bargain we've made. One block down the street there was a garage sale where we found a beautiful grandfather clock. **(8)** **(9)**

10 On Sunday we won't have far to go. The Unitarian church is but a half-mile down the street. Since the Jenkinses also belong to that church, they introduced us to some of their friends, two of them being our next-door neighbors, the Strothmans. **(10)**

11 They invited us the next evening for a delicious meal, and after dinner took us to what seems to be one of their favorite pastimes: a greyhound race. John wagered a small amount but lost it all. He unfortunately seems to like it! **(11)**

12 The Jenkinses and the Strothmans insisted on bringing us sightseeing in the countryside. So for two days we toured the Appalachians. In a small town we had the opportunity to hear a folk music festival.

13 Mountain dwellers play the fiddle as well as the banjo and a strange instrument called the dulcimer. **(12)**

14 We've already planned a housewarming party sometime next March. Hope to see you then. Until then keep in touch. Love. Ellie

15 P.S. We haven't met any Hillbillies yet. Do you think they've all moved to Beverly Hills? **(13)**

**1** Einen Brief auf Amerikanisch zu schreiben, ist sehr einfach. Jeder Brief an einen Freund oder Bekannten beginnt mit *Dear,* mit darauffolgendem Vor- oder Familiennamen. Und jeder Brief endet mit Formeln wie: *keep in touch,*

**9** Die Preise sind eher niedrig, verglichen mit den anderen Staaten, so denken wir, daß wir ein gutes Geschäft gemacht haben. Aber wir haben noch einen anderen guten Handel gemacht: eine Straße weiter haben wir eine schöne Standuhr gefunden.

**10** Sonntags haben wir's nicht weit, die unitarische Kirche ist nur eine halbe Meile weit die Straße hinunter. Da die Familie Jenkins in dieselbe Kirche geht, haben sie uns ihren Freunden vorgestellt, zwei davon sind unsere nächsten Nachbarn, die Strothmans.

**11** Sie haben uns gleich am nächsten Abend zu einem sehr guten Essen eingeladen, anschließend haben sie uns zu ihrem vermutlichen Lieblingszeitvertreib, einem Windhunderennen, mitgenommen. John hat einen kleinen Betrag gewettet, hat aber alles verloren. Leider scheint ihm das zu gefallen!

**12** Die Jenkins und die Strothmans wollten uns unbedingt die ländliche Umgebung zeigen. So waren wir zwei Tage lang in den Apalachen unterwegs. In einem Städtchen hatten wir das Glück, an einem Volksmusikfest teilnehmen zu können.

**13** Die Gebirgler spielen Fiedel und Banjo sowie ein merkwürdiges Instrument, Hackbrett genannt.

**14** Wir haben bereits eine Einweihungsfeier vorgesehen, im März. Hoffentlichen sehen wir Dich da. Bis dahin, laß was von Dir hören. Gruß und Kuß. Ellie

**15** P.S. Wir haben noch keine Hillbillies getroffen. Ob die wohl alle nach Beverly Hills gezogen sind?

*write soon, love.* Die Amerikaner schreiben wie sie sprechen. Sie halten nicht viel von feierlichem oder geschraubtem Briefstil, von Formulierungen, die ihnen künstlich vorkommen.

Offizielle Schreiben, Geschäftsbriefe, Reklamationen usw. fangen so an: *Dear Sir(s), Dear Madam* (wenn man weiß, daß der Empfänger eine verheiratete Frau ist), *Dear Mr(s) Smith* (wenn man den Namen des Briefempfängers kennt), *Dear Ms* (wenn man weiß, daß es sich um eine Frau handelt, jedoch unsicher ist, ob sie verheiratet ist oder ledig – oder auch aus feministischer Sicht: man findet, daß die Unterscheidung des Fräuleins von der Frau überkommenes Macho-Erbe ist) oder *To whom it may concern* (wenn man nicht weiß, wer oder welche Abteilung die Sache zu bearbeiten hat).
Die Höflichkeitsformeln am Briefende sind kurz gefaßt: *Yours truly, yours sincerely, yours faithfully.*
Vorsicht beim Datum; vergessen Sie nicht, daß der Monat vor dem Tag steht (4/20/92 = 20. April 1992).
Eine oft gebrauchte Wendung (sowohl in Privat- als auch in Geschäftsbriefen) ist: *I'm looking forward to hearing from you:* In der Hoffnung auf eine baldige Antwort, in Erwartung einer baldigen Antwort…

**2** *West Virginia:* die Teilung Virginias fand während des Sezessionskrieges, 1863, statt, als der westliche Teil des Staates mit den Nordstaaten sympathisierte, sich vom Rest von Virginia trennte und so zum fünfunddreißigsten Staat der Union wurde. Seine Hauptstadt ist Charleston. Das gebirgige Ost-Virginia ist ärmer als seine Nachbarn.

**3** *Southern hospitality:* obwohl sich West-Virginia zu den Nordstaaten rechnet, sind die Mentalität und die Sitten seiner Bewohner denen der Südstaaten viel näher, was in einer gewissen Nonchalance und einer Lebenskunst zum Ausdruck kommt, die zu dem Individualismus und der

Effiziens der Nordstaatler im Widerspruch steht.

**4** Es gibt erstaunlich viele Immobilienmaklerbüros *(real estate agencies)* in den USA, sicher weil die Amerikaner oft umziehen. Diese Maklerbüros funktionieren meist im Franchisesystem. Gesellschaften wie *Century 21* haben Niederlassungen in allen Staaten der Union und sogar im Ausland. Die Tendenz der Amerikaner zur Uniformierung zeigt sich auch hier: die Franchisegeber verlangen von den unter ihrer Lizenz arbeitenden Angestellten das Tragen von Uniformen sowie ein Auto in den Firmenfarben (die gleichen Regeln gelten auch für die Angestellten anderer franchisierter Gewerbezweige: Friseure, Angestellte in Restaurationsbetrieben, in der Erdölindustrie usw.).
Die zum Verkauf angebotenen Häuser erkennt man sofort an dem im Garten aufgestellten Schild, auf dem der Name des Maklerbüros und seine Telefonnummer zu lesen sind. Ein Immobilienmakler ist ein *realtor.*

**5** *The very first one:* der, die oder das allererste. *Very* wird gebraucht, wenn das folgende Wort betont werden soll, damit kein Zweifel über die Bedeutung aufkommen kann: *He lives in this very place,* er wohnt hier. *You are the very man I wanted to meet,* Sie sind gerade der Mann, auf den ich gewartet habe. *At that very moment,* gerade im jetzigen Augenblick.

**6** *Cottage:* Häuschen. Was das Alter der Häuser betrifft, so hat man davon nicht die gleichen Vorstellungen wie in Europa. Ein Haus gilt bereits als *old,* wenn es in der ersten Hälfte unseres Jahrhunderts gebaut wurde. Die Amerikaner bewundern in Europa die Architektur früherer Jahrhunderte, aber die Enge der Räume und ihre ungenügende Ausstattung mit sanitärem und sonstigem von ihnen als unbedingt notwendig angesehenem Komfort wirkt verwirrend auf sie.

**7** Der *den* wird gleicherweise als Büro, Gästezimmer oder Fernsehzimmer benutzt. Die Küchen sind normalerweise möbliert und mit allen elektrischen Haushaltsgeräten ausgestattet, gleichgültig ob sie verkauft oder vermietet werden. Der *half-bathroom* wird nur im Immobilienjargon so bezeichnet, sonst sagt man *shower-room,* wenn man von einem Duschraum spricht. Manchmal sagt man auch *one-third-bath* für einen (kleinen) Waschraum. Fast alle Wohnhäuser, sowohl die Einfamilienhäuser als auch Gebäude mit mehreren Wohnungen, haben ein gut ausgestattetes Kellergeschoß mit modernen Waschküchen. Die Einfamilienhäuser haben oft im Kellergeschoß ein zweites Wohnzimmer, das unkonventioneller möbliert ist als das im Erdgeschoß. Wenn das Grundstück nicht besonders groß ist, werden die genauen Maße nicht angegeben, und man nimmt an, es handelt sich um eine Parzelle *(lot).*

**8** Wie in Europa, sind die Häuserpreise auch hier in jeder Gegend verschieden. Je näher die nächste größere Stadt ist, desto höher ist der Preis. Man kann jedoch sagen, daß die Preise, außer in den Großstädten und in ihrer Umgebung, eher vernünftig sind. Außerdem sind in manchen Staaten die Steuersätze besonders niedrig.

**9** *Garage sale / yard sale:* viele Amerikaner organisieren einen Miniflohmarkt in ihrer Garage oder im Hof, allein oder mit Nachbarn. Diese praktische Einrichtung verhilft den einen zu wirklich billigen Einkäufen und den anderen dazu, sich unnötig gewordener und platzraubender Gegenstände zu entledigen: Kühlschränke, kleine Möbel, Kleider, Kinderwagen usw. Diese Miniflohmärkte sind in den Lokalblättern angekündigt oder auf mit richtungweisenden Pfeilen versehenen Schildern, die man an jeder Straßenecke findet.

**10** Die *Unitarian Church* (unitarische Kirche, auch *Universalist Church* genannt), ein durch Spaltung entstandener Zweig des Protestantismus, der das Dogma der göttlichen Natur Christi und die Dreifaltigkeit ablehnt, weil darin ein Widerspruch zum Monotheismus gesehen wird. Die praktizierenden Amerikaner hängen sehr an der Kirche, der sie angehören, und *„Which Church do you belong to?"* ist eine Frage, die man Ihnen fast unvermeidlich stellen wird.
Der Protestantismus ist die meistpraktizierte Religion in Nordamerika. Jedoch kein Mensch bezeichnet sich als Protestanten. Man ist Baptist, Lutherianer, Adventist, Presbyterianer, Kalvinist... Etwa ein Drittel der Bevölkerung ist protestantisch. Die zweithäufigste Religion ist der Katholizismus, der stärker in ländlichen Gegenden und in den sozial unterprivilegierten Schichten vertreten ist. Aber viele andere Religionen (jüdisch, orthodox, buddhistisch) zeugen von der Vielfältigkeit der Herkunft der Bevölkerung.
Die Religion, besonders das Christentum, ist eine beherrschende Kraft im amerikanischen Leben, und viele Amerikaner gehen regelmäßig in die Kirche, in den Tempel, die Synagoge oder eben dahin, wo ihre Religion zur Versammlung aufruft. Politiker, Schauspieler, Sportler usw. sprechen oft den Namen Gottes aus und bekennen sich in ihren

Reden und Ansprachen zu ihrer Religion: Einer Kirche angehören, heißt zu einer bestimmten sozialen Gruppe zu gehören.
Die religiösen Überzeugungen der Amerikaner, so verschieden sie auch sind, fußen auf einer konservativen Auslegung der Bibel: für viele ist zum Beispiel die Entwicklungslehre Darwins unakzeptierbar, weil sie, ihrer Meinung nach, im Widerspruch zur wörtlichen Übersetzung der Genesis steht.
Die Kirchen oder Tempel sind richtige Unternehmen und appellieren mit den verschiedensten Mitteln an die Großzügigkeit der Bevölkerung: die *fund rasings* (Sammlungen von Tür zu Tür) natürlich, aber auch mit Reklame und „Benutzung" der Medien. Für uns Europäer ist die befremdendste Methode die berühmte Fernsehshow, in welcher der Prediger auf die Zuschauer in oft recht agressiver Weise einredet. Manche Sender strahlen rund um die Uhr religiöse Programme aus. Dieses Klima bringt leider viele oft total absurde und gewissenlose Sekten hervor.

**11** Die *greyhound races* sind gang und gäbe in Virginia. Man wettet wie bei Pferderennen. Das legale Wettalter ist 18 Jahre. Die Kinder werden nur in Begleitung Erwachsener zugelassen. *To wager = to bet:* wetten. Eine Wette ist *bet, a wager, a stake.*

**IN SHORT…**

**1** I'm looking forward to meeting you next week. **2** Your folks really look like charming people. **3** The realtor told us our house should be sold by next summer. **4** The very first time Sally saw him, he was attending a music festival. **5** The reverend's sermon was very convincing. **6** Before moving we'll have to set up a garage sale.

**12** Der *dulcimer* (Hackbrett) ist ein Musikinstrument mit über einen trapezförmigen Schallkörper gespannten Saiten. Es wird mit zwei Holzhämmerchen auf die Saiten schlagend gespielt. Ein *fiddler* ist ein Geigenspieler, ein *banjo picker* ein Banjospieler. Die Musik und der Tanz *(jig* und *Virginia reel)* spielen eine bedeutende Rolle in der Folklore Virginias. Die Volksmusik der Appalachen stammt aus der Siedlerzeit. Sie ist aus den Volksliedern der englischen, irischen und besonders der schottischen Einwanderer entstanden. Obwohl das Aufkommen des Radios nach dem ersten Weltkrieg eine Gefahr für die Volksmusik dargestellt hatte, ist diese weiterhin lebendig geblieben. Zahlreiche Musikfeste werden jedes Jahr abgehalten und helfen, die Tradition weiter zu pflegen.

**13** *Hillbilly:* Gebirgler, Bauer der bergigen Länder des Südostens der Vereinigten Staaten. Wird oft scherzhaft oder auch abwertend im Sinne von „Bauerntölpel" gebraucht. Eine Fernsehserie, *„The Beverly Hillbillies"*, hatte in den achtziger Jahren großen Erfolg: eine Familie von Hillbillies hatte auf ihrem Grundstück Erdöl entdeckt und zog, reich geworden, nach Beverly Hills, einem schicken Stadtteil von Los Angeles. Die Naivität und die Art dieser Familie, frei von der Leber weg zu reden, haben zu vielen sprichwörtlich gewordenen amüsanten Verwechslungen geführt.

**IN KÜRZE...**

**1** Ich kann es kaum erwarten, euch (Sie) nächste Woche zu treffen. **2** Deine Eltern scheinen wirklich charmant zu sein. **3** Der Makler hat uns gesagt, daß das Haus nächsten Sommer verkauft sein sollte. **4** Das allererste Mal, als Sally ihn sah, wohnte er einem Musikfest bei. **5** Die Predigt des Pfarrers war sehr überzeugend. **6** Bevor wir umziehen sollten wir einen Verkauf in der Garage veranstalten.

***Outdoor Activities Around Denver*** **(1)**

**1** Outdoor activities are numerous in Colorado. The Douglases, a family of five, are having a hard time choosing what they should do together next weekend. **(2)**

**2** *Father:* – Why don't we contact the Visitor's Bureau to find out where to rent an R.V.? I've been longing to visit Mesa Verde National Park for a long time. **(3) (4) (5)**

**3** *Mother:* – I've heard there are good campgrounds in and around Colorado National Monument. This is the perfect season to go sightseeing in the canyons. **(6) (7)**

**4** *Older son:* – Let's do something more exciting, like white-water rafting or mountain biking. My friend Fred has told me about the trails. You've always advised us to exercise and lead a healthy life. Isn't this the right thing to do, then? **(8) (9)**

**5** *Younger son:* – The biggest rodeo event takes place on Saturday, near Colorado Springs. We just can't miss it. On the way there or back, we could go visit a ranch in the Elizabeth or Kiowa area. **(10) (11) (12)**

**6** *Daughter:* – My next school project is about Colorado's first settlers. We should have a ride on the Cripple Creek-Victor railroad and explore the area's mines and ghost towns. Didn't you insist on studies being first on my list of priorities? **(13) (14)**

**7** *Father:* – We're facing a tough decision. Let's sleep on it.

***The following weekend***

**8** The father's participating in a golf tournament. How can he miss it? **(15)**

**9** The mother's been invited to Denver's Symphony Orchestra's last Summer performance. Nobody can refuse such a good opportunity! **(16)**

### *Betätigungen im Freien um Denver herum*

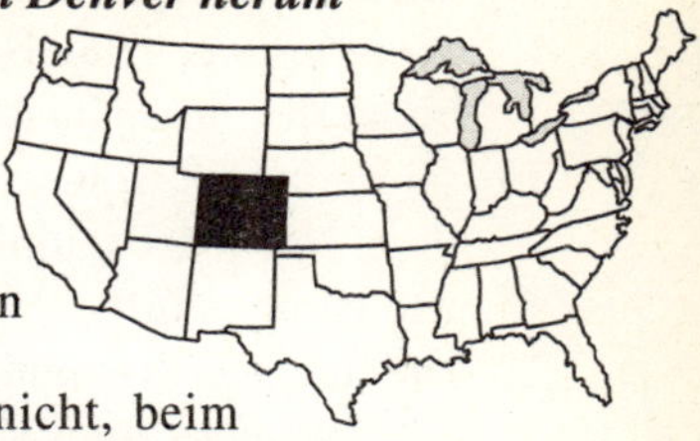

1 Man kann viel im Freien unternehmen in Colorado. Die Familie Douglas, die fünf Personen zählt, hat es schwer, die Pläne für das kommende Wochenende auf einen gemeinsamen Nenner zu bringen.

2 *Vater:* – Warum versuchen wir nicht, beim Verkehrsamt zu erfahren, wo man einen Wohnwagen mieten kann? Ich hab schon lange Lust, den Nationalpark von Mesa Verde zu besuchen.

3 *Mutter:* – Ich habe gehört, daß es im und um das Colorado National Monument herum schöne Zeltplätze gibt. Diese Jahreszeit ist ideal, um sich die Cañons anzusehen.

4 *Ältester Sohn:* – Machen wir lieber etwas Aufregenderes, wie zum Beispiel eine Wildwasserfahrt oder eine Mountainbiketour. Mein Freund Fred hat mir von den Wegen erzählt. Ihr habt uns immer dazu angehalten, uns Bewegung zu verschaffen und ein gesundes Leben zu führen. Wäre das nicht das beste, was wir unternehmen könnten?

5 *Jüngster Sohn:* – Das größte Rodeo findet nächsten Samstag in der Nähe von Colorado Springs statt. Das dürfen wir nicht versäumen. Auf dem Hin- und Rückweg könnten wir eine Ranch in Kiowa oder Elizabeth besuchen.

6 *Tochter:* – Mein nächster Schulaufsatz ist über die ersten Siedler Colorados. Wir sollten die Cripple Creek-Victor-Eisenbahn nehmen und uns die Bergwerke und Gespensterstädte der Gegend ansehen. Habt Ihr nicht immer gesagt, daß die Schule vorgeht?

7 *Vater:* – Die Entscheidung ist schwer. Wir wollen's mal überschlafen.

***Das folgende Wochenende***

8 Der Vater nimmt an einem Golf-Turnier teil. Wie hätte er das versäumen können?

9 Die Mutter ist zum letzten Sommerkonzert des Symphonieorchesters von Denver eingeladen worden. Niemand kann sich eine solche Gelegenheit entgehen lassen!

**10** The older son's favorite baseball team happens to play in town this weekend. He managed to get a ticket through his friend (he only paid twice the regular price…). **(17)**

**11** The younger son's touring the Coors brewery with his class. Not too exciting, but Cecilia (the cute blond girl) is also going… **(18)**

**12** The daughter has nothing much to do, but there's always a good western on TV. After all, it might be about Butch Cassidy or Doc Holliday – weren't they true Colorado pioneers?

**1** Denver, die Hauptstadt von Colorado, wird auch *The Mile High City* oder *The Queen of the Plains* genannt. Ihren ersten Beinamen verdankt sie ihrer Höhenlage (5 280 Fuß bzw. eine Meile). Den zweiten bekam sie Anfang des Jahrhunderts, als Denver zur „elegantesten Stadt im Umkreis von tausend Meilen" erklärt wurde. Trotz seiner Höhe liegt Denver in einer weiten Ebene. Während der Periode des Goldrausches gegründet (1859), wird die Stadt bald zur *Boom Town,* deren Reichtum trotz vieler Katastrophen (Brände, Überschwemmungen, Indianerüberfälle) immer weiter wuchs. Heute ist Denvers Wachstumsrate eine der höchsten der USA. Ihre geographische Lage im Herzen der *Rocky Mountains* zieht sowohl eine tatkräftige junge Bevölkerungsschicht als auch zahlreiche aufstrebende Unternehmen an.

**2** Der Name Colorado kommt von dem spanischen *rio colorado* (roter Fluß). Achtgrößter Staat der USA seiner Oberfläche nach. Seine Bergregion ist sechsmal so groß wie die der Schweiz. Eine hohe Bergkette der *Rocky*

**10** Die Lieblingsbaseballmannschaft des ältesten Sohns spielt in der Stadt dieses Wochenende. Er hat es geschafft, durch einen Freund eine Eintrittskarte zu bekommen (er hat bloß das Doppelte des normalen Preises bezahlt…).

**11** Der jüngste Sohn besucht die Brauerei Coors mit seiner Klasse. Nicht besonders aufregend, aber Cecilia (das hübsche blonde Mädchen) geht auch hin…

**12** Die Tochter hat nichts weiter zu tun, aber es gibt immer einen guten Western im Fernsehen. Wer weiß, vielleicht einen über Butch Cassidy oder Doc Holliday – waren die nicht echte Colorado-Pioniere?

*Mountains,* die *Continental Divide,* die sich in Nordsüdrichtung durch den Staat zieht, ist die Wasserscheide für die Flüsse, die nach Westen zum Pazifik und nach Osten zum Atlantik oder zum Golf von Mexiko hin ihren Lauf nehmen. Ein weiterer Beiname Colorados ist *Centenial State* (Jahrhundertstaat), weil es genau hundert Jahre nach der Unabhängigkeitserklärung der Union beitrat (1876).
Sein angenehmes Klima, seine vielfältigen Naturschönheiten und seine Berge haben Colorado zu einer Art von unermeßlich großem Sportzentrum gemacht. Es wird behauptet, daß es in Denver mehr Geschäfte für Sportartikel pro Einwohner gebe als sonstwo auf der ganzen Welt!

**3** *Visitor's bureau* (Verkehrsamt): Jeder Staat und jede Stadt, auch die allerkleinste, besitzt ein Informationszentrum, wo Ihnen zahlreiche Broschüren und Prospekte kostenlos angeboten werden. In den am meisten vom Tourismus geprägten Staaten, zu denen Colorado zählt, können Ihnen die Verkehrsämter sogar ein Ihrem Geschmack entsprechendes Programm für Ihren Aufenthalt zusammenstellen.

4 *R.V. (recreational vehicle):* Wohnwagen. Die R.V.s sind praktisch unumgänglich, wenn man die zahlreichen amerikanischen Nationalparks besuchen will. Es gibt die verschiedensten Modelle vom *motorhome* bis zum *camper,* je nach Anzahl der darin unterzubringenden Personen. Es ist kein Spezialführerschein für die R.V.s erforderlich. Einen Wohnwagen zu mieten, ist einfach aber teuer. Der Vermieter gibt Ihnen eine Liste der umliegenden Campingplätze. Wildes Camping ist in den USA verboten, aber die Plätze sind sehr gut ausgestattet und sehr zahlreich. Die Hotelanlagen um die Nationalparks herum sind oft ungenügend, die Campingplätze hingegen lassen nichts zu wünschen übrig. Colorado hat 500 *camp-grounds* anzubieten, die mehr als 30 000 individuelle Plätze (sowohl für Zelte als auch für Wohnwagen) umfassen. Außer den üblichen Einrichtungen (Duschen, Läden, Wäschereien) finden Sie oft Schwimmbäder und manchmal sogar Mineralquellen. Wenn man seinen Urlaub rechtzeitig plant, kann man *cabins* reservieren lassen. Die Campinggelände sind von untadeliger Sauberkeit; Verstöße gegen die strengen diesbezüglichen Vorschriften werden von den Gesetzeshütern mit hohen Strafen geahndet.

5 *Mesa Verde National Park:* die Anasazi-Indianer (in der Navajo-Sprache bedeutet das Wort: die Alten) sind zu Beginn unseres Zeitalters auf dem Mesa Verde-Plateau angekommen. Sie haben Mesa Verde in eine Stadt verwandelt, indem sie in den Felswänden Höhlenwohnungen ausgruben. Viele dieser Wohnhöhlen kann man noch heute besichtigen. Mesa Verde ist die ausgedehnteste archäologi-

sche Stätte der Vereinigten Staaten.
Niemand weiß, warum die Anasazi Mesa Verde später verlassen haben, um nach Arizona oder Neu-Mexiko zu ziehen. Andere Indianerstämme haben in dieser Gegend lange nach dem Auszug der Anasazi Blütezeiten erlebt.

**6** *Colorado National Monument:* dieser im Nordwesten des Staates liegende Park wurde 1911 zum Nationaldenkmal erklärt. Diese Gegend, mit ihren unwirklich erscheinenden Monolithen aus rotem Sandstein und den Cañons mit ihren steilgeschnittenen Wänden in den lebhaftesten Farben, phantastische Produkte der Erosion, hinterlassen bei dem Besucher einen unvergeßlichen Eindruck.

**7** Die Cañons, obwohl sie am Unterlauf des Coloradoflusses (in Arizona und Utah) zahlreicher sein mögen, sind schon hier im Staate Colorado sehr eindrucksvoll. Sie sind das Ergebnis einer Millionen Jahre andauernden Erosion. Man sagt, sie seien die Überreste einer immensen, vom Ozean ausgewaschenen Steilküste. Die unglaublichen Farben kommen von dem im Stein enthaltenen Eisen und Magnesiumoxyd.

**8** Das *white water rafting* (Wildwasserfahren) macht allen Spaß. Es findet hauptsächlich auf den Flüssen Arkansas und Colorado statt. Ein Raft ist ein Schlauchboot aus Plastik. Dieser Sport sieht gefährlicher aus als er ist. Dank der Vorsichtsmaßnahmen der Veranstalter ertrinkt nie jemand. Das Flußwasser ist so kalt, daß niemand länger als zehn Minuten darin überleben könnte. Das Schwimmwestetragen ist Pflicht!
**9** Das *mountain bike* ist große Mode in den Rocky Moun-

tains. Radfahren ist der beliebteste Sport in Colorado. Die Radfahrwege *(trails)* durchziehen den Staat von einem bis zum anderen Ende, sie führen sogar durch Stadtzentren wie Denver. *Hiking,* das Wandern, hat auch viele Anhänger; auch hier empfiehlt es sich, die dafür vorgesehenen Wege zu benutzen. Die Amerikaner sind im großen und ganzen recht sportlich und lieben die Natur; die für die Ausübung des Sports vorgesehene Infrastruktur ist ausgezeichnet und allgegenwärtig, allerdings läßt sie wenig Raum für Traum und Improvisation…

**10** *Rodeo events:* das Rodeo war ursprünglich ein Fest, das zum Anlaß des Markierens der Tiere gefeiert wurde. Heute ist es in Westamerika zum Nationalspiel geworden, es besteht aus mehreren Disziplinen: *bareback riding* (Reiten ohne Sattel), *barrel racing* (Faßrennen), *calf roping* (Kälberfangen mit Lassos) und *bull riding* (Stierreiten).

**11** *Colorado Springs,* Stadt in Südcolorado, die sowohl ihrer geographischen Lage als auch ihrer kulturellen und sportlichen Veranstaltungen wegen viele Touristen anzieht. Aber auch das *„Pikes Peak or Bust Rodeo“,* das größte Rodeo der Vereinigten Staaten, unumgängliche Etappe für jeden Profi, zieht die Besucher an wie ein Magnet. Cowboyhut und Cowboystiefel sind obligatorisch!

**12** Eine *ranch* ist, wie wir schon gesehen haben, eine große Viehzuchtfarm. Auf den Ranchs von Colorado werden Pferde gezüchtet: Appaloosa, *quarter-horses* und Araber. Die Besucher können bei den Trainingsrennen zuschauen.

**13** *The first settlers:* die ersten Siedler. Die ersten Einwohner waren Indianer (Utahs und Navajos). Spanische Forschungsreisende auf dem Weg nach Kalifornien entdeckten Colorado am Ende des siebzehnten Jahrhunderts. Anfangs des neunzehnten Jahrhunderts kamen mexikanische und französische Pelzjäger. Aber erst fünfzig Jahre später, mit der Entdeckung einer Goldgrube in Beckenridge, setzte die amerikanische Besiedlung großen Stils ein. Malerische Städte im viktorianischen Stil verdanken ihr Entstehen dem kostbaren Metall in ihrem Boden… Der Bau der Eisenbahn erleichterte die Ansiedlung einer großen Zahl von Bergleuten (Gold, Eisen und Marmor) und von Farmern, die von den weiten fruchtbaren Prärien und dem milden Klima angezogen wurden.
Der Beginn des zwanzigsten Jahrhunderts war schwierig, weil die Gold- und Silberkurse stürzten. Manche Städte wurden völlig verlassen und verwandelten sich bald in *ghost towns* (Gespensterstädte). Andere überlebten durch die Umstellung auf Viehzucht und Ackerbau. Etwas später wurden Ölvorkommen entdeckt. Mit dem Erdöl kam das Geld der Anleger und Unternehmer jeden Kalibers. Im Jahre 1936 gründeten drei Kapitalanleger die Skistation Aspen. Bald kam die Tourismusindustrie auf und wurde in kurzer Zeit zur Haupteinnahmequelle des Staates.

**14** Die Eisenbahn, heute längst vom Flugzeug in den Hintergrund gedrängt, war einer der wichtigsten Faktoren bei der Entdeckung des Westens. Die Cripple Creek-Bahn hat noch eine der letzten Dampflokomotiven in Betrieb. Die Bergstraßen führen an den Gespensterstädten aus der Goldgräberzeit und an unzähligen atemberaubend schönen

Landschaften vorbei, eine von ihnen wird die *„oh my God! road"* genannt, des wunderbaren Schauspiels wegen, das sie bietet.

**15** Das Golfspielen ist in Amerika kein Elitesport, und die meisten Golfplätze sind öffentlich.

**16** Wie Denver hat jede große Stadt ihr Symphonieorchester. Die Qualität der Konzerte erstaunt immer wieder die Zuhörer. Sobald es das Wetter erlaubt, finden die Konzerte im Freien statt. Kleinere Konzerte werden oft kostenlos dargeboten.

**IN SHORT…**

**1** Camping outside official campgrounds isn't allowed in the United States. **2** For Summer touring, light clothing is advisable for outdoor wear. **3** In the late 1800s, miners donated two hundred ounces of gold for the original dome on Colorado's capitol. **4** The black canyon on the Gunnison National Monument is one of the deepest and narrowest canyons in the world. **5** Topped by the highest suspension bridge in North America, the Royal Gorge provides one of the most breathtaking sights in Colorado. **6** The fifteenth step of the state capitol in Denver is located exactly one mile above sea level.

**17** Wie wir schon sagten, sind Baseball und amerikanischer Fußball die beliebtesten Mannschaftssportarten. Die Fußballsaison beginnt im Herbst und endet im Winter, während die Baseballsaison im Frühling anfängt und bis zum Ende des Sommers dauert. Jede Stadt hat ihre Mannschaft. Die Spieler der Mannschaft von Denver sind die *Broncos.*

**18** Die *Coors Brewery* ist die größte Brauerei der Vereinigten Staaten. Es finden Führungen für Besucher statt, wie sie übrigens von den meisten großen amerikanischen Unternehmen organisiert werden.

**IN KÜRZE...**

**1** Außerhalb der offiziellen Campingplätze zu zelten, ist in den Vereinigten Staaten verboten. **2** Für das Reisen im Sommer wird empfohlen, draußen leichte Kleidung zu tragen. **3** Ende der 1800er Jahre stifteten Bergleute 200 Onzen Gold für den Bau der Kuppel des Kapitols von Colorado. **4** Der schwarze Cañon des *Gunnison National Monument* ist einer der tiefsten und engsten Cañons der Welt. **5** Von der höchsten Hängebrücke der Welt überragt, bietet die *Royal Gorge* eine der atemberaubendsten Aussichten Colorados. **6** Die fünfzehnte Stufe des Kapitols von Denver liegt genau eine Meile über dem Meeresspiegel.

## Trends and Habits

***"This is the CBS Evening News, Don Porter reporting"* (1)**

**1** Among the things we try to do on this news-cast is keep you up-to-date on trends. With that in mind, correspondent Harry King has been tracking one possible new trend that combines concerns we Americans always seem to have losing weight, and our beloved pets. **(2) (3)**

**2** Behind closed doors in this country, there is a story of shame and secret craving and ravenous appetites of pets. We are talking about America's dogs and cats, and their eating habits. Ten million fat cats and eighteen million dogs who can't get their noses out of their bowls. **(4)**

**3** The deplorable state of America's porkey pets has produced an animal fitness movement of sorts. The five-billion-dollar-a-year pet food industry is pushing new light and lean cuisine for animals. One company is sponsoring fat cat contests to push the product and help bring moderation.

**4** Most studies show that obesity affects animals without regard to color, breed or creed… So be resolute, pets of America… There is a new, slimmer YOU coming… if only somebody would hide the treats… **(5)**

**5** — Mom, this is lousy. Let me watch channel 8. My favourite cartoon's on… anyway the news is over now. So may I? **(6)**

**6** — No sonny, I've got to watch the new game-show and find out who is going to win. **(7)**

## Tendenzen und Gewohnheiten

### *„Hier die CBS-Abendnachrichten, es spricht Don Porter“*

1 Eines der Anliegen dieser Nachrichtensendung ist, Sie über Tendenzen auf dem laufenden zu halten. In diesem Sinne hat Harry King eine mögliche neue Tendenz entdeckt, welche die Sorge, die uns Amerikaner bewegt, immer Gewicht zu verlieren zu haben, mit unseren geliebten Haustieren zusammenbringt.

2 Hinter verschlossenen Türen existiert in diesem Land eine heimliche und schändliche Geschichte, die unsere Tiere und ihren unstillbaren und gefräßigen Appetit betrifft. Wir sprechen von den Hunden und Katzen Amerikas und deren Freßgewohnheiten. Zehn Millionen fette Katzen und achtzehn Millionen Hunde, die ihre Nasen nicht aus ihren Freßnäpfen kriegen.

3 Der bedauernswerte Zustand der fettsüchtigen Haustiere Amerikas hat eine Art Tierfitneßbewegung hervorgerufen. Die Haustierernährungsindustrie, die jährlich fünf Milliarden Dollars umsetzt, schlägt die Werbetrommel für eine neue leichte Küche für Tiere. Eine Firma finanziert einen Wettbewerb für fette Katzen, um das Produkt zu lancieren und zu einer gewissen Mäßigung beizutragen.

4 Die meisten Forschungsergebnisse zeigen, daß die Fettsucht bei allen Tieren, ungeachtet ihrer Farbe, Rasse oder Religion auftritt... So zeigt euch entschlossen, Haustiere Amerikas... Euer neues schlankeres Ich ist im Kommen... wenn nur jemand die Leckerbissen verstecken würde...

5 — Mami, das ist wirklich blöd. Laß mich das achte Programm sehen. Jetzt gibt's meinen Lieblingszeichentrickfilm... die Nachrichten sind doch sowieso vorbei. Also, darf ich?

6 — Nein, mein Sohn. Ich muß mir das neue Fernsehspiel ansehen um zu erfahren, wer gewinnt.

**7** — Just one, okay? Yesterday you got hooked on five of them and didn't stir from in front of the set until ten o'clock.

**8** — Alright, let's compromise. You let me watch my show and I let you watch tonight's movie. How's that? **(8)**

**9** — Agreed! I'll get the pop and munchies… **(9)**

**1** Das *Columbia Broadcasting System (C.B.S.)* ist eine der drei großen amerikanischen Fernsehgesellschaften. Die beiden anderen sind die *National Broadcasting Company (NBC)* und die *American Broadcasting Companies (ABC).* Jede dieser Gesellschaften hat hunderte von Nebennetzen, die ihre eigenen regionalen Programme ausstrahlen. Diese sind oft von recht mittelmäßiger Qualität (um es höflich auszudrücken), ohne viel beruflichen Ehrgeiz gemacht und noch dazu andauernd von Werbespots unterbrochen. Das gleiche gilt für die unabhängigen Fernsehanstalten, die sich auf billig gemachte Filme und die Wiederholung von Serien „spezialisiert" haben. Das *Public Broadcasting System (PBS)* ist die einzige „öffentliche" (und subventionierte) Fernsehgesellschaft. Sie macht keine Werbung. Da sie nicht von Zuschauerquoten abhängig ist, sind ihre Sendungen anspruchsvoll in der Qualität und werden besonders von den Intellektuellen geschätzt. Das Kabelfernsehen *(cable TV)* ist sehr beliebt. Es erlaubt den Fernsehzuschauern eine wesentlich größere Auswahl an Programmen. Jedes *cable* ist spezialisiert; das *HBO (Home Box Office)* ist eine Fundgrube für Filmkenner (es strahlt nur Filme aus). Die verschiedenen Zeitzonen machen Live-Sendungen auf nationaler Ebene schwierig. Nur gewisse

**7** — Nur eins, O.K.? Gestern hast du fünf nacheinander angesehen und bis zehn Uhr die Augen nicht vom Fernseher weggewendet.

**8** — Gut, schließen wir einen Kompromiß. Du läßt mich mein Spiel sehen, und ich laß dich heute abend den Film anschauen. Ist dir das recht?

**9** — Einverstanden! Ich hol was zum Trinken und zum Mampfen…

wichtige Sportereignisse sowie Lokalnachrichten werden direkt gesendet. Die CBS-Abendnachrichten sind ebenfalls Direktübertragungen. Fast alle anderen Sendungen sind vor ihrer Ausstrahlung gefilmt. Das Fernsehen ist allgegenwärtig.
Viele Haushalte haben drei oder vier Fernsehempfänger. Nicht selten bleibt einer davon die ganze Zeit eingeschaltet, auch wenn niemand hinschaut. Die Amerikaner essen oft vor dem Fernseher. Es gibt zu diesem Zweck spezielle *„TV dinners“:* auf einem Tablett werden komplette Mahlzeiten (von der Vor- bis zur Nachspeise) für eifrige Fernseher zusammengestellt und verkauft.

**2** Die CBS-*Evening News* enden jeweils mit einer satirischen oder ironischen Nachricht. Der Wetterbericht ist normalerweise nicht an die nationalen Nachrichten angeschlossen.

**3** *„Losing weight and keeping fit“* könnte Amerikas Devise sein… Ein Großteil der Bevölkerung ist überernährt (der Prozentsatz an Fettleibigen ist der höchste der Welt, jede dritte Frau ist stark übergewichtig). Die amerikanischen „Normalverbraucher“ knabbern *(to snack)* den gan-

zen Tag und trinken Erfrischungsgetränke dazu, ob sie daheim sind, auf der Straße oder im Büro. Weil sie sich ihres Übergewichts bewußt sind, versuchen sie, dem abzuhelfen. Aber da sie mit den Regeln einer gesunden und ausgeglichenen Ernährung wenig vertraut sind, flüchten sie oft in unvernünftige „Wunderdiäten“. Wie in Europa, tauchen jetzt auch hier eine Menge „leichte“ *(light)* Produkte auf, die das Problem aber auch nicht lösen, da die Eßgewohnheiten sich nicht ändern und da viele meinen, weil ein Produkt *light* ist, könne man doppelt soviel davon zu sich nehmen…
Gleichzeitig schießen die *fitnessclubs* aus der Erde und bieten (oft zu erschwinglicheren Preisen als in Europa) alle möglichen sportlichen Betätigungen an. Am Wochenende sind die Straßen voll von *joggers,* die auf der Suche nach ihrer verlorenen *fitness* sind oder die in Form bleiben wollen *(keep fit).*

**4** Die Amerikaner sind sehr tierliebend. In den Städten ist es jedoch schwierig, eine Wohnung zu finden, in der Tiere erlaubt sind. Eigentümer, die ihre Tiere „streunen“ lassen, werden streng bestraft. Die „Beschmutzung“ der Straßen durch Ihren Hund kann Sie ebenfalls teuer zu stehen kommen (denken Sie daran, Schaufel und Tüte mitzunehmen, wenn Sie Ihren Hund in New York spazierenführen!).
Die Tiere wie ihre Herren konsumieren eine Nahrung, die zu reich ist an Kalorien und Vitaminen… So kommt es, daß die Stadt New York von riesigen Ratten heimgesucht wird, die von den vitaminreichen Abfällen leben, die sie in den Mülltonnen finden…

**5** *Most studies show:* „die meisten Untersuchungen zeigen...". In den Vereinigten Staaten gibt es nichts, was nicht untersucht und studiert wird. Wählen Sie ein Thema, und man wird Ihnen Studien, Statistiken und Forschungsergebnisse zeigen, die alles und nichts beweisen. Dies betrifft besonders alles, was mit Krankheiten oder mit der Umwelt zu tun hat. Von den Medien aufgebauscht, werden diese Themen, in Studien aller Art verpackt, dem Fernsehzuschauer vorgetragen. Dieser wird dazu aufgefordert, sich über den zu großen Verbrauch gewisser Produkte Gedanken zu machen. Was heute angeprangert wird, wird oft am nächsten Tag bereits wieder rehabilitiert – *„Studies have shown"*...

**6** *Cartoons...* – Schon vor der Schule, am frühen Morgen, können die Kinder Zeichentrickfilme anschauen. Sobald sie aus der Schule zurück sind warten andere Zeichentrickfilme oder Kindersendungen auf sie. Die Kinder sind der ideale „Nährboden" für die Werbung. Die Kindersendungen werden von speziell auf Kinder gezielte Werbespots unterbrochen, während die *soap operas* (Serien) am Nachmittag mit auf die Hausfrauen gemünzter Reklame für Waschmittel und ähnliche Produkte gespickt sind.

**7** *Game show:* Spielshows. Diese Spiele, die jetzt auch in Europa auf den Fernsehschirmen überhandnehmen, sind in den Vereinigten Staaten schon lange sehr beliebt. Mit den *soap operas* stellen sie den Löwenanteil des Tagesprogramms.

**8** Die Fernsehfilme unterliegen einer strengen Zensur (dies betrifft nicht das Kabelfernsehen). Die Filme, die nicht eigens für das Fernsehen gedreht wurden, werden für die

Sendung stark geschnitten, kein entblößter Busen kommt auf dem Bildschirm an, und die Flüche werden mit einer Vielzahl von *„beeps“* wiedergegeben. Nur Brutalität und Gewalttätigkeit wird selten zensiert...

**9** *Pops and munchies* (Erfrischungsgetränke und Appetithäppchen) zum Fernsehen gehört das Knabbern, auch wenn man gerade erst eine Hauptmahlzeit gegessen hat...

**IN SHORT...**

**1** HDTV, high-definition television, is hard to develop in the United States. It has to overcome the inertia of 1,300 broadcasters and make them switch to another standard. **2** For the U.S. population it is sensible to reduce daily intake of fat and cholesterol. **3** Obesity is a major health concern in the United States. Experts estimate that one-third or more of all adult Americans are overweight. **4** Educational television, which is publicly financed, does not have to advertise. **5** Commercials spring out of a program without warning. **6** Soap operas are daily serials designed for women, and were originally sponsored by soap companies.

A woman won a vacation and dropped dead from the shock, but the sponsors kept their word. They sent her body to Bermuda for two weeks. (Milton Berle)

I hate television, I hate it as much as peanuts. But I can't stop eating peanuts. (Orson Welles)

Why should people go out and pay money to see bad films when they can stay at home and see bad television for nothing? (Samuel Goldwyn)

**IN KÜRZE...**

**1** Die HDTV, *high-definition television,* hat es schwer, sich in den Vereinigten Staaten zu entwickeln. Sie muß die Unbeweglichkeit der 1 300 Sender überwinden, um sie dazu zu bringen, einen neuen Standard zu übernehmen. **2** Für die Amerikanische Bevölkerung wäre es vernünftig, ihren täglichen Fett- und Cholesterinkonsum einzuschränken. **3** Die Fettleibigkeit ist ein großes Gesundheitsproblem in den Vereinigten Staaten. Fachleute schätzen, daß mindestens ein Drittel aller erwachsenen Amerikaner übergewichtig ist. **4** Das Lehrfernsehen, das aus öffentlichen Mitteln finanziert wird, braucht nicht zu werben. **5** Die Werbespots unterbrechen übergangslos die Programme. **6** *Soap operas* sind die täglichen Serien, die auf die Frauen zugeschnitten sind und ursprünglich von Waschmittelherstellerfirmen gesponsert wurden.

FIRST PRIZE: TWO WEEKS IN BEAUTIFUL BERMUDA

# PENNSYLVANIA

***A State of Diversity***

**1** Rick, 16, is a paperboy. He delivers evening newspapers every day after school. He also delivers the Sunday paper, but doesn't like doing it. "Its too heavy", he says, "can't just throw it from my skateboard, the way I usually do it"... **(1)**

**2** Chester, 14, an Amish boy, writes his diary every night: **(2)**

***Monday***

Checked the meadow fence for holes, shovelled and harrowed the garden, and cimented the chicken house.

***Tuesday***

Chopped wood and cleaned beards.

***Wednesday***

Made a new door for the cow stable in the afternoon.

***Thursday***

Went to school in the forenoon. Filled silo in the afternoon.

***Friday***

Filled silo in forenoon–watched cows in the afternoon.

***Saturday***

Washed cow stable in forenoon–fixed an engine on the corn sheller and shelled corn in the P.M.

***Sunday***

Stayed at home–had company in the afternoon.

**3** Abigail, 33, a business school graduate, is a "Director of Marketing and New Business Development" for a big company in downtown Philadelphia. She doesn't mind being called a "yummie". She loves her job but does resent some of her male counterparts' attitude towards her. "For a woman to be taken seriously, she needs to work twice as much as a man would do" she complains. **(3)** **(4)**

### *Ein Staat der Vielfalt*

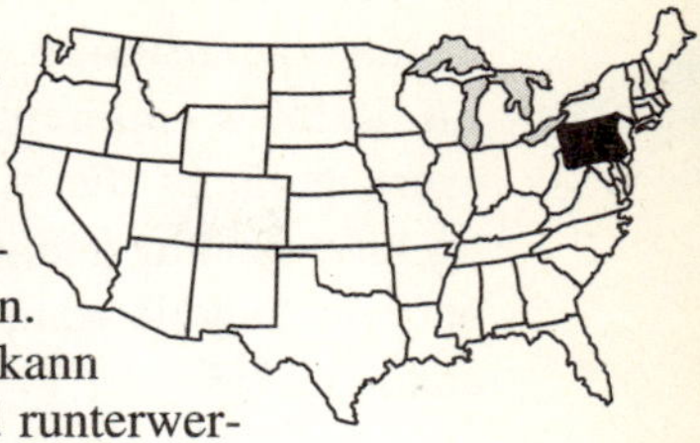

**1** Rick, 16 Jahre alt, ist Zeitungsjunge. Er trägt die Abendzeitungen jeden Tag nach der Schule aus. Er verteilt auch das Sonntagsblatt; aber er tut es nicht gern. „Es ist zu schwer", sagt er, „ich kann es nicht einfach vom Skateboard runterwerfen, wie ich es sonst mache"…

**2** Chester, 14 Jahre alt, ein *Amish*-Junge, schreibt jeden Abend sein Tagebuch:

***Montag***

Nachgesehen, ob im Wiesenzaun kein Loch ist. Den Garten umgegraben und geeggt, den Hühnerstall zementiert.

***Dienstag***

Holz gehackt und Kolben gesäubert.

***Mittwoch***

Heute nachmittag ein neues Tor für den Kuhstall gemacht.

***Donnerstag***

Vormittags in die Schule gegangen. Nachmittags das Silo gefüllt.

***Freitag***

Vormittags das Silo gefüllt. Nachmittags Kühe gehütet.

***Samstag***

Vormittags den Kuhstall saubergemacht. Nachmittags einen Motor des Maisentkörners repariert und Mais entkörnt.

***Sonntag***

Daheimgeblieben. Nachmittags Besuch gekriegt.

**3** Abigail, 33 Jahre alt, Diplom-Kauffrau, ist „Direktorin für Marketing und neue Kunden" in einer großen Firma im Stadtzentrum von Philadelphia. Es ist ihr gleichgültig, eine *„yummie"* genannt zu werden. Sie liebt ihre Arbeit, aber das Verhalten mancher ihrer männlichen Kollegen ihr gegenüber geht ihr auf die Nerven. „Eine Frau, die ernstgenommen werden will, muß doppel soviel arbeiten wie ein Mann", beklagt sie sich.

**4** Ralph, 53, a curator, is proud to be living in a city where his favorite historical character has lived: Benjamin Franklin. Ralph's children, now adults, remember being told every morning: "Early to bed and early to rise makes a man healthy, wealthy and wise". They didn't like it at the time, but now they do admit saying the same thing to their own children… **(5)**

**1** Die Presse ist von ausschlaggebender Bedeutung in den Vereinigten Staaten, wo man sie übrigens „den vierten Stand" nennt. Es gibt Hunderte von Tageszeitungen; es sind zum allergrößten Teil Lokalzeitungen (zu Beginn der achtziger Jahre waren es mehr als 1 800). Von allen Medien sind es die Zeitungen, zu denen die größten Geldströme aus den Werbebudgets fließen (27 % aller Ausgaben für Werbung, gegenüber 22 % für das Fernsehen), deswegen sind sie im allgemeinen außerordentlich dick und schwer (besonders die Wochenendausgaben), obwohl sie auch nicht mehr Informationen enthalten als die europäischen Zeitungen, was Noël Coward (englischer Schauspieler, 1973 gestorben) zu folgendem Kommentar inspirierte: *"I love the weight of American Sunday newspapers. Pulling them up off the floor is good for the figure"*.
Seit ein paar Jahren, mit dem Aufkommen der Lokalsender, die immer zahlreicher werden, geht die Anzahl der Lokalzeitungen jedoch immer mehr zurück. Außerdem investieren die Unternehmen einen größeren Anteil des zur Verfügung stehenden Werbeetats ins Fernsehen oder in eine Technik, die sich immer mehr entwickelt: das Versenden von Werbematerial durch die Post (Mailings), auch *direct mail advertising* genannt. Diese Umkehrung der bisherigen Tendenz betrifft ebenfalls die Abendzei-

4 Ralph, 53 Jahre alt, Museumsdirektor, ist stolz darauf, in einer Stadt zu wohnen, in der die historische Gestalt, die er allen anderen vorzieht, gelebt hat: Benjamin Franklin. Ralphs Kinder, jetzt Erwachsene, erinnern sich, daß man ihnen jeden Morgen sagte: „Früh ins Bett gehen und früh aufstehen macht einen Mann gesund, reich und weise". Sie hörten das damals nicht gerne; aber heute geben sie zu, daß sie ihren eigenen Kindern dasselbe sagen.

tungen, deren Auflagenziffern ständig sinken.
Bis vor kurzem konnte man nur das *Wall Street Journal* und den *Christian Science Monitor* überall in den Staaten kaufen. Aber heute findet man die *New York Times,* die *Los Angeles Times* und die *Washington Post* an allen Zeitungskiosken des Landes. Philadelphias große Tageszeitung ist der *Philadelphia Inquirer.*
Meistens werden die Zeitungen von Schülern an die Abonnenten ausgetragen: sie werfen sie regelrecht auf die Türschwellen (unmöglich, sie in die Briefkästen hineinzustopfen, sie sind viel zu umfangreich; die Briefkästen sind für die Post reserviert).

**2** Die Amische gingen im sechzehnten Jahrhundert aus einem konservativen Flügel abtrünniger schweizer Mennoniten hervor. Ihr Name kommt von dem schweizer Prediger Jakob Amman. Dieser nahm das Evangelium sehr wörtlich. Er lehnte jede Art von Gewalt sowie die Trennung von Staat und Kirche ab. Die Amische erlitten Verfolgungen, Folter und oft sogar den Tod ihres Glaubens wegen. Schließlich wanderten sie Anfang des achtzehnten Jahrhunderts nach Amerika aus. In den Vereinigten Staaten teilte man ihnen große Flächen Landes zu und garantierte ihnen das Recht, auf ihre Weise zu leben. Sie sind heute mehr als 60 000, und mehr als die Hälfte von ihnen sind Kinder und Jugendliche unter 18 Jahren. Diese große Gemeinschaft stammt von nur sieben Familien ab. Sie leben von der übrigen Welt abgeschieden und ihre Sitten sind sehr streng, was ihren Gemeinschaftssinn noch verstärkt. Jeder Ungehorsam kann den Ausschluß zur Folge haben. Noch heute leben die Amische wie im achtzehnten Jahrhundert: die Benutzung der modernen Technik ist strikt untersagt. Es gibt weder elektrischen Strom noch Telefon, weder Autos noch Traktoren: man muß hart arbeiten, im Schweiße seines Angesichtes. Man bewegt sich zu Pferd oder per Karren fort, geackert wird mit dem Pflug. Die Amische sprechen *Pennsylvania Dutch* (eine Sprache, die sich aus einem deutschen Dialekt entwickelt hat). Sie dürfen weder außerhalb der Gemeinschaft heiraten noch einen Geschäftspartner aufnehmen, der kein *Amish* ist. Die Kinder gehen auf *Amish*-Schulen. Diplome oder der Universitätsbesuch sind verboten: „Zuviel Wissen macht hochmütig“, sagen sie. Weder Physik noch Chemie, weder Zeichnen noch Musik stehen auf ihrem Lehrplan. Die Lehrkräfte sind ausschließlich Frauen.

Die Kleidung ist sehr einfach (Reißverschlüsse und Knöpfe sind verboten, desgleichen die lebhaften Farben). Die Frauen schulden den Männern Gehorsam. Als tiefüberzeugte Anhänger der Gewaltlosigkeit lehnen die Amische jede Beteiligung an einem Krieg ab und verlangen, als Kriegsdienstverweigerer betrachtet zu werden, wenn sie eingezogen werden. Desgleichen verlassen sie lieber ihren Wohnort, wenn sie Feindseligkeiten oder Agressionen ausgesetzt sind, als daß sie den Kampf aufnehmen. Ihrer Meinung nach ist Gott zufrieden, wenn der Mensch in Harmonie mit der Natur arbeitet, wenn er sich mit Pflanzen

und Tieren beschäftigt, wenn er seinen Nächsten liebt und ihm sein Leben lang bei jeder Gelegenheit hilft.
Dieses einfache Leben erweckt seit einiger Zeit das Interesse der Landwirtschaftsspezialisten, weil die Ergebnisse und Erträge der *Amish*-Landwirtschaft oft geradezu erstaunlich sind. Die Psychologen hingegen sehen in dieser Lebensweise eine mögliche Alternative zum *„American way of life"*...

**3** *Yummie* ist das weibliche Gegenstück zu *Yuppie* (*Young Urban Professional:* junger, karrierebewußter Großstädter, der bereits einen schnellen und oft Aufsehen erregenden beruflichen Aufstieg hinter sich hat). In den letzten Jahren haben die Frauen in diese resolut männliche Welt eine Bresche geschlagen, indem sie wichtige Posten erlangten und oft brillante Erfolge in der Ausübung dieser Schlüsselpositionen aufweisen konnten. Sie mußten dem zähen Widerstand der männlich geprägten Geschäftswelt, in der die Vorurteile noch sehr lebendig sind, die Stirn bieten.
Trotz des Gleichberechtigungsgesetzes sind nur 2 % der Direktionsposten mit Frauen besetzt. Es ist für arbeitende Mütter in den Vereinigten Staaten ohnehin nicht leicht, Karriere zu machen. Es gibt kaum Kinderkrippen oder Kindergärten. Der Mutterschaftsurlaub ist sehr kurz und es gibt kein Gesetz, das den Anspruch auf den Arbeitsplatz nach der Rückkehr aus dem Mutterschaftsurlaub garantiert. Trotzdem ist es der Beharrlichkeit vieler arbeitender Frauen gelungen, das Image der Frau in der amerikanischen Geschäftswelt positiv zu verändern und das dort herrschende Macho-Verhalten zu dämpfen. Jeder ausländische Besucher, der eine Geschäftsfrau herablassend behandelt, muß mit einer scharfen Zurückweisung, nicht nur von seiten der

Betroffenen, sondern auch von der des gesamten Mitarbeiterstabs rechnen.
Immer mehr Frauen verlassen elitäre Hochschulen mit hochgeschätzten Diplomen und werden, zum Beispiel, gefährliche Finanzberaterinnen (Wall Street) – *„golden girls“*. Im allgemeinen sind die Gehälter der Frauen jedoch weiterhin niedriger als die der Männer (um etwa ein Drittel). Unsichere und unqualifizierte Arbeitsplätze werden meistens mit Frauen besetzt, oft genießen diese keinerlei sozialen Schutz. Wie man sieht, bleibt viel zu tun im Kampf um die Verwirklichung der Gleichberechtigung.

**4** Philadelphia war 1682 von William Penn, einem englischen *Quaker*, gegründet worden. König Charles II. von England hatte ihm, als Entschädigung für eine Schuld der Krone seinem Vater gegenüber, ein Stück Land in der Neuen Welt zugeteilt… In kurzer Zeit, gerade vor Beginn der amerikanischen Revolution, wurde Philadelphia der Bewohnerzahl nach die zweitgrößte englische Stadt. Sie wurde 1776, bei Ende des Unabhängigkeitskriegs, zur Hauptstadt des Landes gewählt und blieb es bis 1800. In der *Independence Hall* in Philadelphia wurde auch die Verfassung geschrieben und unterzeichnet… Als Washington Hauptstadt wurde, verlor Philadelphia seine politische Bedeutung.
Im Gegensatz zu anderen großen Städten im Norden der Vereinigten Staaten ist es Philadelphia gelungen, den Charme seiner Vergangenheit zu bewahren. Dies tut den Forderungen der modernen Wirtschaft keinen Abbruch.
Heute ist Philadelphia in voller Expansion, mit Universitäten und Hochschulen, mit internationalen Unternehmen, deren Schwerpunkte pharmazeutische Produkte, Energie,

Spitzentechnologie und die Werbung sind.
*Society Hill,* im westlichen Teil des Stadtzentrums gelegen, zeigt nach jahrelangen Restaurationsarbeiten den Besuchern stolz seine prachtvollen Häuser im Stil Georgias, seine gepflasterten, von altmodischen Laternen beleuchteten Straßen. In diesem Viertel finden wir auch die bedeutendsten historischen Bauwerke der Stadt: das *Betsy Ross House,* wo die erste amerikanische Flagge entstanden sein soll, die *Christ Church,* in der Benjamin Franklin begraben liegt... Im *Liberty Bell Pavillion* kann man die berühmte *Liberty Bell* bewundern, die zum Wahrzeichen der amerikanischen Nation geworden ist... *Franklin Court,* wo Benjamin Franklin gewohnt hat und die Geburtsstätte einer großen Nation: *Independence Hall* verdienen ebenfalls einen Besuch.
Inzwischen sind auch die armen Viertel der Stadt berühmt geworden, und zwar durch den Film *Rocky,* der hier gedreht wurde.

**5** Wie viele Einwohner Philadelphias (oder ganz einfach wie viele Amerikaner), ist Ralph sehr stolz auf den Nationalhelden Benjamin Franklin.
Der 1706 in Boston geborene Benjamin Franklin zog 1723 nach Philadelphia, wie es heißt mit zwei Stückchen Brot als ganzem Besitz... Er war das fünfzehnte Kind einer vermutlich französischen Familie. Ganz früh trat er als Lehrling in die Druckerei seines Bruders ein. Ein paar Jahre später fiel er dem Gouverneur von Pennsylvanien auf, der ihn nach London schickte, wo er die Abhandlung „*Von der Freiheit und der Notwendigkeit von Vergnügen und Schmerz*“ schrieb. Wieder in Philadelphia, fuhr er mit dem Schreiben fort und gründete 1727 die erste öffentliche

Bibliothek Nordamerikas, das man damals noch „die Kolonien" nannte. Seine *Schriften über die Elektrizität und die Meteorologie* beweisen, daß er vor Faraday die Rolle der Isolatoren in der Elektrizität entdeckt hatte (1752 erfand er den Blitzableiter). Dieser geniale und vielseitige Autodidakt gründete die *American Philosophical Society,* die später zur Universität von Pennsylvanien wurde. Er kehrte 1757 für sechs Jahre nach London zurück, um dort die Interessen Pennsylvaniens zu vertreten. Sein Erfolg verhalf ihm zu seiner späteren Ernennung zum Botschafter der Kolonien in Großbritannien. Die von Jefferson verfaßte Unabhängigkeitserklärung (4. Juli 1776) war von Benjamin Franklin korrigiert worden. Mit dem Auftrag, um die Unterstützung Frankreichs zu werben, kam er nach Paris. Hier wurde er mit großer Begeisterung empfangen und war bald Mitglied der Akademie der Wissenschaften. Trotz der

**IN SHORT…**

**1** Benjamin Franklin attached a key to the wire of his kite during a thunderstorm, thus discovering the principle of the lightning rod. **2** The movie "Witness" featured an Amish community in Pennsylvania. **3** The kids love to read the comics section of the Sunday newspaper. **4** Business women are no less forceful than their male colleagues. **5** The first time the Liberty Bell was rung to proclaim independence, it cracked. **6** Amish teenagers cannot own a stereo, watch TV or ride on a moped.

People attending a nearby church once asked Benjamin Franklin if they ought to use the lightning rod to protect it. Benjamin Franklin answered:
*"Gentlemen, I would not hesitate to put my lightning rod atop your church. Being a religious man, I cannot believe that God is biased when distributing his lightning!"*

Bedenken Ludwigs XVI. erreichte er mit Hilfe La Fayettes die Entsendung einer Flotte, sowie eine beträchtliche finanzielle Unterstützung (1780-1781). In seiner Eigenschaft als Präsident des Exekutivrats von Pennsylvanien formulierte er 1787 die Verfassung der Föderation.
Dieser joviale „Exzentriker" (er trug keine Perücke!) spielte sein Leben lang auf den verschiedensten Gebieten eine entscheidende Rolle.
Als er 1790 starb, trug Frankreich drei Tage Staatstrauer um ihn…
Zahlreiche moralische Sprüche, die aus seinem Mund oder seiner Feder stammen, z. B. *„Who pleasure gives shall joy receive"* werden von einer Generation Amerikaner auf die andere vererbt. Benjamin Franklin hat in den Vereinigten Staaten und in der ganzen Welt unauslöschliche Spuren hinterlassen.

**IN KÜRZE…**

**1** Benjamin Franklin befestigte einen Schlüssel am Draht seines Drachens während eines Gewitters und entdeckte so das Prinzip des Blitzableiters. **2** Der Film „Witness" schilderte eine *Amish*-Gemeinschaft in Pennsylvanien. **3** Die Kinder lesen besonders gern die *comics* (Bildergeschichten mit Sprechblasentexten) in den Sonntagszeitungen. **4** Die Geschäftsfrauen sind nicht weniger energisch als ihre männlichen Kollegen. **5** Als die Freiheitsglocke zum ersten Mal geläutet wurde, barst sie. **6** Die *Amish*-Teenager dürfen keine Stereoanlage besitzen, nicht fernsehen und nicht Moped fahren.

Benjamin Franklin first started as a printer. A friend of his wrote this mock epitaph:
Benjamin Franklin, a ☆ (star) in his profession; the type of honesty, and ! (exclamation) of all; and although the ☞ (hand) of death put a • (stop) to his existence, each # (chapter) of his life is without a // (parallel).

# NEVADA

## *Las Vegas*

**1** This year you've decided to do something foolish: spend your vacation and income tax refund in Las Vegas. **(1)**

**2** You're not what one could call a high roller, but you want to know, once in your life, how it feels to act like one. Who knows, you might run into a spell of good luck, hit the jackpot and win the big prize! **(2)** **(3)**

**3** First you should try your luck on slot machines. All you need are dimes and quarters. Then, after going to the Gaming Academy and overpowering your fear, you'll enter the dark, plate-glass walled casino, where one loses any sense of time over the gaming table. **(4)** **(5)** **(6)**

**4** "Put down your stakes!", "Anything goes!". How thrilling it must be to walk through these glamorous gaming rooms!

**5** Strolling down *the Strip,* surrounded by neon signs and flashy buildings inviting you to around-the-clock entertainments… One should experience at least once the extravaganza of this lavish and glittery atmosphere.

**6** Getting married and divorced in no time, whether you're catholic or lutheran, is as easy as pie. **(7)**

**7** If you ever feel in an unreasonable mood, this is the place. Where else but in Las Vegas can you be part of a gigantic Roman orgy, dressed in a toga? Where can you rent a private jet just as fast as you call for a taxi? **(8)** **(9)**

**8** And where else can you feel the euphoria of being rich one minute and lose all your excitement the next minute, after realising you've jeopardized your whole future by spending down to the last cent your carefully-earned savings?

## NEVADA

328

### *Las Vegas*

1 Dieses Jahr haben Sie sich entschlossen, etwas Verrücktes zu tun: Ihre Ferien in Las Vegas zu ver- und Ihre Steuerrückvergütung durchzubringen.

2 Sie sind nicht, was man einen Krösus nennen könnte; aber einmal in Ihrem Leben möchten Sie wissen, wie man sich fühlt, wenn man einer ist. Wer weiß, Sie können eine Glückssträhne haben, das große Los ziehen und den großen Preis gewinnen!

3 Zuerst sollten Sie Ihr Glück an den Spielautomaten versuchen. Alles was Sie brauchen, sind *dimes* und *quarters.* Dann, nachdem Sie auf der Spielakademie gewesen sind und Ihre Angst überwunden haben, werden Sie das dunkle Kasino mit den Spiegelglaswänden betreten, wo man an den Spieltischen jeden Zeitbegriff verliert.

4 „Faites vos jeux !", „Rien ne va plus !". Es muß unheimlich aufregend sein, diese glanzvollen Spielsäle zu durchschreiten.

5 Den „Strip" runterschlendern, der von prunkvollen Gebäuden umgeben ist, deren Neonreklamen Sie rund um die Uhr zur Zerstreuung einladen... Man sollte, wenigstens ein einziges Mal, die Erfahrung der Extravaganz dieses verschwenderischen und glitzernden Ambiente machen.

6 Heiraten oder sich scheiden lassen ist im Handumdrehn erledigt, egal ob Sie katholisch oder evangelisch sind.

7 Wenn Sie je in einer unvernünftigen Laune sein sollten, hier ist der richtige Ort dafür. Wo sonst als in Las Vegas können Sie an einer gigantischen römischen Orgie teilnehmen, mit einer Toga bekleidet? Wo können Sie einen Privatjet so schnell mieten wie ein Taxi?

8 Und wo sonst können Sie das Hochgefühl, reich zu sein einen Augenglick lang verspüren, um im nächsten Moment nüchtern zu werden, wenn Sie feststellen, daß Sie Ihre ganze Zukunft in Gefahr gebracht haben, indem Sie Ihre gesamten hartverdienten Ersparnisse bis auf den letzten Pfennig ausgegeben haben?

**9** But what the heck! It was all worth it… the pangs of despair, the joy, the exhilaration, the disillusion.

**1** In den Vereinigten Staaten wird die Einkommenssteuer *(income tax)* im allgemeinen direkt vom Gehalt abgezogen. Die Steuererklärung dient dazu, festzustellen, ob der *taxpayer* eine Steuernachzahlung leisten muß, oder ob er im Gegenteil eine Steuerrückvergütung *(income tax refund)* erwarten darf.
Die Administration Reagan hat vor nicht allzulanger Zeit die Einkommenssteuer gesenkt, vor allem die der hohen Einkommensstufen, und zwar mit dem Ziel, die Wirtschaft wieder anzukurbeln. Diese Steuersenkung *(tax cut)* hatte starke Kürzungen der Budgets für Sozialhilfe und Erziehung zur Folge…
Es gibt jetzt nur noch zwei Steuerstufen, eine mit einem Steuersatz von 15 % und eine zweite mit einem Steuersatz von 28 %.
Die Amerikaner zahlen auch Steuer an ihren Staat *(state tax),* die betreffenden Steuersätze sind je nach Staat verschieden. Die Einwohner von Nevada zahlen gar keine *state tax.*

**2** Ein *high roller* ist ein Krösus, jemand der sehr reich ist, ein *magnate.*

**3** Eine kleine Wiederholung… *Once:* einmal. *Twice:* zweimal. *Three times:* dreimal (*thrice* existiert, wird aber im Amerikanischen nicht mehr verwendet). *At one time:* früher, einst(mals). *Once a week:* einmal in der Woche. *Once in a while:* einmal von Zeit zu Zeit. *Once upon a time:* es war

**9** Aber was macht das schon? Alles hat sich gelohnt... die Verzweiflung, die Freude, das Hochgefühl, die Enttäuschung!

einmal. *Once I was caught...:* eines Tages wurde ich gefangengenommen... *At once:* sofort. *Do it at once:* mach es sofort. *Don't all speak at once:* sprecht nicht alle auf einmal.

**4** *A slot machine:* ein Spielautomat, auch *one-arm-bandit* (einarmiger Bandit) genannt. Manche Automaten funktionieren mit *quarters* (Fünfundzwanzigcentstücken), andere mit *dimes* (Zehncentstücken) oder sogar mit *nickels* (Fünfcentstücken). Allein im Süden Nevadas gibt es 58 000 Spielautomaten und 2 600 Spieltische – so können Sie mit Leichtigkeit Ihr letztes Hemd verspielen!
Sprechen wir vom Geld, die Gelegenheit ist günstig... Das Wort *dollar* hat sich aus dem deutschen Thaler entwickelt, einer großen Silbermünze aus der Zeit der ersten Emigranten aus Deutschland und Österreich.
Das $-Zeichen ist aus einem übereinandergeschriebenen U und S (United States) entstanden. Ein Dollar besteht aus 100 Cents. Wie wir schon wissen, heißt das Fünfcentstück *nickel,* das Zehncentstück *dime* und das Fünfundzwanzigcentstück *quarter.* Es gibt Ein-, Fünf-, Zehn-, Zwanzig-, Fünfzig- und Hundertdollarscheine. Die amerikanischen Banken verlangen oft höhere Umrechnungskurse als die europäischen Banken – es empfiehlt sich also, das Geld vor der Amerikareise umzutauschen. Milliarde heißt in Amerika *billion.* Dies zu wissen, könnte Ihnen in Las Vegas von Nutzen sein!

**5** *Gaming table:* Spieltisch. *To game, to gamble* (ge-

bräuchlicher): um Geld spielen. Das *„gambling"* wurde in Nevada 1931 legalisiert. Es sollte dem Staat aus der Depression heraushelfen. Das legale Spielalter ist 21 Jahre. Dank der Steuereinnahmen, die aus der Versteuerung der Spielgewinne stammen, brauchen die Einwohner Nevadas weder Grundsteuer noch Gemeindesteuer noch Einkommenssteuer zu zahlen!
Die Spielhöllen (oder – wie man's nimmt: das Spielerparadies) Nevadas ziehen jährlich etwa 17 Millionen Besucher nach Las Vegas, und die alljährlichen Gewinne belaufen sich auf mehr als zwei Milliarden Dollar.
Die Kasinos haben nicht nur ihre Spielsäle zu bieten, sondern ebenfalls erstklassige Restaurants (in denen die besten Köche der Welt – von den besten Gehältern der Welt angezogen – für die Besucher kochen) und Varietévorstellungen bester Qualität, zu denen die berühmtesten Pariser Revuen, wie die des *Lido* oder der *Folies Bergères* Pate gestanden haben.
Die renommiertesten Kasinos haben Luxushotels, wo Zimmer und Zimmerfluchten zu Preisen vermietet werden, bei denen Ihnen die Tränen kommen…

**6** Auf der *Gaming Academy* erlernt man die Regeln der beliebtesten Spiele – Roulette, Poker, Bakkarat usw. Die Lehrer sind die Croupierlehrlinge. Nach dem Unterricht besichtigt man die „Kulissen" eines Kasinos; man darf hinter die Spiegelscheiben, die überall die Spieltische überragen, treten und die „Rückseite des Dekors" in Augenschein nehmen.

**7** *To tie the knot, to make one's vow* (Vorsicht: *to take one's vow* = ins Kloster gehen!) oder *to wed* sind Synonyme von *to get married.*

*Easy as pie:* kinderleicht, eine angenehme und problemlose Angelegenheit.
Nevada hat mehr Kirchen und Kapellen im Verhältnis zur Einwohnerzahl als jeder andere Staat der USA. Alle Konfessionen sind vertreten.
Wenn Sie bereit sind, die bescheidene Summe von 45 Dollars und zehn Minuten Ihrer Zeit zu opfern, können Sie mit Ihrer (Ihrem) Verlobten den Bund fürs Leben schließen. Es ist alles ganz einfach, Sie brauchen sich nicht einmal, wie in den anderen Staaten vorgeschrieben, einer Blutuntersuchung zu unterziehen… In einem Jahr wurden in Las Vegas 66 541 Heiratslizenzen erteilt. Selbst wenn Sie sich unter dem Drang des Augenblicks entschließen, liefern Ihnen Kirchen und Kapellen Musik, Kerzen, Kuchen, Sekt und Blumen! Besonders tüchtige „Geistliche“ lassen Sie sogar per Limousine von einem Chauffeur für die Feier abholen und wieder in Ihr Hotel zurückbringen, wo Sie sich Ihren Flitterwochen hingeben können, dies alles in weniger als einer Stunde!
Am Valentinstag ist Hochsaison: an diesem Tag werden pro Kirche bis zu 350 Ehen geschlossen. In den Vereinigten Staaten ist die kirchliche Heirat offiziell anerkannt: Sie brauchen also nicht aufs Standesamt. Es ist üblich, daß sowohl der Bräutigam als auch die Brautführer einen Smoking *(tuxedo)* in der gleichen Farbe tragen (grün, grau, rosa…). Die Brautjungfern tragen oft lange Kleider in den selben Farbtönen. Alle diese Herrlichkeiten kommen aus einer der speziellen Hochzeitskleiderverleihfirmen.

**8** *„Caesar's Palace“*, das berühmteste Kasino von Las Vegas hat zur Feier seines zwanzigjährigen Bestehens ein riesiges Buffet organisiert. Alle Gäste waren in Togen gekleidet, die das Kasino eigens zu diesem Zweck hatte anfertigen lassen. Dieses „Bacchanal" dauerte mehr als zwei volle Tage! Zu seiner Einweihung waren seine zwei Schwimmbäder (die nach dem Muster der römischen Thermen gebaut sind) mit Nilwasser, das eigens aus Ägypten eingeflogen worden war, gefüllt worden... Der *„Caesar's Palace"* ist das Symbol des Größenwahns der Spielmetropolen Nevadas: Las Vegas und Reno.

**9** Zur Zeit des „Goldrausches" (ab 1849) kommen viele Amerikaner nach Nevada, das in den *Rocky Mountains* auf dem Durchgangsweg nach Kalifornien liegt. Nevada besitzt zahlreiche Bodenschätze: Gold, Silber, Kupfer und verschiedene andere seltene Metalle. Seit Beginn des Ab-

**IN SHORT...**

**1** Gambling in Nevada was legalized in 1931. **2** Five nickels make up a quarter; four quarters make up a dollar. **3** If you insert a quarter in a slot machine, you may hit the jackpot... or you may not! **4** Every tale starts with "Once upon a time...". **5** Once, Las Vegas' motto was "the American way to play". **6** Reno is famous for its many chapels, where people can get married as fast as they want.

35 A skilful but not too smart counterfeiter once made a whole bunch of 12$ bills. Realizing his mistake, he decided to go to a small secluded mountain town where people were known to be naive. There, he thought, it'll be easy to sell off the forged bills. So he went to the village, stopped at the grocery store, bought a couple things and gave one of his 12$ bills. The clerk didn't say anything and gave the counterfeiter two 4$ bills as a change...

baus (um 1860) wurde das damals illegale Spielen um Geld hier immer beliebter. Die Bergleute spielten in den Hinterzimmern der Saloons, und die Obrigkeit drückte (gegen Entgelt?) beide Augen zu.
Ab 1869 verlangte der Gesetzgeber eine „Spielerlaubnis", die dem Staat die Kassen füllte. Das Geldspiel wurde 1910 wieder verboten und 1939 erneut legalisiert. Hölle oder Paradies? – die Streitfrage bleibt offen. So ist Nevada für die einen *„A vicious Babylon"*, das „Sündenbabel", und für die anderen *„The adults' paradise"*, das „Paradies für Erwachsene"…

**IN KÜRZE…**

**1** Das Spielen um Geld wurde in Nevada 1931 legalisiert. **2** Fünf *nickels* machen einen *quarter;* vier *quarter* machen einen Dollar. **3** Wenn Sie einen *quarter* in den Spielautomaten stecken, können Sie das große Los gewinnen… oder auch nicht! **4** Alle Märchen beginnen mit „Es war einmal…". **5** Früher war das Motto von Las Vegas *„the American way to play"*. **6** Reno ist berühmt für seine zahlreichen Kapellen, in denen man so schnell heiraten kann, wie man will.

## From Wyoming to Texas

### *The Great Plains Indians*

1 "We will let ourselves be destroyed in turn without a struggle, give up our homes, our country bequeathed to us by the Great Spirit, the graves of our dead and everything that is dear and sacred to us? I know you will cry with me, 'Never! Never!'."(From the great Shawnee Chief Tecumseh)

2 "They made us many promises, more than I can remember, but they never kept but one: they promised to take our land, and they took it." (The Great Sioux warrior, Red Cloud)

3 "When the Indian man makes the vow, he does it not so much for himself or his family as for the whole tribe. When he uses the bone whistle he is happy like the eagle, which is typical of all birds."

4 The Sun Dance requires eight days to complete. The first four days are given over to building the dance lodge and to secret rites in the Lone Tipi, which symbolizes the Sacred Mountain. The last four days are devoted to the public dance in the Sun Dance Lodge.

5 The homeland of the Cheyenne is the Northern portion of the Great Plains. It is a vast grassland area with no trees except along the rivers and streams and the foothills of the mountains.

6 To build an average-sized tipi covering, fifteen to twenty-one buffalo skins were needed, an odd number being traditional. The framework consisted of about twenty trimmed poles, set firmly to the ground in a circle.

7 While women gathered vegetable foods and made their tipis and their furnishings, men brought home the meat, made weapons, engaged in war and performed most of the ceremony rituals.

## Von Wyoming nach Texas

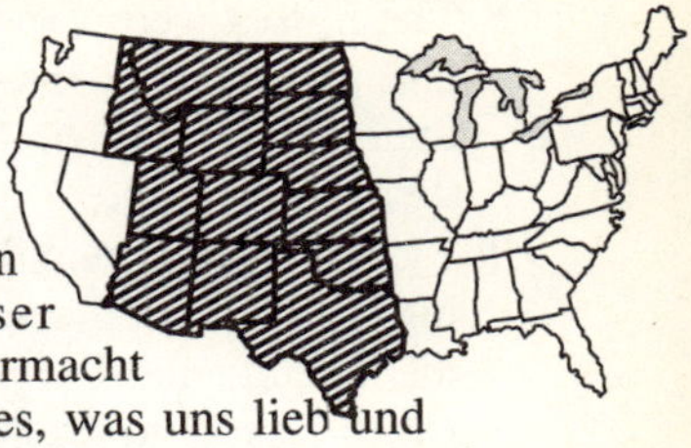

### *Die Indianer der Großen Prärien*

1 „Wir werden uns ohne zu kämpfen vernichten lassen, wir werden unsere Häuser aufgeben, unser Land, das uns der Große Geist vermacht hat, die Gräber der Toten und alles, was uns lieb und heilig ist? Ich weiß, daß ihr mit mir rufen werdet: »Niemals! Niemals«."
(Nach dem großen Shawnee-Häuptling Tecumseh)

2 „Sie haben uns viele Versprechungen gemacht, mehr als ich mich erinnern kann; aber sie haben nur eine gehalten: sie haben versprochen, unser Land zu nehmen und sie haben es genommen." (Der große Sioux-Krieger Rote Wolke)

3 „Wenn der Indianer ein Gelübde macht, tut er dies weniger für sich selbst oder seine Familie als für den ganzen Stamm. Wenn er die Knochenpfeife benutzt, ist er glücklich wie ein Adler, was typisch ist für alle Vögel."

4 Der Sonnentanz dauert acht Tage lang. Die vier ersten Tage dienen dem Bau des Tanzplatzes und geheimen Riten im *Lone Tipi,* der den heiligen Berg symbolisiert. Die letzten vier Tage sind dem öffentlichen Tanz auf dem Sonnentanzplatz gewidmet.

5 Das Heimatland der Cheyenne ist der nördliche Teil der Großen Prärien. Es ist eine weite Graslandebene, ohne Bäume, außer an den Flüssen und Bächen entlang und am Fuß der Berge.

6 Für die Herstellung einer mittelgroßen *tipi*-Decke brauchte man fünfzehn bis einundzwanzig Bisonhäute, eine ungerade Anzahl war Tradition. Das Gerüst bestand aus etwa zwanzig geschnitzten Pfählen, die kreisförmig aufgestellt und fest im Boden verankert waren.

7 Während die Frauen pflanzliche Nahrung sammelten und ihre *tipis* herstellten und mit deren Ausstattung beschäftigt waren, brachten die Männer das Fleisch heim, stellten die Waffen her, gingen in den Kampf und führten die meisten der feierlichen Riten aus.

8 The horses were viewed as sacred animals which the Gods had presented to the earth people. Some tribes welcomed them to their village by spreading cloths on the ground for them to walk upon.

9 Typical semi-agricultural Plains Indians were tribes belonging to the Caddo-speaking confederation, which included the Wichita and Pawnee, and extended from the Arikara of North Dakota to the Waco far down in Texas.

10 "The Comanche, said Captain Randolph Marcy in 1852, are the most expert horsemen in the world. In racing horses and riding they are not equalled by any other Indians in the continent."

In den weiten Ebenen der Großen Prärien lebten etwa dreißig Indianerstämme. Die bekanntesten waren die Arapahos, die Schwarzfußindianer, die Cheyenne, die Comanchen, die Iowas, die Kansas, die Omahas, die Pawnees, die Sioux und die Wichitas.

Sie waren vom Osten gekommen und wanderten nach und nach gegen Westen. Ihre einzigen Haustiere waren die Hunde, die ihnen halfen, ihre Habe zu transportiren (vor der Ankunft der Spanier war das Pferd in Amerika unbekannt). Die Hunde wurden vor eine Art Tragbare gespannt und konnten so eine Last von etwa zwanzig Kilo ziehen. Die Indianer lebten am Rande der großen Ebenen oder an den Flüssen. Sie waren Halbnomaden, jagten nur gelegentlich den Bison *(buffalo)* und betrieben hauptsächlich Landwirtschaft. Sie lebten vom Maisanbau, vom Anbau von Melonen, Kürbissen, Bohnen, Tabak usw. und waren ausgezeichnete Töpfer und Weber. Ihre Ernährungsweise war

8 Die Pferde wurden als heilige Tiere betrachtet, welche die Götter den Bewohnern der Erde zum Geschenk gemacht hatten. Manche Stämme empfingen sie in ihrem Dorf, indem sie Tücher über den Boden breiteten, auf denen sie laufen sollten.

9 Die typischen Prärie-Indianer (die Teilackerbau trieben) waren Stämme, die der Caddo-sprachigen Föderation angehörten, die auch die Wichitas und die Pawnees umfaßte und die von den Arikara Norddakotas zu den Wacos tief unten in Texas reichte.

10 „Die Comanchen, sagte Captain Randolph Marcy 1852, sind die erfahrensten Reiter der Welt. Kein anderer Indianer des Kontinents kann es mit ihnen aufnehmen, was Reiten oder Pferderennen betrifft."

sicher die Hauptgrundlage ihrer guten körperlichen Verfassung. Die Spanier stellten mit Erstaunen fest, daß die Indianer sie um Kopfeslänge überragten.

Während des Goldenen Zeitalters der Großen Prärien waren die Sioux (oder Dakotas) der dominierende Stamm, der selbst wieder in sieben Gruppen unterteilt war. Weil sie vor der Ankunft der Europäer (und mit ihnen des Pferdes) hauptsächlich die Wasserwege zur Fortbewegung benutzten, wurden sie auch die *Canoe Indians* genannt. Sie machten etwa ein Zehntel der Gesamtzahl der Prärie-Indianer (etwa 40 000 Personen) aus.

Die weit weniger zahlreichen Cheyenne (etwa 5 000) sind ebenfalls sehr bekannt: ihr Stolz und ihr unabhängiger Geist erweckten die Bewunderung vieler anderer Stämme und später die der Europäer. Als Verbündete der Sioux spielten sie im neunzehnten Jahrhundert eine wichtige

Rolle in den Kriegen gegen die Weißen.

Manche Stämme waren agressiver als andere. So wurden zum Beispiel die Krähen- und die Schwarzfußindianer zu gefährlichen Angreifern, als der Fell- und Pferdehandel in Blüte stand. Sie überfielen Nachbarstämme, um ihnen die so wertvollen Tiere zu stehlen…

Die Ideologie, bzw. die Hierarchie der Werte der verschiedenen Stämme unterschied sich nicht wesentlich. Die Tapferkeit war für die Indianer die wichtigste Eigenschaft. Ihr Leben bestand aus einer einzigen Mutprobe. Dann kam die Fähigkeit, Schmerz und Leid zu ertragen. Jedes äußere Zeichen von Schwäche (selbst jede Geste der Zärtlichkeit) wurde als Ausdruck mangelnder Würde angesehen. Die Großzügigkeit und der Edelmut waren das dritte Ideal. Es war ganz natürlich, daß die Wohlhabenden mit den anderen teilten; und jeder Indianer schenkte den Bedürfnissen der alten Leute, der Waisen und der Behinderten besondere Aufmerksamkeit.

Die Stämme dieser weiten Ebenen hatten verschiedene Sprachen und Dialekte. Sie mußten, um sich miteinander verständigen zu können, eine gemeinsame, allen verständliche Sprache entwickeln: die Zeichensprache. Dieses Mittel der Verständigung, das hauptsächlich aus Bewegungen des Körpers und der Hände bestand, wurde von allen Indianern Nordamerikas benutzt; jedoch bei den Prärie-Indianern war es am besten entwickelt. Die Gestensprache war leicht zu lernen und leicht zu behalten. Als eines Tages ein gewisser *captain* Clark einen Sioux fragte, wie die Indianer so geschickt im Gebrauch der Zeichensprache geworden seien, erhielt er folgende Antwort: *"The Whites have had the power given to them by the Great Spirit to read and write. He gave us the power to talk with our hands and arms, and send information with the mirror, blanket, and pony far away, and when we meet with Indians who have a different langage from ours, we can talk to them in signs."*

Natürlich gab es in diesem System weder Artikel, noch Bindewörter noch Präpositionen. Seine Verfeinerung war jedoch so weit fortgeschritten, daß es sogar den Gebrauch von Metaphern ermöglichte…

Der Bison, das heilige Tier der indianischen Mythologie, spielte eine sehr wichtige Rolle im Leben der Stämme. Er nahm, in symbolischer Form, an jeder Feier teil, besonders am Sonnentanz, der den Schlachten vorausging. Die am Haupttotem befestigte Bisonmaske erwirkte die Unterstützung des Geistes des Bisons, ohne die die Krieger keinen Sieg erringen konnten…

Zu damaliger Zeit weideten riesige Bisonherden auf den Prärien der Ebenen, von Kanada bis Texas. Ihre wirtschaftliche Bedeutung war beträchtlich. Mit den Häuten bauten die Indianer ihr Zelt, aus den Häuten entstanden ihre Kleider und ihre Schuhe, sowie viele Gebrauchsgegenstände. Mit den Sehnen nähten sie Zelte und Kleidung zusammen. Aus den Knochen machten sie Werkzeuge, und die Fladen ersetzten das in diesen Gegenden mangelnde Holz. Der Magen wurde zu Gefäßen aller Art. Das Fleisch wurde roh gegessen oder auf dem Fladenfeuer gewärmt. Die Blase diente der Herstellung von Taschen, aus den

Hörnern wurden Eßbestecke geschnitzt, die Haare wurden verwebt oder zum Ausstopfen der Sättel verwendet, und aus dem Schwanz wurden Peitschen hergestellt… So ging nichts verloren, und alles wurde mit viel Respekt verwendet.

Jeder Stamm hatte seine eigenen Methoden bei der Bisonjagd. In jedem Fall handelte es sich um eine schwierige und langwierige Arbeit, die das Erstaunen und die Bewunderung der Europäer erregte. Die Stämme, die in der Nähe der *Rocky Mountains* lebten, jagten zum Beispiel die Herden auf den Gipfel hoher Klippen, von wo aus sie in den Abgrund stürzten, wo sie sofort zerlegt wurden. Die meisten Stämme kreisten jedoch die Herden ein. Die Indianer jagten am liebsten im Winter: sie trugen Schneeteller unter den Schuhen, mit denen sie sich schneller fortbewegen konnten als die schweren Tiere, die im Schnee langsamer wurden. Außerdem waren im Winter die Felle dicker, sie ergaben so wärmere Kleider und Decken.

Als die Spanier gegen Mitte des siebzehnten Jahrhunderts Pferde einführten, änderte sich das Leben der Indianer völlig. Der „große Hund der weißen Männer" (so hieß das Pferd auf Indianisch) fand schnell seinen Platz in der Mythologie und wurde zum heiligen Tier. Die Indianer hielten das Pferd für ein Geschenk der Götter. Die Farbe der Pferde war im allgemeinen je nach Stamm verschieden. Selbst nach ihrer Bekehrung zum Christentum betrachteten die Indianer das Pferd weiterhin als heiliges Tier, so kann man auf zahlreichen Kirchenwänden Pferde gemalt sehen, die zum Paradies aufsteigen.

Vom achtzehnten Jahrhundert an kamen Händler aus

Mexiko (man nannte sie später *commancheros*) bis zu den Comanchenstämmen, um gegen Pferde Tierhäute (besonders Bisonfelle) einzutauschen... Ein Jahrhundert später besaßen die Comanchen so viele Pferde, daß der Handel umgekehrt wurde. Die Comanchen boten Pferde gegen Gewehre oder andere Gebrauchsartikel an. Der Pferdehandel lief auch zwischen den verschiedenen Indianerstämmen. Die Comanchen waren zu ausgezeichneten Reitern und zu anerkannten Pferdezüchtern geworden...

In dieser Zeit, von der Mitte des achtzehnten Jahrhunderts bis zum Beginn des neunzehnten, ging es den Prärie-Indianern gut. Diese kurze Periode war eine Blütezeit der indianischen Geschichte.

Das Leben der Indianer war, im allgemeinen jedenfalls, ruhig und gut organisiert. Die Frauen waren keineswegs die Sklavinnen und Opfer ihrer Männer, wie es so oft von den Weißen dargestellt wurde. Wie die Männer, so hatten auch sie fest umrissene Aufgaben, für die sie verantwortlich waren. Die Organisation des täglichen Lebens, die auf der Teilung der Aufgaben und der Verantwortung beruhte, war ein entscheidendes Element des Überlebens der Indianerstämme.

Die wichtigste Verantwortung des Mannes war es, das Überleben der Frauen und Kinder den verschiedenen drohenden Gefahren gegenüber (Krieg, Hunger...) zu sichern: bei den Kämpfen war es nicht selten, daß sich die Krieger opferten, um die Flucht der Frauen und Kinder zu decken.

Die Frauen verarbeiteten die Jagdbeute zu Nahrung und

Gebrauchsgegenständen. Wenn sie auch nicht *a priori* die Stellung des Chefs in der Stammesorganisation einnahmen, so nutzten sie hingegen oft ihr Vetorecht und ihre Überzeugungskraft, die die Männer anerkannten. Sie waren in Wirklichkeit die letzte Autorität bei den im Lager getroffenen Entscheidungen.

Die Männer und Frauen einer Familie teilten sich die Kindererziehung. Die Disziplin war streng aber gerecht. Jungen und Mädchen lernten von frühester Kindheit an das Reiten. Von der Pubertät an begann die geschlechtsspezifische Differenzierung der Aktivitäten…

Wenn sich die Männer auf eine Schlacht oder ein anderes gefährliches Unternehmen vorbereiteten, statteten sie sich mit Gegenständen aus, von denen sie Schutz erhofften. Die Cheyenne zum Beispiel trugen Adler- und Falkenfedern. Weil sie von den stärksten Vögeln der Prärie stammten (besonders vom *bald eagle* und vom *blue hawk*), sollten sie deren Kraft auf den übertragen, der sie trug. Ein Krieger führte immer ein zweites Pferd mit sich, damit er, wenn das erste müdegeritten war, ein frisches Pferd zur Verfügung hatte…

Die alljährliche Zeremonie des Sonnentanzes fand meistens am Ende des Frühlings oder zu Beginn des Sommers statt. Die Vorbereitungen zogen sich über vier Tage hin. Die Feiern selbst dauerten ebenfalls vier Tage. Das Programm bestand aus Gesängen, Tänzen und Mutproben sowie Szenen, in denen sich die Festteilnehmer selbst Schmerz zufügten und deren Sinn es war, den Jugendlichen das Erlernen einer stoischen Selbstbeherrschung zu ermöglichen. Diese Rituale wurden als Momente geistiger Erhebung empfunden und beinhalteten sowohl Buße als auch große Freude.

Die Nachbarstämme wurden eingeladen, selbst die, mit denen man verfeindet war. Das wichtigste Ereignis des ersten Tages war die Suche eines geheimnisvollen Baumes, der am letzten Tag, mit Schnitzereien und verschiedenen Amuletten geschmückt, aufgestellt und zum Totem der Sonne wurde, dem zentralen Element des Tanzes.

Alle jungen Leute, die das Gelöbnis abgelegt hatten, an dem Tanz teilzunehmen, schlossen sich im *Lone Tipi* ein. Dort bereiteten sie sich auf die „Prüfung" vor, indem sie ihre Körper dem Rauch wohlriechender Pflanzen aussetzten und ihn bemalten.

Am ersten Tag des Tanzes gingen die Häuptlinge und die Stammesältesten um das Totem herum und riefen die auf ihm dargestellten Geister an. Sie kündigten ihnen eine „Schenkung" an, bei der jeder den Witwen, den Waisen und den armen Familien Gaben reichen mußte. Nach diesem Ritual galoppierten die jungen Krieger im Kreis und schossen mit den Gewehren auf den Boden. Der Tag endete mit Gesängen, in die alle Stammesmitglieder mit einstimmten.

Die anderen Tage des Sonnentanzfestes waren den Jugendlichen gewidmet. Bei der „Prüfung" machte ihnen der Priester einen Einschnitt in die Brust, damit sie hölzerne Spieße hinter ihre Brustmuskeln stecken konnten. Die an den Spießen befestigten langen, schmalen Lederriemen waren am Ende eines der vom Totem herunterhängenden Seile angebunden. Dann entfernte sich jeder Tänzer soweit vom Totem, bis das Seil angespannt war. Mit zur Sonne erhobenen Armen und in die Adlerknochenpfeife blasend, begann er den Tanz und wandte dabei den Blick nicht von der Sonne. Der Tanz endete, wenn es allen Tänzern gelungen war, sich von den Seilen zu befreien, wobei ihr Fleisch zerriß. Das Fasten war damit zu Ende, und die Besucher konnten das Fest verlassen… Diese Initiationsriten hatten aus den jungen Indianern Männer gemacht…

Die Ausweitung der Kolonisation des Territoriums durch die Europäer führte zum baldigen Ende des Goldenen Zeitalters der Prärie-Indianer. Die meisten Stämme wurden ausgerottet oder durch die zahlreichen Schlachten, die ihnen die Neuankömmlinge lieferten und die Krankheiten, die sie mitbrachten und denen die Indianer nicht gewappnet waren, dezimiert…

Während der Indianerkriege der 1870er Jahre, kreisten die siegreichen weißen Truppen systematisch die Pferde der

**IN SHORT…**

**1** Formerly, the Sun Dance represented only the creation of the earth. **2** *Ti,* in the Sioux language, comes from the root word "to dwell", and *Pi* from "used for" – *tipi* meaning in Sioux "used for to dwell". **3** A Blackfoot will never tell his name if he can avoid it. He believes that if he should speak his name, he would be unfortunate in all his undertakings. **4** The hair of one Crow chief was ten feet long, three feet of which trailed on the ground when he stood upright. **5** With flintlocks they had the power to capture more horses, and soon the Blackfeet were trading horses to fur trappers for better firearms. **6** The Arapahos didn't place their dead upon scaffolds as other tribes would do, instead they buried them in the ground.

besiegten Indianer ein und erschossen sie. Die Bisonherden hatten die Indianer seit Generationen ernährt. Die weißen Trapper schlachteten die den Indianern heiligen Tiere zu Tausenden ab. Ohne Bisons und ohne Pferde konnten die Indianer nicht überleben... In Reservationen eingesperrt, waffenlos und fassungslos, hingen die Überlebenden dieser früher freien und mächtigen Stämme fortan von einer Regierung ab, der ihre Tragödie gleichgültig war... Man hatte ihnen ihr Land genommen, und zum Ausgleich gab man ihnen als Almosen ein paar Nahrungsmittel und Kleider...

Nachdem sie über drei Generationen hin dieser schändlichen Behandlung ausgesetzt waren, die sie in Elend und Erniedrigung, in Alkohol- und Drogenabhängigkeit gestürzt hat, versuchen ein paar Indianer der neuen Generation, auf die Wiedergeburt des verlorenen Stolzes und dessen, was an ihrer Kultur und Tradition gut war, und auf die Besinnung auf ihre Wurzeln in einem anderen Amerika, das sie akzeptieren müssen, wenn sie nicht für immer verschwinden wollen, hinzuarbeiten...

**IN KÜRZE...**

**1** Einst veranschaulichte der Sonnentanz nur die Erschaffung der Erde. **2** *Ti,* in der Siouxsprache, kommt von dem Wort „wohnen“, und *Pi* von „benutzt für“ – *tipi* bedeutet auf Sioux „benutzt für wohnen“. **3** Ein Schwarzfußindianer wird nie seinen Namen nennen, wenn er es vermeiden kann. Er glaubt, daß er, wenn er seinen Namen sagt, in allem, was er unternimmt, Pech haben würde. **4** Die Haare eines Krähenindianerhäuptlings waren drei Meter lang, ein Meter schleifte auf dem Boden, wenn er aufrecht stand. **5** Mit Steinschloßgewehren konnten sie mehr Pferde einfangen, und bald konnten die Schwarzfüße ihre Pferde bei den Trappern gegen bessere Feuerwaffen eintauschen. **6** Die Arapahos legten ihre Toten nicht auf Gerüste, wie andere Stämme es taten, sondern begruben sie in der Erde.

*ANECDOTE*

A white visitor related an experience he had with a young Arapaho who was trying to guide him on horseback to a tribal dance being held somewhere near the Canadian River. The Arapaho was not certain of the exact location for the dance, but upon sighting another Indian a mile or so away across the plain, he raised one arm and made a query in signs. The reply came back across the distance in a few simple motions; the Arapaho dance was a certain distance to the north, on the opposite side of the river…

GROS VENTURE
CREE
BLACKFOOT
ASSINIBOIN
NEZ PERCE
FLATHEAD
Missouri River
Fort Union
HIDATSA
(MINITARI)
Fort Clark
MANDAN
ARIKARA
Yellowstone River
Little Big Horn 1876
Big Horn River
CROW
SHOSHONE
Snake River
ARAPAHO
CHEYENNE
SIOUX
Mississippi River
Missouri River
PONCA
Great Salt Lake
Fort Laramie
PAWNEE
UTE
OMAHA
OTO
Platte River
ARAPAHO
IOWA
Green River
CHEYENNE
KANSA
Sand Creek 1864
Missouri River
UTE
Colorado River
Bent's Fort
Arkansas River
NAVAJO
OSAGE
KIOWA
Canadian River
Washita 1868
Fort Sill
Mississippi River
Gila River
APACHE
COMANCHE
WICHITA
APACHE
Red River
Rio Grande
Pecos River
WACO
Colorado River

## U.S. Territories (1)

### *Puerto Rico* (2)

1 Puerto Rico is predominantly mountains with steep slopes falling to gentle coastal plains.

2 Spanish is the official language, although many people speak English, which is taught in all schools, from kindergarten through high school, as part of the curriculum.

3 Founded in 1521, old San Juan is the oldest capital under the U.S. flag. Among the many landmark sites is El Morro, constructed by the Spanish (1540-1586) to protect the San Juan harbor from an invasion by Sir Francis Drake.

4 Each town honors its patron Saint during the year. Catholic in their origin, the festivities have adopted many elements of African and Spanish customs. The *fiestas* usually take place at the town's central square and can last up to ten days.

5 Traditional Puerto Rican cuisine offers an interesting mix of Spanish, Creole and native Indian influences. The island's best restaurants are *mesones gastronomicos* (gastronomic inns), located outside the San Juan urban area and featuring local cuisine at reasonable prices.

### *The Virgin Islands* (3)

6 "When God made *dis* place, says an Islander, he *know* what he was doing."

7 West Indians, known locally as *down-islanders* or *aliens* came from a host of impoverished islands in the Antilles. Affluent and adventurous Americans, black and white–dubbed continentals–also came for opportunity. And Puerto Ricans, who had been coming to the islands since the 1930's, continue their steady influx.

### *Puerto Rico*

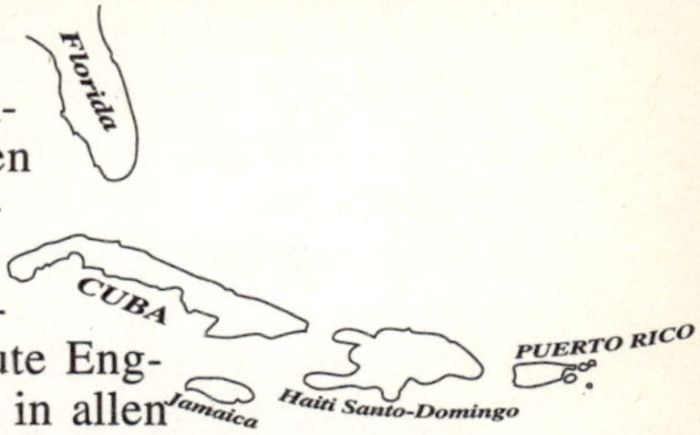


1 Puerto Rico besteht hauptsächlich aus Bergen mit schroffen Hängen, die zu sanften Küstenebenen abfallen.

2 Spanisch ist die offizielle Landessprache, obwohl viele Leute Englisch sprechen; Englisch wird in allen Schulen, vom Kindergarten bis zum Gymnasium, als Pflichtfach gelehrt.

3 Im Jahre 1521 gegründet, ist das alte San Juan die älteste Hauptstadt unter der U.S.-Flagge. Eine von den vielen Sehenswürdigkeiten ist El Morro, der von den Spaniern (1540-1586) zum Schutz des Hafens von San Juan gegen einen Überfall von Sir Francis Drake gebaut wurde.

4 Jeder Ort ehrt seinen Schutzpatron im Laufe des Jahres. Katholischen Ursprungs, haben diese Festlichkeiten viele Elemente afrikanischer und spanischer Bräuche übernommen. Die *fiestas* finden gewöhnlich auf dem Dorfplatz statt und können bis zu zehn Tagen dauern.

5 Die traditionelle puertoricanische Küche bietet eine interessante Mischung spanischer, kreolischer und indianischer Einflüsse. Die besten Restaurants der Insel sind die *mesones gastronomicos* (gastronomische Gasthöfe), außerhalb von San Juan und seiner näheren Umgebung. Sie bieten einheimische Spezialitäten zu vernünftigen Preisen an.

### *Die Jungferninseln*

6 „Als Gott diesen Ort schuf, sagt ein Inselbewohner, wußte er, was er tat.“

7 Die Antillenbewohner, hier als *down-islanders* oder *aliens* bekannt, kamen von einer Unzahl armer Antilleninseln. Reiche und abenteuerlustige Amerikaner, schwarze und weiße – die man die „Kontinentalen“ nennt – kamen ebenfalls auf der Suche nach einer Gelegenheit. Die Puertoricaner, die seit den 30er Jahren dieses Jahrhunderts in stetigem Strom einwandern, tun dies weiterhin.

**8** Despite the territory's ethnic patchwork, it's easy to define a "native". Anyone born in the islands, black or white, qualifies. Most down-islanders, however, are black, and only a minority of them are landed and well off.

**9** The general racial tendency of the islands is work cooperation but social separation.

**10** Many shops along Charlotte Amalie's waterfront and narrow Main Street are ensconced in lavishly restored eighteenth century Danish warehouses.

**11** Sugar was king on the island of Saint John two hundred and fifty years ago. Now the ruins of plantation manors and sugar mills mingle with the dense vegetation.

**1** Die den Vereinigten Staaten gehörenden Territorien sind in drei Kategorien eingeteilt:

• Die *Self-Governing Territories* (die autonomen Territorien), die Puerto Rico und Guam (im Indischen Ozean) umfassen.

• Die *Trust Territories of the Pacific Islands* oder *Micronesia* (die teilautonomen Territorien), zu denen die *Caroline Islands,* die *Mariana Islands* und die *Republic of the Marshall Islands* gehören.

• Die *Non Self-Governing Territories,* d. h. Samoa, die Baker-, Howland- und Jarvisinseln, das Johnstonatoll, das Kingmanriff *(Kingman Reef)*, die Midwayinseln und *Wake Island* im Pazifischen Ozean sowie die U.S.-Jungferninseln (zwischen dem Atlantischen Ozean und dem Karibischen Meer), zu denen *Saint-Thomas, Sainte-Croix, Saint-John* und etwa fünfzig unbewohnte Inselchen zählen.

**8** Trotz der bunt gewürfelten ethnischen Zusammensetzung des Territoriums, ist es leicht zu definieren, wer ein "Eingeborener" ist. Jeder, der „auf den Inseln" geboren wurde, ob schwarz oder weiß, ist *„a native"*. Die meisten *down-islanders* sind jedoch schwarz; und nur eine Minderheit unter ihnen ist Eigentümer und wohlhabend.

**9** Die allgemeine Tendenz zwischen den Rassen auf den Inseln ist die Zusammenarbeit im Berufsleben und die Trennung im gesellschaftlichen Leben.

**10** Am Charlotte-Amalien-Kai und der engen Hauptstraße entlang haben sich den großzügig restaurierten dänischen Lagerhäusern des achtzehnten Jahrhunderts viele Geschäfte eingenistet.

**11** Vor zweihundertfünfzig Jahren war der Zucker König auf der Insel von Saint John. Heute vermischen sich die Ruinen der Herrenhäuser der Plantagen und der Zuckerraffinerien mit der dichtwuchernden Vegetation.

**2** Zwischen der Dominikanischen Republik und den Jungferninseln liegt die Insel Puerto Rico. Sie ist, von der Oberfläche (160 km lang und 56 km breit) her, mit etwa 8 900 Quadratkilometern, die viertgrößte Insel der Karibik.

Als sie 1493 von Kolumbus entdeckt wurde, war sie von Indianern, den Arawauken, besiedelt. Im Laufe der spanischen Kolonisation wurde der Hafen von San Juan immer wichtiger. Viele der Schiffe, die das südamerikanische Gold nach Spanien brachten, legten hier zu einer Zwischenlandung an. Zum Schutze all dieser Schätze und des wachsenden Reichtums der Stadt ließen die Spanier eine riesige Festung, das *Castillo de San Felipe del Morro,* bauen, das ihnen eine erfolgreiche Verteidigung gegen verschiedene Angriffe ermöglichte…
Wie viele andere Inseln der Karibik war Puerto Rico ab-

wechselnd von den Engländern, den Holländern und den Spaniern besetzt; aber erst 1898, als Spanien im Spanisch-Amerikanischen Krieg Puerto Rico an die Vereinigten Staaten verlor, verschwand die spanische Flagge von der höchsten Spitze des Castillo del Morro.

Puerto Rico war ebenfalls ein wichtiger Umschlagplatz für den Handel afrikanischer Sklaven. Zahlreiche Revolten fanden hier statt… Als Spanien 1873 die Sklaverei abschaffte, blieben die meisten Afrikaner auf der Insel. Sie trugen so zu der Mischung von Traditionen und Farben bei, die so typisch ist für die karibischen Inseln und die man zum Beispiel in der Musik findet – der berühmten *salsa*…

Seit 1917 haben die Puertoricaner die amerikanische Staatsangehörigkeit. Obwohl die Verfassung von 1952 der Insel das Statut eines freien, „assoziierten" Staates zuerkennt, besteht in der Realität ein Zustand totaler Abhängigkeit Puerto Ricos von seinem „großen Bruder"… Die Puertoricaner wählen eine Regierung und eine gesetzgebende Versammlung (in direkter Wahl und für vier Jahre). Sie wählen ebenfalls einen „Kommissar", der sie im *House of Representatives* der USA vertritt. Dieser hat jedoch kein Stimmrecht…

Wie man sieht, ist das politische Statut der Insel mehr als zweideutig. Es spaltet die Puertoricaner in drei „Lager" auf: die einen wünschen eine totale Integration, die aus Puerto Rico einen neuen US-Staat machen würde, andere ziehen die Beibehaltung der „autonomen" Regierung vor. Die dritte Gruppe (die in der Minderheit aber verhältnismäßig „engagiert" ist) verlangt die vollständige Unabhängigkeit…

Heute hat Puerto Rico etwa 3 500 000 Einwohner, davon entfallen 480 000 auf San Juan. Die Übervölkerung der

Insel und die relative Armut ihrer Bewohner bringen eine starke Emigration in die Vereinigten Staaten mit sich (besonders nach New York). Der kulturelle Zwiespalt, in dem sich die puertoricanischen Einwanderer befinden, kam in dem unvergeßlichen Musical „West Side Story", das wir alle kennen, sehr gut zum Ausdruck.
Die politische Diskussion ist für die Puertoricaner das, was wir *a national pastime* nennen könnten. Das heiße lateinische Temperament der Inselbewohner führt dazu, daß die Diskussionen sehr oft in Streit ausarten! So kann man in vielen Kneipen über der Theke ein Schild finden, auf dem geschrieben steht: „Politische Diskussionen verboten"…
Die starke Bevölkerungsdichte bringt es mit sich, daß eine Diskussion schnell in Aufruhr ausarten kann. Dies erklärt den großen Polizeiaufwand überall. Es wird viel gestohlen, und mancher Besucher kann sich eines merkwürdig beklemmenden Gefühls nicht erwehren, wenn er all die vergitterten Balkone und Terrassen sieht, die man in San Juan fast überall antrifft. Man hat das Gefühl, daß die Bewohner in ihren vergitterten Häusern wie in einem Käfig leben…
Eines der Hauptthemen der politischen Diskussionen ist die Arbeitslosigkeit, die mehr als 20 % der arbeitsfähigen Bevölkerung betrifft. Dieses Problem ist nicht neu. Seit in den 50er Jahren die auf dem Weltmarkt stetig rückläufige Nachfrage nach Rohrzucker zu einem drastischen Rückgang des Zuckerrohranbaus, der vormals hauptsächlichen Einnahmequelle Puerto Ricos, geführt hatte, ist die Arbeitslosigkeit stark gestiegen. Eine Wirtschaftsreform, die *Bootstrap Operation,* sollte Besserung bringen. Mehr als 1 600 amerikanische Unternehmen, denen die Regierung wesentliche Steuervergünstigungen garantierte, siedelten sich in Puerto Rico an. Ein weiterer wichtiger Anreiz

waren die niedrigen Lohnkosten, die höhere Gewinne als auf dem Kontinent erhoffen ließen… Leider brachten diese amerikanischen Firmen den Puertoricanern nur untergeordnete, schlechtbezahlte Arbeitsplätze. Zudem wurden die erziehlten Gewinne nicht in Puerto Rico investiert, sondern gleich wieder aus dem Land abgezogen. So wurde die Aktion Bootstrap zu einem Stein des Anstoßes und hatte schwere Verstimmungen zwischen Puerto Rico und den USA im Gefolge…
In jüngerer Vergangenheit haben sich Hersteller von Arzneimitteln und von in der Medizin verwendeten Apparaten (künstliche Nieren, *pacemakers* usw.) niedergelassen, was die Situation jedoch nicht wesentlich verbessern konnte.
Heute steht die Regierung einem neuen Problem gegenüber: Jahrzente wilder Industrialisierung und Urbanisierung haben die Umwelt schwer geschädigt. Es müssen strenge Maßnahmen zu ihrem Schutz getroffen werden…
Gleichzeitig werden große Anstrengungen gemacht, den Tourismus zu entwickeln. Die Regierung hofft, so eine zufriedenstellende Lösung der Probleme Puerto Ricos zu finden, bevor es zu schweren Unruhen kommt…

**3** Die Jungferninseln wurden ebenfalls von Kolumbus auf seiner zweiten Amerikareise entdeckt (1493).
Großbritannien besitzt sechs der neun wichtigsten Inseln des Archipels (seit 1666).
Die drei anderen „großen“ Inseln – Sainte-Croix, Saint-Thomas und Saint-John – sowie zahlreiche unbewohnte Inselchen hatten zahlreiche aufeinanderfolgende Eigentümer: Spanien, Großbritannien, Frankreich, Holland und sogar die Malteserritter. Dänemark verhalf den *Virgin Islands* zu einer blühenden Wirtschaft, die auf den Zucker-

rohranbau, den Handel und die Sklaverei gegründet war. Die Abschaffung der Sklaverei machte diesem Wohlstand ein Ende, und 1917 wurden die Inseln an die USA verkauft, die auf der Suche nach einem Marinestützpunkt in der Karibik waren.
Der Kongreß erteilte den Bewohnern 1927 die amerikanische Staatsbürgerschaft. Seit 1931 werden die Inseln vom US-Innenministerium verwaltet (bis dahin hatten sie dem Marineministerium unterstanden). Im Jahre 1936 wurde jedem der Inselbewohner, der Englisch lesen und schreiben konnte, das Wahlrecht zuerkannt. Der erste Gouverneur wurde 1970 durch das allgemeine Wahlrecht bestimmt (vorher war er vom Präsidenten der Vereinigten Staaten ernannt worden). Eine aus fünfzehn Personen bestehende Kammer regiert die Inseln. Ein Repräsentant kann (ohne Stimmrecht) an den Sitzungen des Kongresses teilnehmen. Die Inselbewohner haben die gleichen Rechte wie die Bewohner des Kontinents, bis auf eine wichtige Ausnahme: sie können nicht an den Präsidentschaftswahlen teilnehmen…
Seit 1960 (mit dem amerikanischen Boykott Kubas, das bis dahin das meistbesuchte Ferienziel der Amerikaner war) hat sich die Anzahl der Touristen auf den Jungferninseln verzehnfacht, von 100 000 Besuchern pro Jahr ist sie auf eine Million gestiegen.
Inzwischen hat sich die Einwohnerzahl (hauptsächlich Leute von den Antillen, Nordamerikaner und Puertoricaner) verdreifacht, was zur Überbevölkerung dieses Paradieses geführt hat. Wenn seine Bewohner auch weniger arm sind als die mancher anderen Inseln und Länder der Region, so kennt man jedoch auch hier das Problem der Arbeitslosigkeit. Die Jugendlichen verlassen die Schule

immer früher, weil sie von dem Mangel an Aussichten entmutigt sind. Die Kriminalität wächst.
Der Charme dieser bergigen Inseln ist jedoch unversehrt geblieben, und die unendlichen Strände aus feinem Sand (sowie die steuerfreien Geschäfte) ziehen die Touristen weiterhin an… Glücklicherweise beschränken strenge Vor-

**IN SHORT…**

**1** Puerto Ricans take politics seriously. On election day, eighty percent of the voters turn out. **2** The two official languages spoken in Puerto Rico are Spanish and English. **3** Puerto Rico has a tropical climate with an average temperature of 77° Fahrenheit. **4** Columbus, who anchored in St Croix in 1493, named the Island group in honour of legendary St Ursula and her 11,000 virgin martyrs. **5** In 1833, slaves on Danish sugar plantations revolted, leading to abolition of slavery in the Virgins in 1848. **6** Although Islanders want more autonomy, there has never been a strong movement for statehood or independence.

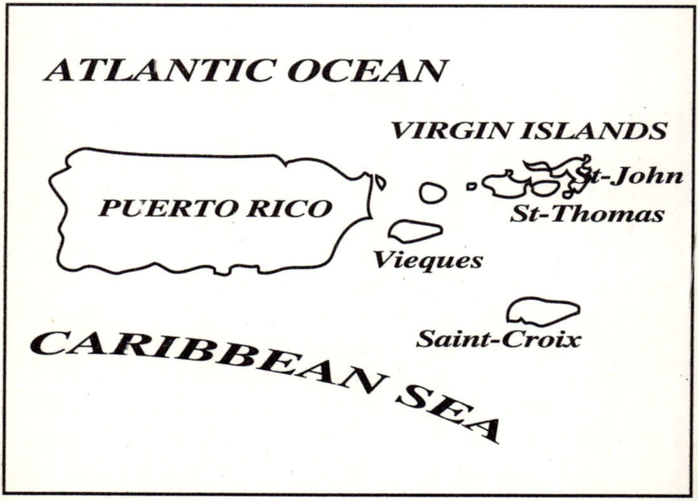

schriften die Bebauung und Benutzung der Küstenzonen, zweifellos ganz im Sinne eines gewissen Laurence S. Rockefeller, der 1950, in Sorge um den Fortbestand der Naturschönheiten von Saint-John, mehrere tausend Hektar der Insel kaufte, wovon 2 500 an die Verwaltung der Nationalparks übergingen…

**IN KÜRZE…**

**1** Die Puertoricaner nehmen die Politik ernst. Am Wahltag gehen 80 % der Wähler zu den Urnen. **2** Die beiden offiziellen Sprachen Puerto Ricos sind Spanisch und Englisch. **3** Puerto Rico hat ein tropisches Klima mit einer Durchschnittstemperatur von 25° Celsius. **4** Kolumbus, der 1493 in St Croix vor Anker ging, gab der Inselgruppe ihren Nahmen zu Ehren der legendären heiligen Ursula und ihrer 11 000 jungfräulichen Märtyrerinnen. **5** Im Jahre 1833 erhoben sich die Sklaven der dänischen Zuckerplantagen, was 1848 zur Abschaffung der Sklaverei auf den *Virgins* führte. **6** Obwohl die Inselbewohner mehr Autonomie verlangen, gab es nie starke Bewegungen für die vollständige Integration in die USA oder für die Unabhängigkeit.

## Geography

Located in North America, the United States borders Canada to the North, Mexico to the South, the Atlantic Ocean to the East and the Pacific Ocean to the West.
There are fifty states, forty-eight of them forming what are called the forty-eight conterminous (having the same boundaries or limits) states. Alaska and Hawaii were the two last states to join the Union: Alaska on January 3rd, 1959, and Hawaii on August 21st, 1959. The country's total area is 3,540,939 square miles (9,171,032 square kilometers), which is about 16.7 times France's area or 1.8 times Europe's. There are 4,500 kilometers from the East coast to the West coast and 2,000 kilometers from the Canadian border to the Mexican border. Four time zones divide the conterminous states: Pacific Standard Time (PST), Mountain Standard Time (MST), Central Standard Time (CST) and Eastern Standard Time (EST).
Its highest point is Mount McKinley in Alaska at 20,320 Ft (6.198 m), with Mount Whitney in California being the second highest point (and first within the conterminous states).
Two lines roughly divide the United States: the Continental Divide and the Mason-Dixon Line. The Continental Divide is a ridge of high ground which runs irregularly north and south through the Rocky Mountains and separates eastward-flowing from westward-flowing rivers. The Mason-Dixon Line is the boundary between Pennsylvania and Maryland; the greater part of it was surveyed from 1763 to 1767 by Charles Mason and Jeremiah Dixon, who had been appointed to settle a dispute between the colonies. As the Line was more or less the border between the free and the slave states, it has come to signify the division between the North and the South.
Many rivers flow through the United States. The Mississippi River is the longest river (2,340 miles: 3,766 kilometers), from Northern Minnesota (Lake Itasca) to the Gulf of Mexico. It has played a major role in American history. Other important rivers

are the Arkansas River (2,348 km), the Colorado River (2,333 km), the Missouri River (3,726 km), the Ohio-Allegheny River (2,102 km), the Red River (2,080 km) and the Rio Grande (2,840 km), which separates the United States from Mexico.
Two mountain ranges cross the United States from north to south. One on the western part, the Rocky Mountains; the other on the eastern part, the Appalachian Mountains.

**Population**

With an average natural increase of 0.7 %, the population was recently estimated at 248,800,000 people: about 78 % Whites, 11 % Blacks, 6.2 % Spanish origin, 4.8 % others (Asians...). But the black population is much younger (8 % are over 65, compared with 13 % of the white population) and is growing almost twice as fast as the white population. Hispanics and Asians are also fast-growing racial groups.
From the seventeenth to the turn of the twentieth century, European migrants flowed into the United States. The first migrants settled on the East coast. The slavery trade coming from Africa, during the eighteenth and nineteenth centuries, ensured the settlement of southern plantations.
The twentieth century saw a large influx of immigrants coming from Asia, Central America and other South American countries.
Despite new regulations, immigration is estimated, today, at about 500,000 a year. Recent immigrants are the Vietnamese "Boat People", Filipinos, Koreans, but above all Mexicans (and other latin Americans) account for more than half of the total immigration. Many more illegal immigrants, mostly from "hispanic" America, slip undetected across the southern border of the United States.
Roughly half of the population lives in metropolitan areas with a population of at least one million (there are 37 such metropolitan areas).

The capital city is Washington D.C., with an estimated (1986) population of 627,000. The largest cities are New York, N.Y. (7,262,700); Los Angeles, California (3,259,340); Chicago, Illinois (3,009,530); Philadelphia, Pennsylvania (1,642,900) and Detroit, Michigan (1,086,220).
The most populated states are California, New York and Texas. Zero population growth is expected by the year 2050.

**Figures and Legends in American Folklore**

*John Chapman* (1774-1847), alias Johnny Appleseed. He is known to have spread seeds all over the Midwest from which rose apple orchards.

*William H. Bonney* (1859-1881), alias Billy the Kid. Symbol of the "lawless West", he killed his first victim before he was even ten. After a short but unfortunately fruitful life of crime, he was gunned down by sheriff Pat Garrett.

*Daniel Boone* (1734-1820). Symbol of early America's legends, Daniel Boone was a frontiersman and an Indian fighter.

*William Cody* (1846-1917), alias Buffallo Bill. Buffalo hunter and Indian scout, he operated a Wild West Show where most of his legends originate from…

*Paul Bunyan.* Mythical lumberjack who, according to legend, would have dug the Grand Canyon…

*David Crockett* (1786-1836). Frontiersman and member of the United States Congress, he died defending the Alamo.



*Jesse James* (1847-1882). Bank and train robber, legends have turned him into an American Arsène Lupin.

*Betsy Ross* (1752-1836). Flag-maker, she's reported, with no proof however, to have designed and sewn the first American Flag.

*Uncle Sam.* Personification of The United States and its people. Its origin is uncertain, may be based on the name of an inspector of government supplies in Revolutionary War and War of 1812.

**Presidential assassinations and attempts**

Nine U.S. presidents were victims of assassination attempts. Four of them died from their wounds:
– *Abraham Lincoln* was shot on April 14, 1865, in Washington D.C. by John Wilkes Booth. He died on April 15.
– *James A. Garfield* was shot on July 2, 1881, in Washington D.C. by Charles J. Guiteau. He died on September 19.
– *William McKinley* was shot on September 6, 1901, in Buffalo, N.Y., by Leon Czolgosz. He died on September 14.
– *John F. Kennedy* was shot on November 22, 1963, in Dallas, Texas, allegedly by Lee Harvey Oswald. He died the same day.

**Patriotic America**

*National Anthem*
On September 13, 1814, Francis Scott Key went to the British fleet in Chesapeake Bay to release Dr. William Beanes, who had been captured during the burning of Washington D.C. He succeeded, but he was detained overnight during the cannonade of Fort McHenry, which was protecting Baltimore. In the morning, he was so delighted to see the American Flag still flying that he wrote a poem to commemorate the event. It officially became the National Anthem by congress decision in 1931 (the composer of the tune is unknown). Here is the first part:

*O say, can you see, by the dawn's early light,*
*What so proudly we hail'd at the twilight's last gleaming?*
*Whose broad stripes and bright stars, thro' the perilous fight,*
*O'er the ramparts we watch'd, were so gallantly streaming?*
*And the rockets red glare, the bombs bursting in air,*
*Gave proof thro' the night that our flag was still there.*
*O say, does that star-spangled banner yet wave*
*O'er the land of the free and the home of the brave?*

*The American's Creed*

William Tyler Page wrote the "American's Creed" in 1917. The following year it was accepted on behalf of the American people:

*I believe in the United States of America as a government of the people, by the people, for the people; whose just powers are derived from the consent of the governed; a democracy in a republic; a sovereign Nation and many sovereign States; a perfect union, one and inseparable; established upon those principles of freedom, equality, justice, and humanity for which American patriots sacrificed their lives and fortunes.*
*I therefore believe it is my duty to my country to love it, to support its constitution, to obey its laws, to respect its flag, and to defend it against all enemies.*

**Economy and Industry**

The United States is among the top four world producers for a vast number of primary products. Although farms account for

2.5 % of the Gross National Product and employ barely over 3 % of the work force, their production is second in the world.
The soil contains virtually every major mineral in great quantities. The USA is the world leader in lead, and one of the major producers of copper, iron, gold, silver, and zinc.
Considerable deposits of coal, petroleum, natural gas and uranium could make the country self-sufficient in energy. However, the high cost of exploiting some of the oil requires 40 % of oil importation.
The USA is by far the world's largest trading country. The domestic demands generated in the 80s an enormous increase in imports and, exports stagnating, a gaping deficit ensued–a major concern to financial experts. The USA has become the largest debtor in the world. Despite its debt and export problems, the US economy continues to expand. Its GNP (Gross National Product) is three times the size of Japan's.
The USA has gradually lost ground in comparison to most industrialized countries for manufacturing goods. The American standard of living from first has gone down, now only ranking fifth.
But the USA still has the world's largest economy, and is home to vast human, technological and natural resources. It might not regain its post-war industrial hegemony, but it is far from being a decadent country...

***(Don't look for the German translation of this text. There is none!)***

**IN SHORT…**

**1** There are 120 named geysers in Yellowstone National Park, Wyoming. **2** Louisiana Superdome, in New Orleans, is the world's largest arena. **3** "In God We Trust" first appeared on U.S. coins after April 22, 1864. On July 30, 1956, it became the national motto. **4** The lowest temperature on record in the United States, –79.8 °F, was observed in northern Alaska on January 23, 1971. **5** Every State has its own State flower, tree, bird, fish, song and nickname. **6** Washington D.C. is the only city in the United States not located in a State.

*If I were to read, much less answer, all the attacks made on me, this shop might as well be closed for any other business. I do the very best I can, and I mean to keep doing so until the end. If the end brings me out all right, what is said against me won't amount to anything. If the end brings me out wrong, then angels swearing I was right would make no difference.*

Abraham Lincoln

*America lives in the heart of every man everywhere who wishes to find a region where he will be free to work out his destiny as he chooses.*

Woodrow Wilson (speech, 1912)

*The business of America is business.*

Calvin Coolidge (speech, 1925)

*I was born an American; I will live an American; I shall die an American.*

Daniel Webster (speech, 1850)

*There can be no fifty-fifty americanism in this country. There is room here for only hundred percent americanism, only for those who are Americans and nothing else.*

Theodore Roosevelt (speech)

**IN KÜRZE...**

**1** Es gibt 120 Geysire im Yellowstone-Nationalpark in Wyoming, die einen Namen haben. **2** Das Louisiana Superdome in New Orleans ist das größte (überdachte) Stadion der Welt. **3** *„In God We Trust"* tauchte zuerst auf den vom 22. April 1864 an geltenden amerikanischen Münzen auf. Am 30. Juli 1956 wurde dieser Satz zum Wahlspruch der Nation. **4** Die niedrigste je in den Vereinigten Staaten registrierte Temperatur (–79.8 °F = –62 °C) war am 23. Januar 1971 im Norden Alaskas beobachtet worden. **5** Jeder Staat hat sein eigenes Wahrzeichen (Blume, Vogel, Fisch), seine Hymne und seinen Spitznamen. **6** Washington D.C. ist die einzige Stadt der Vereinigten Staaten, die nicht in einem Staat liegt.

***XVIII Amendment*** *(approved by three-quarters of the states by Jan. 16, 1919):*
*"After one year from the ratification of this article the manufacture, sale, or transportation of intoxicating liquors within, the importation thereof into, or the exportation thereof from the United States and all territory subject to the jurisdiction thereof for beverage purposes is hereby prohibited."*

The 18th Amendment to the Constitution, prohibiting manufacture, sale or transportation of intoxicating liquors, from which originated Prohibition (1919-1933), is no more than a historical anecdote today. However, some restrictions still apply, indicating that American society is without a doubt the heir of the Pilgrim Fathers who sailed across the Atlantic Ocean on the Mayflower, in 1620.
Drinking, buying or transporting alcoholic beverages in the United States isn't as easy as it is in France.

***To buy:*** laws differ from one state to another, but legal drinking age (to buy or drink alcoholic beverages) is between 18 and 21 years old. In many places the legal drinking age is different for beer, wine or spirits. In the state of Mississippi, for example, you have to be 21 to be able to buy wine, but 18 to buy beer. There are two kinds of beer–one is regular, the other one light (3,2 % alcohol). But, once again, the rules differ from one state to another. If in Colorado one can get light beer when 18, it is, on the other hand, forbidden for an 18-year-old to buy regular beer.
Therefore you have to be careful not to send your children to buy any alcoholic beverages for your own use. Furthermore, do not feel either disappointed or hurt if someone asks for your I.D. card, even if you obviously are well over your springtime.

Grocery stores or supermarkets usually do not sell alcoholic beverages, light beers excepted. In the states where selling al-

coholic beverages is prohibited to people under 21, a young 18-year-old cashier will need her bosses' approval to be able to register any alcoholic purchases.
So there are stores specialized in selling alcoholic beverages: liquor stores. There you'll find a wide variety of American wines as well as foreign wines. Beware of Burgundy or Chablis vintages. These vintages usually come from California (Chablis refers to white wines, Burgundy to red wines). Try them. Some of them are excellent! These are often sold by the gallon (3.7 liters).
Americans like cocktails: mixing spirits with syrups and other ingredients. Spirits are very affordable.
Liquor stores also sell mixers (non-alcoholic blends to which you add some kind of spirit to obtain a cocktail) and coolers (slightly sparkling white wine sold in individual bottles–you drink them when cooled, hence their name).
American or Canadian whisky is called rye, while Scottish whisky is called Scotch. Bourbon is a syrupy spirit made from corn.
Americans drink a lot of beer. Ordering a drink by its brand name is often done: give me a Budweiser, a Bush, a Michelob…

***To transport:*** drinking alcohol or transporting an open bottle while driving is against the law.
It is forbidden to drink in public places. You therefore cannot sit in a park to sip a can of beer or simply bring alcohol to your picnic. The severity exercised to enforce this law varies from town to town. In some areas, people in public places can be seen drinking a beverage wrapped in a brown paper bag: rest assured they are not drinking pomegranate juice!
There is a dry state (the state of Utah), but also dry counties or dry cities, where selling alcohol is prohibited, except in private clubs. This kind of prohibition, along with the disparity of the laws concerning the legal drinking age from state to state, in-

cites young people to drive on weekends to towns where the laws are more lenient. They frequently drive back drunk, causing serious accidents… a wicked consequence not planned for by the legislation…

***Where to drink alcohol?***

Near business hubs, one can find cocktail lounges where businessmen relax in a quiet atmosphere. In the early evening, some days, these places will have a "Happy Hour" which, despite its name, usually lasts longer than an hour: drinks are then served at discount prices (down to 50 %).

In a party, an American is rarely satisfied with only one drink; as soon as your glass is empty, it will be immediately replaced. This custom is encouraged by the fact that each participant will make it a point of honour to stand his round. In small towns, bars are meeting places where Americans practice their favorite pastime: shooting pool.

Only upper-class restaurants will serve choice wines, but at very costly prices, even for California wines. Coffee shops, counter restaurants, family restaurants, cafeterias and fast-food restaurants often do not serve alcohol. On the other hand they sometimes serve root beer, which is the typical American drink. It is not beer as one might think, but a soda made from sassafras roots, which tastes like medicine and which few foreigners appreciate…

Beware of the "Martini", which is actually a mixture of gin and dry vermouth, a lot stronger than the vermouth we drink in Europe. Before a meal, an American will drink a glass of wine while munching on peanuts. On the whole, white wines and rosés are more appreciated than red wines, maybe because Americans like chilled drinks, and red wines do not tolerate a long stay in the fridge, or being served with ice cubes!

Once, an American was offered an excellent Bordeaux wine. He proudly placed it on a wine-rack hooked on the middle of a wall right above a heat vent. A few months later, wishing to celebrate the return of the generous donator, he put the bottle in the refrigerator for a few hours and eventually served it with ice cubes before the meal!

**Vokabular**

*Booze:* Alkoholisches Getränk (umgangssprachlich).
*Liquor:* Alkoholisches Getränk.
*Beverage:* Getränk.
*Soda, pop:* Sprudelndes Getränk (Coca-Cola: kein „cola" verlangen, sondern ein *coke*).
*Diet pop:* Ein Getränk, das nicht mehr als eine Kalorie pro Dose enthält.
*A can of coke* (Aussprache *„acanacoke"*): eine Dose Coca-Cola.
*Apple cider* oder *cider:* Sehr guter, etwas trüber Apfelsaft.
*Sparkling water:* Sprudelwasser.
*Lemonade:* Zitronensaftgetränk.
*7 up (seven up):* Limonade (Marke).
*Ice cubes:* Eiswürfel (man bekommt sie an jeder Tankstelle zu kaufen).
*Cool-aid:* Limonadepulver (das in Wasser aufgelöste Pulver ergibt einen sogenannten „Fruchtsaft").
*On the rocks:* mit Eiswürfeln.
*Straight up / up:* ohne Eis.

Someone once asked W.C. Fields why he never drank water… The actor replied: *"Fish fuck in it"…*

*Bottoms up:* ex.
*Cheers:* Prost.
*At room temperature:* temperiert, auf Zimmertemperatur angewärmt.
*Chilled:* eisgekühlt.
*Highball:* Whisky-Soda.
*Martini:* Gin und Wermut.
*Bloody Mary:* Tomatensaft, Wodka, Saft von grünen Zitronen, Selleriesalz und Tabascosoße.
*Daiquiri:* Weißer Rum, Saft von grünen Zitronen und Zucker. Probieren Sie ihn *frozen,* das heißt mit zerstoßenem Eis. Schmeckt köstlich!
*Manhattan:* „Explosive" Mischung aus trockenem und süßem Wermut mit Bourbon (Vorsicht: Anfänger müssen mit Kopfweh rechnen).
*Screwdriver:* Wodka und Orangensaft (*screwdriver* = Schraubenzieher). Dieser Cocktail war angeblich bei den Bauarbeitern sehr beliebt, die ihn am Arbeitsplatz tranken und mit dem Schraubenzieher umrührten.

***CHEERS!***

## Maßeinheiten

- **Längenmaße**

| | | |
|---|---|---|
| 1 *inch* (in.) | : 1 Zoll | = 2,54 cm |
| 1 *foot* (ft.) (2 *feet*) | : 1 Fuß | = 30,48 cm |
| 1 *yard* (yd.) | : 1 Yard | = 91,43 cm |

12 Zoll ergeben 1 Fuß, 3 Fuß ergeben 1 Yard, und 1 760 Yard ergeben 1 Meile. *1 mile* = 1 Meile = 1,6 km

- **Gewichtseinheiten**

| | | |
|---|---|---|
| 1 *ounce* (oz.) | : 1 Unze | = 28,35 Gramm |
| 1 *pound* (lb.) | : 1 Pfund | = 450 Gramm |
| 1 *ton* | | = 1,02 Tonnen |

16 Unzen ergeben 1 Pfund.

- **Hohlmaße**

| | | |
|---|---|---|
| 1 *fluid ounce* (fl. oz.) | | = 28,40 cm3 |
| 1 *pint* (pt.) | : 1 Pint | = 0,45 Liter |
| 1 *quart* (qt.) | : 1 Quart | = 0,91 Liter |
| 1 *gallon* (gal.) | : 1 Gallone | = 3,64 Liter |

1 *pint* = 16 *fluid ounces*
1 *quart* = 2 *pints*
1 *gallon* = 4 *quarts*

**Achtung!** Die amerikanischen Hohlmaße haben trotz der gleichen Bezeichnungen nicht die gleichen Werte wie die englischen!

Der Benzinverbrauch wird anders errechnet und angegeben als in Deutschland. Während man in Deutschland den Verbrauch in Litern auf hundert Kilometer errechnet, kalkuliert man in den Vereinigten Staaten die Entfernung (in Meilen), die man mit einer Gallone zurück-

legen kann. Dies wird mit MpG *(miles per gallon)* angegeben. Die Übersetzung ist deswegen schwierig und oft sehr ungenau.
Der Luftdruck wird in Pfund pro Quadrat*inch* (lbs./sq. in.) gemessen. *Good luck!* (Und… Viel Vergnügen!)

• **Beim Kochen und Backen benutzte Maßeinheiten**
Das System ist sehr verschieden von unserem. Während die Rezepte bei uns das Dezimalsystem benutzen, kocht und backt man in den Vereinigten Staaten mit *cups* (Tassen).

| | | |
|---|---|---|
| 1/4 | *cup* (2 fl. oz.) | = 0,05 Liter |
| 1/2 | *cup* (4 fl. oz.) | = 0,11 Liter |
| 3/4 | *cup* (6 fl. oz.) | = 0,17 Liter |
| 1 | *cup* (8 fl. oz.) | = 0,23 Liter |
| 2/3 | *cup* | = 0,14 Liter |
| 1 1/4 | *cups* | = 0,28 Liter |
| 2 | *cups* | = 0,43 Liter |
| 2 1/2 | *cups* | = 0,57 Liter |

Wenn es sich um Flüssigkeiten handelt, geht es noch in etwa. Bei den anderen Zutaten wird es jedoch komplizierter! Hier ein Beispiel:

| | |
|---|---|
| 2 *cups* Butter | = 450 g |
| 3 *cups* Puderzucker | = 450 g |
| 4 *cups* Mehl | = 450 g |

Die kleinen Mengen werden (wie bei uns) in Löffeln gemessen: *tablespoons* oder *teaspoons.*

| | |
|---|---|
| 1 *tablespoon* | = 1 Eßlöffel |
| 1 *teaspoon* | = 1 Teelöffel |
| a *dash* | = 1 Prise |

Ein guter Rat: Wenn Sie sich an ein amerikanisches Rezept heranwagen, kaufen Sie jedenfalls vorher einen Satz *cups,* der aus 4 „Tassen" besteht (1 *cup,* 1/2 *cup,* 1/3 *cup* und 1/4 *cup*), und die *spoons;* diese Vorsichtsmaßnahme wird Ihnen viel Kopfzerbrechen ersparen!

Wenn man vom Kochen und Backen spricht, kann man das Problem der Temperaturen nicht verschweigen
Wie wir schon im Kapitel „Florida" gesehen haben, rechnet man Grad Celsius auf folgende Weise in Grad Fahrenheit (oder umgekehrt) um:
Wenn Sie Grad Celsius in Grad Fahrenheit umrechnen wollen, multiplizieren Sie die ersteren mit 1,8 (9/5) und zählen Sie 32 dazu, d. h. X Grad Celsius x 9/5 + 32.
Beim Umrechnen der Grad Fahrenheit in Grad Celsius ziehen Sie zuerst 32 ab und teilen Sie das Ergebnis durch 1,8 (9,5), d. h. (X Grad F - 32): 9/5 oder (x 5/9).
Hier ein paar Wertvergleiche:
0 °C = 32 °F; 22 °C = 70 °F; -17 °C = 0 °F; 37 °C = 98,6 °F (Körpertemperatur).

Für die Back- und Bratröhre:
400 °F = 200 °C; 325 °F = 160 ° ; 480 °F = 250 °C
Während die Celsius-Skala (nach dem Schweden Anders Celsius benannt) auf der Temperatur reinen Wassers beim Siedepunkt und beim Gefrierpunkt beruht, richtet sich das von Herrn Fahrenheit (einem deutschen Physiker) geschaffene System nach dem Siede- und Gefrierpunkten von Salzwasser.

**Kleidung**
Hier wäre man versucht, Ihnen zu sagen: „Wenn Sie

etwas sehen, das Ihnen gefällt, probieren Sie es an!". Die entsprechenden Größen, die wir hier angeben, sind nur grobgeschätzte Annäherungen.

Damenkleidung:

| | | | |
|---|---|---|---|
| Amerikanische Größe | 8 | 10 | 12 |
| Deutsche Größe | 36 | 38 | 40 |
| Amerikannische Größe | 14 | 16 | 18 |
| Deutsche Größe | 42 | 44 | 46 |

Herrenanzüge:

| | | | | |
|---|---|---|---|---|
| Amerikanische Größe | 36 | 38 | 40 | 42 |
| Deutsche Größe | 46 | 48 | 50 | 52 |

Herrenhemden:

| | | | | | |
|---|---|---|---|---|---|
| Amerikanische Größe | 14 | 15 | 16 | 17 | 18 |
| Deutsche Größe | 36 | 38 | 41 | 43 | 45 |

Damenschuhe:

| | | | | |
|---|---|---|---|---|
| Amerikanische Größe | 6 | 7 | 8 | 9 |
| Deutsche Größe | 36 | 38 | 38 1/2 | 40 |

Herrenschuhe:

| | | | | |
|---|---|---|---|---|
| Amerikanische Größe | 5 | 6 | 7 | 8 |
| Deutsche Größe | 38 | 39 1/2 | 40 1/2 | 42 |
| Amerikanische Größe | 9 | 10 | 11 | |
| Deutsche Größe | 43 | 44 | 45 | |

**Die Zeit**

Der amerikanische Tag zählt, wie unserer, 24 Stunden. Was Sie sich jedoch merken müssen, ist, daß der Tag in zwei Hälften aufgeteilt ist. Von Mitternacht bis Mittag folgen auf die Zahlen die Buchstaben a.m. *(ante meridiem),* und von Mittag bis Mitternacht p.m. *(post meridiem).*

Denken Sie auch daran, daß die Vereinigten Staaten vier Zeitzonen *(time zones)* umfassen (plus zwei weitere, wenn man Hawaii mitzählt). Die *Eastern Standard Time* (6 Stunden Unterschied im Vergleich mit Deutschland, *Central Standard Time* (7 Stunden), Mountain Standard Time (8 Stunden) und *Pacific Standard Time* (9 Stunden).

**Die Zahlen**
Punkt und Komma werden beim Schreiben und Lesen von Zahlen nicht wie bei unserem System, sondern mit diesem verglichen umgekehrt angewandt:
26,483 bedeutet nicht etwa sechsundzwanzig Komma vierhundertdreiundachtzig, sondern sechsundzwanzigtausendvierhundertdreiundachtzig (das Komma wird beim Lesen einer Zahl nicht ausgesprochen).

***ANECDOTE***

*British civil servants: They don't stand on ceremony... They make no distinction about a man's background, his parentage, his education. They say what they mean, and there is a vivid muscularity about the way they say it... They are always the first to put their hands in their pockets. They press you to visit them in their own home the moment they meet you, and are irrepressibly good-humoured, ambitious and brimming with self-confidence in any company. Apart from all that, I've got nothing against them.*

Tom Stoppard

Im Gegensatz dazu bedeutet 26.483 *(twenty-six point four hundred and eighty-three),* daß es sich um 26 Ganze und 483 Tausendstel dreht.
Milliarde heißt auf Amerikanisch *billion.*
Vorsicht auch bei Lesen und Schreiben von Daten: 12/3/92 heißt nicht 12. März 1992, sondern *December third nineteen ninety-two.* Man hört auch oft *twenty-six hundred* statt *two thousand six hundred.*

Anfang der 80er Jahre wurden Versuche gemacht, das amerikanische Maßsystem ins Dezimalsystem umzuwandeln. Diese Versuche endeten mit einem totalen Fiasko, was die Regierung zur Aufgabe aller weiteren Absichten in dieser Richtung bewog.
Wie im Deutschen sind alle Ziffern von mehr als eins Komma null vom Plural gefolgt. Anderthalb Meilen wird *1.5 miles* geschrieben (man sagt *one and a half miles).*

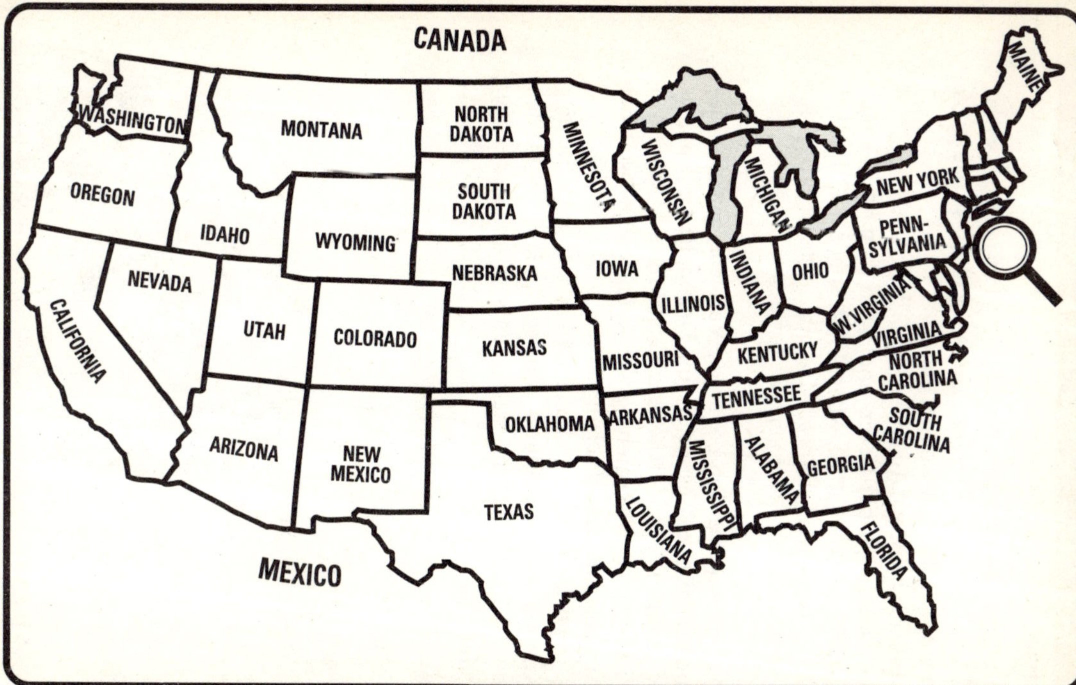

CANADA
WASHINGTON
MONTANA
NORTH DAKOTA
MINNESOTA
WISCONSIN
MICHIGAN
MAINE
NEW YORK
OREGON
IDAHO
WYOMING
SOUTH DAKOTA
PENN-SYLVANIA
IOWA
NEBRASKA
NEVADA
ILLINOIS
INDIANA
OHIO
W.VIRGINIA
VIRGINIA
CALIFORNIA
UTAH
COLORADO
KANSAS
MISSOURI
KENTUCKY
NORTH CAROLINA
TENNESSEE
OKLAHOMA
ARKANSAS
SOUTH CAROLINA
ARIZONA
NEW MEXICO
MISSISSIPPI
ALABAMA
GEORGIA
TEXAS
LOUISIANA
FLORIDA
MEXICO

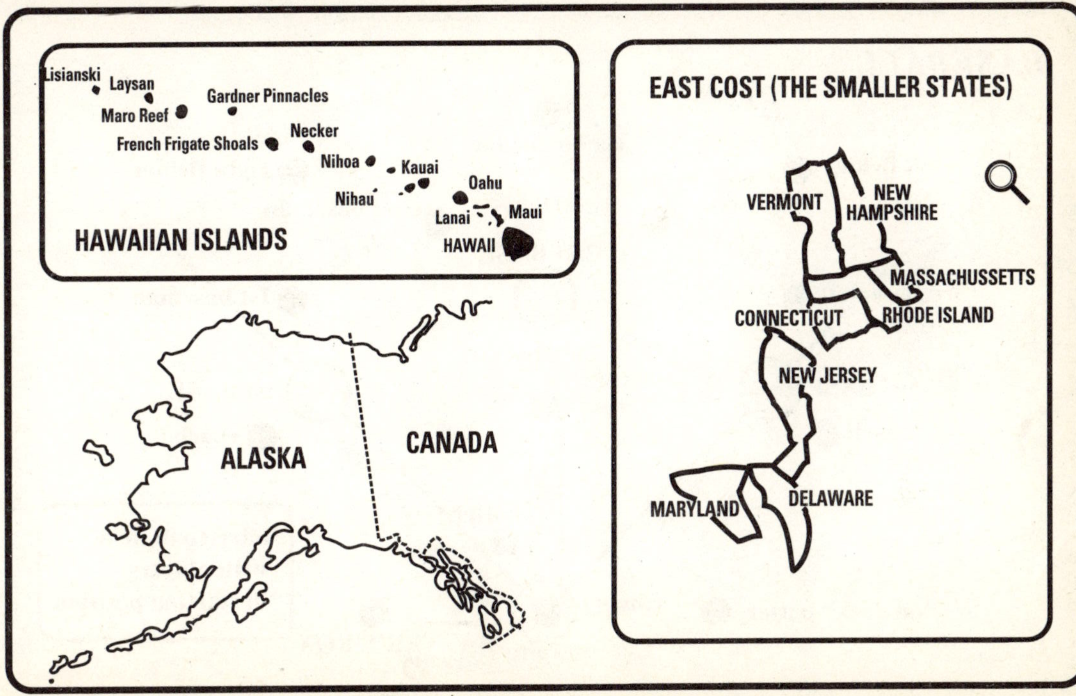
Lisianski
Laysan
Gardner Pinnacles
Maro Reef
Necker
French Frigate Shoals
Nihoa
Kauai
Oahu
Nihau
Lanai
Maui
HAWAIIAN ISLANDS
HAWAII
ALASKA
CANADA
EAST COST (THE SMALLER STATES)
VERMONT
NEW HAMPSHIRE
MASSACHUSSETTS
CONNECTICUT
RHODE ISLAND
NEW JERSEY
MARYLAND
DELAWARE

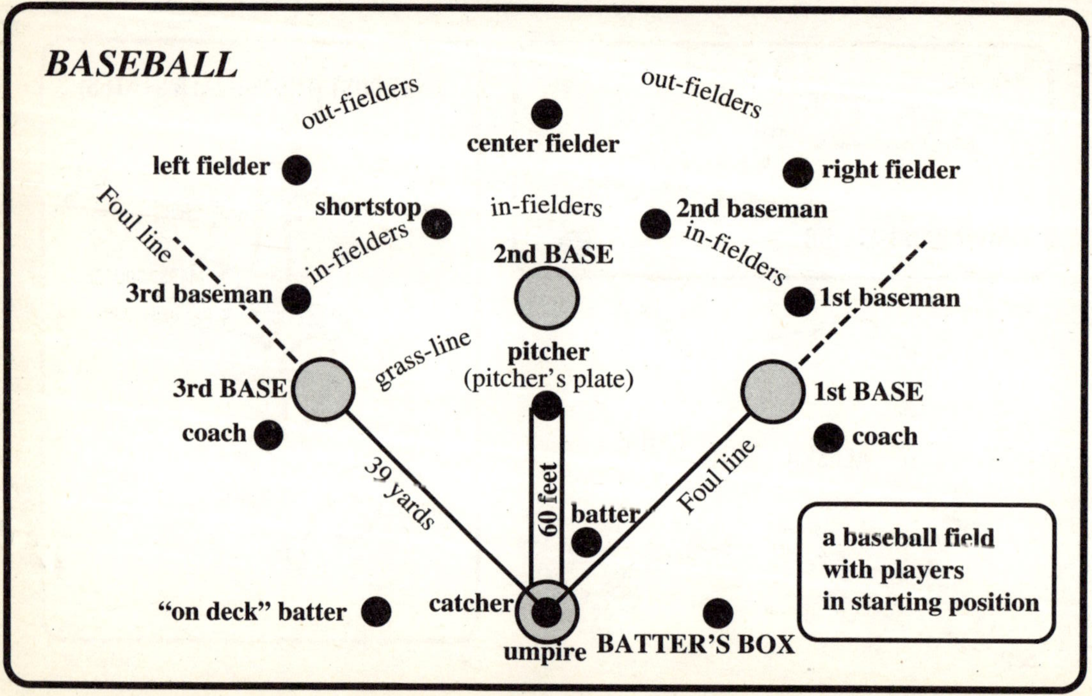
BASEBALL
out-fielders
out-fielders
center fielder
left fielder
right fielder
shortstop
in-fielders
2nd baseman
in-fielders
in-fielders
Foul line
2nd BASE
3rd baseman
1st baseman
grass-line
pitcher
(pitcher's plate)
3rd BASE
1st BASE
coach
coach
39 yards
60 feet
Foul line
batter
a baseball field
with players
in starting position
"on deck" batter
catcher
umpire
BATTER'S BOX

## ÜBERGANGSTEXTE

**Übergangstext N° 1 WASHINGTON D.C.**
We hope this first chapter helped you complete your knowledge of the American political scene, what is the Constitution, who were the founding fathers, how is the president elected, etc. Now we invite you to turn to page 11 where we give you a few more facts.

**Übergangstext N° 2 NEW JERSEY**
So, how was your experience in the airport? …any trouble making it through customs, finding the right terminal? Was your plane on time? Was your luggage on the same flight? We're glad you had a good trip!
And now let's take off for page 19 for further information.

**Übergangstext N° 3 NEW YORK CITY**
New York, New York, what a wonderful town… Wouldn't you agree? The Big Apple never leaves any one hungry, whether you visit the Statue of Liberty, stroll down Broadway, or go up the World Trade Center…
We are now waiting for you at the 31st floor – sorry, I mean page 31 – to hear more about New York.

**Übergangstext N° 4 MINNESOTA**
A boogie to the left, a boogie to the right, a boogie down the center and fight, fight, fight! We're from Minnesota, we couldn't be prouder. If you can't hear us we'll yell a little louder. Now a page to the left, a page to the right, a page down the center and read, read, read. We are number one, meet you at page forty one.

**Übergangstext N° 5 DRIVING**
Oh, shut up! Thank you!
Now drive slowly, the speed limit is 48 pph (pages per hour), so brake page 51 in 10 minutes to take your final drivers licence test.

**Übergangstext N° 6 UTAH**
Since we are in Utah, we must be sober… so let's meet on page 63 without stopping for a libation.

**Übergangstext N° 7 SAN FRANCISCO (part one)**
The famous American mailman's motto says:
Neither rain, nor sleet, nor snow shall keep the mailman from his appointed route.
We'd like to add: Neither earthquake, nor fog nor leather-soled shoes will keep the visitor from San Francisco. Take any cable-car and you will end up on page 71.

**Übergangstext N° 8 SAN FRANCISCO (part two)**
Shaken up by your first ride? Just wait till you go down Filbert Street… your route isn't complete if you don't try Nob Hill on page 77.

**Übergangstext N° 9 LOUISIANA**
Help! We're lost in Bayou Country. My God, we're surrounded by alligators! "Sit, you beasts!" The only way out is through page 87 I'm afraid…

**Übergangstext N° 10 HEADHUNTERS**

| | |
|---|---|
| Name? | (Oh) |
| Address? | (Yeah) |
| Present job? | (Oh! Oh!) |

Graduated from? (Oooh!)
Other qualifications? (I see…)
Foreign languages? Assimil English.
Good, in that case, you are hired. Go to the bottom of page 93.

**Übergangstext N° 11 TEXAS (part one)**

You shot my brother, now I'm gonna shoot you… let's meet high noon at the Okay Corral. It's gonna be a shoot-out. We start back to back, ten paces, we turn, draw our guns and… honk!
Our two boys bit the dust… oh well, such is life! We'll go on without them to page 109.

**Übergangstext N° 12 TEXAS (part two)**

This is the annual Rodeo Bingo. The corral has the shape of a bingo card. Here, the winning number will be where the rider falls.
Rider 29, ready to go? The gate opens. Oops, he's gone already. Hey, wait for the bell! This is quite a horse, it bucks[1] and bucks. Will the rider fall, no… oh where is he? For God's sake, he is still hanging on, gripping on the horse's mane[2]. No, yes, no, yes… Bingooooooo! Number 115 is the winner and so are you. See you on page 115.

[1] buck: Bockspringen.
[2] mane: Mähne.

**Übergangstext N° 13 WASHINGTON STATE**

We are now starting our approach to Seattle, Washington. Please fasten your seat belt. The ground temperature is 85 degrees F and the local time is 9:15 am.We were pleased to have you on board. Mister Blanket, our pilot, hopes you have a good time in Seattle and thanks you for flying Assimil Airlines. Your connecting flight will be on page 127.

**Übergangstext N° 14 CHICAGO**

This way, Nick, remember this warehouse is in Giorgio's territory. Capisci? Are you sure these are the right crates[1]? Hand me the crowbar[2]… Bull's eye! The machine gun we wanted! The boss will be happy this time. The family's honor is saved. You guys pick up these crates and put them in the truck. Get moving! We don't have much time… Okay Nick, everything's loaded. Let's beat it. The cops are coming. You two, Wigg and Mateo, stay here to cover us!
We sure had a narrow escape… This is our way to go shopping – I'm sure yours has gone more smoothly… It'll be finished on page 137.
[1] crate: Kiste. – [2] crowbar: Geißfuß, Klauenhammer.

**Übergangstext N° 15 CALIFORNIA**

– Miss Littlefield, your turn!
– This is Juliet in *Romeo and Juliet* from William Shakespeare, Act 1, Scene V:
"My only love sprung from my only hate!
Too early seen unknown, and known too late!
Prodigious birth of love it is to me,
That I must love a loathed ene…
– I see… Why don't you try singing, Door 17?… Next!
– Miss Littlefield, your turn!
– Stoooop! Next!
Miss Littlefield will find a quick exit on page 147,

where a taxi will be awaiting her.

**Übergangstext N° 16 DES MOINES**

– What are you doing?

– I'm looking for a job in the want ads, but nothing suits me.

– Wait, I found something this morning that might interest you. Look under the employment column. It says: "Educational position available. A well-known Paris publisher seeks a many-talented person, organized, commercial and knowledgeable of language teaching methods. Responsible for scheduling and selling courses for in-school and company work. A key post on a good team. Reply ASSIMIL page 153.

– Great! Exactly what I was looking for!

**Übergangstext N° 17 MASSACHUSETTS**

Ah! What's more fun than celebrating the 4th of July by having a barbecue party with your best friends... By the way, do you know where the word "barbecue" comes from? Well, Tupi Indians of South America, who smoke-cured their meat by suspending it over a fire, called this device MUKEM. The word was soon turned into BOUCAN by French explorers. The Haitians retained their local word for the smoking device, BARBACOA, thus English BARBECUE.

Interesting, wouldn't you say? You'll get a lot more information in this lesson, and get the final briefing on American Holidays, on page 164.

**Übergangstext N° 18 HAWAII (part one)**

After this short musical recreation, let's continue our visit in Hawaii, on page 171.

**Übergangstext N° 19 HAWAII (part two)**

Basking[1] in the sun, surfing all day long, bathing in warm water, sipping delicious cocktails served by beautiful Hawaiian girls, watching Hula dancers moving to the soft ukulele music… Sweet memories of delightful vacations spent in Hawaii… Excuse me, I HAVE to go back there. If you need me, I'll be on page 179.

[1] basking: faulenzen.

**Übergangstext N° 20 RESTAURANTS**

– May I help you, sir?
– Yes, I'd like a dozen snails.
– We don't have any, sir.
– Then I guess I'll have a nice piece of horse meat.
– Sorry, sir, no horse meat.
– What about a cheese fondue with a glass of white wine?
– We've never had cheese fondue and do NOT serve any wine.
– What kind of a restaurant is this? In France…
– But we are in the United States, sir. What we have is written on the menu on page 193. You'll see, everything we offer is absolutely delicious. Go ahead, make your choice!

**Übergangstext N° 21 ARIZONA**

Have the flu?
Get plenty of rest, drink plenty of fluid and take aspirin every four hours.
Have indigestion?
Stay on a diet for a day. Drink Coke or any type of soda. For immediate relief, take a spoonful of Pepto Bismol.
Have a headache?
Send the children to your mother-in-law, unhook the te-

lephone, don't answer the doorbell, hide your bills…
If all this does not work, go see your doctor, or, even better, read this chapter all through to page 204.

**Übergangstext N° 22 ALABAMA**
Brothers and sisters, we are here today to talk about our big brother Marthin Luther King Junior. Alabama was his home (Amen!). He was our shepherd (Hallelujah!). We were his lost sheep (Amen!). He led us and showed us the light (Amen!). Let's follow his way to Heaven and turn to page 213 (Hallelujah!).

**Übergangstext N° 23 INDIANA**
Well, the first half of today's exciting football game is over. The New York Giants have taken a comfortable lead over the Los Angeles Rams, eight zero. The Giants have once again shown their superior strength, with their line-men dismantling the Rams' defence, and its mighty half-back running the ball with micro-precision exactly where the quaterback decided it should go. The suspense is overpowering! Before we get back to our game, we invite you to tune into a word from our sponsor, page 223.

**Übergangstext N° 24 EDUCATION**
Since $[H_30^+] = [C_2H_3O_2^-]$ and since $[H_3O^+] = [C_2H_3O_2^-]$ and $[HC_2H_3O_2] = 0.200$, then Ka =

$$\frac{[H_30^+]\,[C_2H_3O_2^-]}{[HC_2H_3O_2]} = \frac{[H_30^+]^2}{0.200} = 1.75 \times 10^{-5}$$

and $[H_30^+] = \sqrt{3.50 \times 10^{-6}} = 1.87 \times 10^{-3}$ M
That's far too hard for me! I'd rather go to page 235…

**Übergangstext N° 25 FLORIDA (part one)**
– Norman, what are you staring at?
– Betty, d'you remember when you were young and beautiful… Look at this young beauty! I love her shorts, just right, a size too small for her… Oh! And this one… My oh My, roller skating sure befits[1] her lovely figure…
– Stop it, Norman, you old fool! How old do you think you are? Let's go back home and keep on studying. We are now on page 243.
[1] befit: paßt.

**Übergangstext N° 26 FLORIDA (part two)**
We are now in the control room. We are witnessing the reading of the check-list… Everything seems to be in order… The countdown has started: 7 – 6 – 5 – 4 – 3 – 2… Oh wait, wait… What's going on? The astronaut just moved his hand. He wants to say something…
This is Alvin Cupboard, I can't go now, I'm not finished with my book yet. I have to know the end. I'm only on page 255!

**Übergangstext N° 27 KENTUCKY**
Kentucky, like many other American states, is not well-known to foreigners. Yet, if you like to enjoy quiet evenings, Kentuckians have a pastime you will really appreciate. Check on page 265.

**Übergangstext N° 28 ALASKA**
Thursday, February the third.
– Caught three fish. Froze right away. No freezer needed.
Tuesday, February the 8th.
– Spotted herd of moose. It's colder than ever.

Wednesday, February the 9th.
– Got stuck in the tent. Blizzard too strong. I'm out of matches.
Thursday, February the 10th.
– I'm going home. All I've left is my ASSIMIL book. My fingers are frozen, can't turn to page 271…

**Übergangstext N° 29 SILICON VALLEY**
BIP… BIP… I… AM… X4 $2^2$… I… AM… EN… JOY… ING… MY… BOOK… I… AM… HAPPY… TO… READ… ABOUT… SI… LI… CON… VAL… LEY… MY… HOME… TOWN… CAN'T… WAIT… TO… BE… ON… PAGE… TWO… HUN… DRED… AND… SE… VEN… TY… NINE…

**Übergangstext N° 30 OREGON**
Dear Mr and Mrs Reader,
Our dearest European partner is visiting us next week. On that occasion we'd like to invite you and your family to our party. It will take place on July 12th, page 287. We're looking forward to seeing you.
P.S.: No formal wear needed.

**Übergangstext N° 31 WEST VIRGINIA**
– Please, come in. So, this is the living-room. You'll notice the beautiful colonial fireplace, the huge bay windows overlooking the front yard and the magnificent staircase leading to the first floor. Upstairs, you'll find twelve bedrooms, all decorated…
– Excuse me, sir, how many bathrooms are there?
– Bathrooms? Bathrooms? Just a minute… I'll be back in a jiffy… I have to read page 297 first!

**Übergangstext N° 32 COLORADO**

– Johnny, get that frog out of your sister's pocket! Mary, leave that doll at home! Timmy, stick your gum in your mouth, not in your baby sister's hair…! Is everyone ready? You kids stay with your mother and I'll try to get a cab. Hey, taxi! Isn't there any taxi free in the whole town? Hey you, taxi! Marvin obviously has no luck getting a taxi, but you'll find yours just around the corner, page 307.

**Übergangstext N° 33 TELEVISION**

This is Douglas Zant reporting. So today's big news comes from Moosebreath, Minnesota.

Mr Franky Deer bought a revolutionary garbage can. It repells bears thanks to its special odor device…

Mrs Dorothy Murphy knitted a mile-long patchwork blanket. She hopes to be on the next Book of Records…

Miss Rebecca Bump tripped over a huge cabbage and broke her leg - her only leg. Poor Miss Bump!

And now, a personal message:

ASSIMIL advises you to read page 315.

**Übergangstext N° 34 PENNSYLVANIA**

– Do you know who I am? No? I'll give you a hint. Please, maestro, once more! You still haven't guessed who I am? I was born in Philadelphia. If you want to find out who I am, go to page 325… I definitely like that noise, maestro, please just one last one!

**Übergangstext N° 35 NEVADA**

A cherry, an apple, a lemon.

– Lost…

An apple, an apple, a lemon.
– Lost again…
A lemon, a cherry, an apple.
– Just one more time, then I quit… This is my last nickel…
A cherry, a cherry, a…
– Oh no! an apple!
If you want to hit the jackpot, whirl along to page 333.

**Übergangstext N° 36 AMERICAN INDIANS**
The film director to his actors:
– So Indian Number One meets Indian Number Two, who sees Indian Number Three who's sending smoke signals to Indian Number Four, who spotted Indian Number Five from riding Indian Number Six's horse, who is stepping on Indian Number Seven's toe, who is calling for help Indian Number Eight… Did you all get it?
– I was supposed to be Indian Number Nine… The director forgot about me… That's just as well. I know what to do, I'll go on to page 345.

**Übergangstext N° 37 U.S. TERRITORIES**
Ah! Puerto Rico! My home land! I miss you so much… How sweet were the days spent on your beautiful sandy beaches! How exciting were the evenings, when we all gathered at Pedro's bar, arguing about politics!
Everything, every moment remind me of you…
Fortunately, there is more about you on page 357…

☆
☆ ☆

## STATES AND CAPITALS

*ALABAMA: Montgomery* *ALASKA: Juneau*
*ARIZONA: Phoenix* *ARKANSAS: Little Rock*
*CALIFORNIA: Sacramento* *COLORADO: Denver*
*CONNECTICUT: Hartford* *DELAWARE: Dover*
*FLORIDA: Tallahassee* *GEORGIA: Atlanta*
*HAWAII: Honolulu* *IDAHO: Boise*
*ILLINOIS: Springfield* *INDIANA: Indianapolis*
*IOWA: Des Moines* *KANSAS: Topeka*
*KENTUCKY: Frankfort* *LOUISIANA: Baton Rouge*
*MAINE: Augusta* *MARYLAND: Annapolis*
*MASSACHUSETTS: Boston* *MICHIGAN: Lansing*
*MINNESOTA: St Paul* *MISSISSIPPI: Jackson*
*MISSOURI: Jefferson City* *MONTANA: Helena*
*NEBRASKA: Lincoln* *NEVADA: Carson City*
*NEW HAMPSHIRE: Concord* *NEW JERSEY: Trenton*
*NEW MEXICO: Santa Fe* *NEW YORK: Albany*
*NORTH CAROLINA: Raleigh* *NORTH DAKOTA: Bismarck*
*OHIO: Columbus* *OKLAHOMA: Oklahoma City*
*OREGON: Salem* *PENNSYLVANIA: Harrisburg*
*RHODE ISLAND: Providence* *SOUTH CAROLINA: Columbia*
*SOUTH DAKOTA: Pierre* *TENNESSEE: Nashville*
*TEXAS: Austin* *UTAH: Salt Lake City*
*VERMONT: Montpelier* *VIRGINIA: Richmond*
*WASHINGTON: Olympia* *WEST VIRGINIA: Charleston*
*WISCONSIN: Madison* *WYOMING: Cheyenne*

**Self-Governing Areas:** ***Puerto Rico, San Juan; Guam, Agaña.***
**Non-Self-Governing Territories:** ***American Samoa, Pago Pago; Baker, Howland and Jarvis Islands, Canton and Enderbury Islands, Johnston Atoll, Kingman Reef, Midway Islands, US Virgin Islands, Wake Island.***